Neue
Kleine Bibliothek 58

Johannes Klotz
(Hg.)

Vorbild Wehrmacht?

Wehrmachtsverbrechen, Rechtsextremismus
und Bundeswehr

Christian Gerlach/Johannes Klotz/Reinhard Kühnl
Martin Seckendorf/Wolfram Wette/Gerd Wiegel

PapyRossa Verlag

© 1998 by PapyRossa Verlags GmbH & Co. KG, Köln
Alle Rechte vorbehalten
Umschlag: Willi Hölzel, Köln
Satz: dtp Studio Hirsekorn, Bonn
Druck: Interpress

Die Deutsche Bibliothek – CIP-Einheitsaufnahme

Vorbild Wehrmacht? : Wehrmachtsverbrechen und Bundeswehr /
Johannes Klotz (Hg.). Beitr. von Christian Gerlach ... – Köln :
PapyRossa-Verl., 1998
(Neue Kleine Bibliothek ; 58)
ISBN 3-89438-162-0

Inhalt

Johannes Klotz
Einleitung: Vorbild Wehrmacht? 7

Wehrmacht, NS-System und Kriegsverbrechen

Reinhard Kühnl
Wehrmacht, Vernichtungskrieg und NS-System 22

Christian Gerlach
Vernichtungspolitik und Wirtschaftsinteressen
Die deutsche Besatzung in der Sowjetunion 38

Martin Seckendorf
Ein williges und fügsames Instrument
Die Wehrmacht in Italien – 1943 bis 1945 66

Martin Seckendorf
Ein einmaliger Raubzug
Die Wehrmacht in Griechenland – 1941 bis 1944 96

Wehrmachtstraditionen, Rechtsextremismus und Bundeswehr

Wolfram Wette
Wehrmachtstraditionen und Bundeswehr
Deutsche Machtphantasien im Zeichen der
Neuen Militärpolitik und des Rechtsradikalismus 126

Gerd Wiegel
Vorwärts in die Vergangenheit
Die Rückkehr zur deutschen Machtpolitik   155

Herausgeber und Autoren   177

Johannes Klotz
Einleitung: Vorbild Wehrmacht?

„Mit den neuen Aufgaben der Bundeswehr" werde „zugleich die Traditionslinie der Bundeswehr neu vermessen". „Etliche Soldaten verstehen die seit 1990 von politischer Seite verkündete „Neue Normalität" als Erlaubnis zum Rückgriff auf Traditionen aus der Zeit des deutschen Sonderwegs vor 1945, besonders auf die Traditionen der Wehrmacht des NS-Staates."[1] Der Militärhistoriker *Wolfram Wette* stellt damit die Neue Militärpolitik der weltweiten Kampfeinsätze („out of area") des wiedervereinigten Deutschlands in einen Zusammenhang mit der Pflege von Wehrmachtstraditionen durch die Bundeswehr. Das Festhalten an der Legende von der 'sauberen Wehrmacht' und die neue Militärpolitik treffen auf gesamtgesellschaftliche Entwicklungen (Sozialabbau, Arbeitslosigkeit, Fremdenfeindlichkeit, Zunahme von Gewalt), die einen günstigen Nährboden für den Rechtsextremismus abgeben. Unsere Publikation will sichtbar machen, welche Bedeutung die Aufarbeitung der Vergangenheit für *Gegenwart* und *Zukunft* der Bundesrepublik Deutschland hat. Anders formuliert: Welche Auswirkungen kann eine neue Militärpolitik in Zeiten zunehmender sozialer Polarisierungen für das politische Verhalten (der „Bürger in Uniform") haben, die in dieser oder jener Weise Traditionen und „Leistungen" der deutschen Wehrmacht glorifiziert oder unkritisch auf gegenwärtige und zukünftige Anforderungen des Soldatenlebens überträgt? Offensichtlich muß ein Soldat, der in Friedenspolitik (Abrüstung, Konfliktvermeidungsstrategien usw.) geschult werden soll, andere Voraussetzungen erfüllen als einer, der für die angeblichen Interessen der Nation zu kämpfen hat. Auch die Bilder vom Soldaten dürften völlig gegensätzlich sein. Die Wehrmacht kann also nicht nur aufgrund ihrer Rolle und Funktion im Nationalsozialismus und ihren Taten keine Tradition für eine demokratische Armee begründen, sondern auch das Werteverständnis der Wehrmacht, ihre erbrachten „Leistungen" sind mit Abrüstungs- und Friedenspolitik unvereinbar.

Der Jahresbericht 1997[2] der Wehrbeauftragten des Deutschen Bundestages, Claire Marienfeld (CDU) zieht zwar nicht diese politische Konsequenz. Ihre offene Kritik an der Arbeit des Bundesministers für Verteidigung läßt aber erkennen, daß sie manche Zusammenhänge und Gefahren sieht. Die bekannt gewordenen Fälle rechtsextremen Verhaltens waren für die Wehrbeauftragte Anlaß, „die Frage des Traditionsverständnisses der Bundeswehr erneut aufzugreifen." Sie kritisierte den Stand der historischen und politischen Bildung in der Bundeswehr, die „teilweise bemerkenswerte Unkenntnis über politische und geschichtliche Zusammenhänge" und stellte eine „breite Infragestellung hergebrachter Werte" bei den Soldaten fest. Sie wiederholte dabei ihre Kritik aus den beiden vorhergehenden Jahresberichten. Welches Geschichtsbild und Geschichtswissen über die Rolle der Wehrmacht im deutschen Faschismus in der Bundeswehr existiert, ist von erheblicher Bedeutung für die Beantwortung der Frage, ob die deutsche Wehrmacht für die Bundeswehr eine Tradition begründen soll.[3]

Die Wehrbeauftragte begrüßt zwar die Aussagen in den Richtlinien zum Traditionsverständnis und zur Traditionspflege in der Bundeswehr vom 20. September 1982 und die sich dazu bekennenden Ausführungen des Bundesverteidigungsministers, hält sie aber gleichwohl für *nicht* ausreichend, was ihre Konkretion und ihre Verankerung betrifft. Allgemeinpolitische Richtlinien und Erlasse genügen eben nicht. Eine Entscheidung über die Regelung des Traditionsverständnisses der Bundeswehr erscheine also „dringend geboten". Die Wehrbeauftragte verlangt, aus einer gesellschaftlich geführten Debatte über die Verantwortung der Wehrmacht für den Vernichtungskrieg und für die von ihr begangenen Verbrechen weitergehende Folgen zu ziehen, als es bisher die Richtlinien von 1982 darstellten. Die erhebliche Kluft zwischen Reden und Erlassen auf der einen Seite und der Truppenpraxis auf der anderen könnte auf diese Weise gemindert werden. Doch auch der Zustand der „Inneren Führung" der Bundeswehr ist bedenklich. Sie wird von den „Traditionalisten" dominiert, die in vielfältiger Weise an Wehrmachtstraditionen (W. Wette) anknüpfen[4]

Wie stellt sich die Bundeswehr zur Tradition der Wehrmacht? Auf diese Frage der *Jungen Freiheit* antwortet Generalmajor a.D. Gerd Schultze-Rhonhof, bis 1996 Befehlshaber im Wehrbereich Niedersachsen/Bremen, nicht nur diesem Presseorgan der Neuen Rechten, sondern gleich mit einem ganzen Buch[5]. Es ist geprägt von einem (vorsichtig formuliert) „modernen" nationalkonservativen Geschichtsbild: Bewahrung der „positiven" Leistungen und Tugenden der Wehrmacht und der Wehrmachtssoldaten als „gültiges" Erbe – Ausscheidung der Verbrechen gegen Juden als „ungültiges" Erbe.[6] In mancherlei Hinsicht sind seine Auffassungen typisch für das vorherrschende Denken in der Bundeswehr.[7] Dieser General konnte bis zu seiner Pensionierung (1996) an der Führungsakademie lehren und seine Gedanken als Kommandeur einer Panzergrenadierbrigade, der Panzertruppenschule und zweier Panzerdivisionen noch verbreiten. Auch danach hielt er noch Vorträge in der Bundeswehr. Als es für das Bundesverteidigungsministerium 1998 nicht mehr opportun erschien, angesichts der inzwischen in die Öffentlichkeit gedrungenen rechtsextremen Vorfälle in der Armee, wurden zwei offizielle Einladungen zum Vortrag abgesagt.[8] Das Ministerium wollte sich zu diesem Zeitpunkt keine neue Kontroverse leisten!

Schultze-Rhonhof schreibt über den Aufbau und das Ansehen der Bundeswehr seit 1956: „Die Bundeswehr hat in den 50er und 60er Jahren von den Aufbauleistungen vieler tausend ehemaliger Wehrmachtsoffiziere und Feldwebel gelebt, in den 70er und 80er Jahren vom internationalen Ansehen der Wehrmacht gezehrt und wird in den 90er Jahren von der Abrechnung der Nachwachsenden mit der Wehrmacht in Mitleidenschaft gezogen."[9] Die Ausstellung „Vernichtungskrieg. Verbrechen der Wehrmacht 1941-1944", die Rehabilitierung der Deserteure der Wehrmacht und das „Soldaten-sind-Mörder"-Urteil des Bundesverfassungsgerichts sind für diesen General schwer verdauliche Erscheinungen des Zeitgeschehens.[10] Er selbst, Jahrgang 1939, 1959 in die Bundeswehr eingetreten, hat sich ganz in die Tradition derjenigen Wehrmachtsgenerale und -offiziere gestellt, die ihn geschult haben und auf die er stolz ist.[11] Vor dem Hintergrund des Zeitgeistes der 90er Jahre, der „Abrechnung der Nachwachsenden", hat er eine Geschichtskonstruktion parat, die es ihm erlaubt, seine an spezifische Traditionen der Wehrmacht gebundene Haltung zu bewahren: „Die Wehrmacht war eine janusköpfige Armee." Es gab „Leistungen und Fehlleistungen": „Die militärischen Erfolge einerseits und die Verstrickungen in das nationalsozialistische System andereseits". „Bei der Aufstellung der Nachkriegsstreitkräfte brachten Offiziere und Feldwebel der ehemaligen Wehrmacht ihre Kriegserfahrungen, taktischen und operativen Auffassungen, bestimmte Werthaltungen, ihr Führungsverhalten, die Fachsprache und vielerlei berufliche Eigentümlichkeiten mit in die junge Bundeswehr. Diese Dinge sind auf diese Weise tradiert worden und damit auch sichtbare Traditionen geworden."[12] Nicht der Traditionserlaß von 1982 ist für den Generalmajor a.D. maßgebend, sondern jener von 1965, der es vermied, überhaupt von der Wehrmacht zu sprechen, dagegen von der „'Überlieferung des gültigen Erbes der Vergangenheit.'"[13] So entsteht ein verklärtes Geschichtsbild über die Vergangenheit der Wehrmacht aus Versatzstücken und ideologischen Urteilen, die uns verstehen machen wollen, doch nicht erklären:

– die Vorgeschichte und Zeitumstände der 30er und 40er Jahre würden heute angeblich nicht verstanden, weil man sie sich so vorstelle wie sie waren,
– „Kriegsbrutalitäten und Judenmordungen waren nicht Zweck, Aufgabe und Charakteristikum der Wehrmacht"[14],
– ab 1933 waren die Bürger „politisch nur noch unzureichend informiert",
– „alle Medien waren 'gleichgeschaltet'"[15],
– das Selbstverständnis der im „Dritten Reich" lebenden Durchschnittsbürger sei von drei Bewußtseinszuständen bestimmt gewesen:
1) historisch durch „die Korrektur des durch den Versailler Vertrag verfügten Unrechts"[16] („Versailles hat ein Freund-Feind-Denken in Europa hinterlassen, das ab 1939 die traf, die die Bedingungen in Versailles diktiert hatten. Hitlers Kriegspolitik bis 1941 ist in Deutschland als das 'Sprengen der Ketten von Versailles' verstanden worden. Die deutsche Bevölkerung und die deutschen Soldaten folgten Hitler wegen des Versailles-Traumas und sie hielten im Krieg auch deshalb durch, weil sie ein zweites Versailles befürchteten."[17]),
2) durch ein Vertrauen auf Hitler, das sich dieser Mann durch „Leistung" erworben habe,[18]
3) durch die „gerechtfertigte Korrektur der Ungerechtigkeit, die

das Ende des Ersten Weltkrieges dem deutschen Volke hinterlassen hatte", auch durch Kriege, für die man bis 1941 „gute Gründe" hatte.[19]

In diese rechtsextremen Argumentationsfiguren und Relativierungen wird die Funktion der Wehrmacht gestellt, die auch damals schon ein Spiegelbild der Gesellschaft gewesen sei. Die große Masse der Wehrmachtssoldaten hatte von der „Ermordung der Juden bis zum Kriegsende offenkundig nichts erfahren".[20] Es ist die Rede von sich gegen die Verbrechen wehrenden Generalen und Offizieren, von Erschießungen und Deportationen von Juden „im Rücken der kämpfenden Truppe"[21] und vom „Hineingezogenwerden"[22] in die Verbrechen. Über die Verbrechen an den sowjetischen Kriegsgefangenen u.a. wird geschwiegen oder sie werden den „Grausamkeiten des Krieges"[23] zugeordnet. Dieses offen reaktionäre Geschichtsbild will die Verbrechen separieren, abspalten vom eigentlichen Wollen der Wehrmachtsführung und ihrer Soldaten, die doch nur unpolitisch ihre Pflicht getan haben: „Der Krieg und die Ermordung von Juden waren zwei parallele Geschehnisse, von derselben Person ersonnen und in die Wege geleitet, doch auch zwei unterschiedliche Vorgänge."[24] Und weiter führt der ehemalige Bundeswehrgeneral aus: Die Wehrmachtsführung habe im Krieg „zum großen Teil militärisch Hervorragendes geleistet. Die von ihnen geplanten und geführten Feldzüge, Schlachten und Gefechte gelten heute an den Militärakademien in aller Welt als Schulbeispiele der Operationsführung und der Taktik. Es ist durchaus berechtigt, daß auch die Bundeswehr die Erinnerung an die großen Leistungen großer Generale und Admirale der Wehrmacht wachhält und Mustergültiges als 'Muster gelten läßt'."[25] Denn: „Der Soldat kann sich in keiner Epoche den Bedingungen seiner Zeit entziehen. ... *Hitler* (Hervh. J.K.) entließ konsequent alle Oberbefehlshaber und Chefs der Generalstäbe, die sich gegen seine Kriegspläne wandten, und er zog die Wehrmacht schrittweise in einen *sich* (Hervh. -J.K.) immer weiter ausfernden Krieg hinein. Die Schuld an der Führung des Angriffskrieges und an dem Ausmaß, das dieser Krieg genommen hat, kann man der Wehrmacht da nicht geben."[26] Generalmajor a. D. Schultze-Rohnhof weiter: „Die für die Wehrmacht beschämenden, jedoch nicht typischen Verbrechen waren eine Folge des damaligen Zeitgeistes, der wie auch der Zeitgeist

heute seine gesellschaftliche Verbindlichkeit hatte. ... Heute wollen weite Teile der 'neuen Bevölkerung' mit der alten Wehrmacht abrechnen. Das ist unredlich. ... Diese Abrechnung führt zu einer Ablehnung des Militärs ganz generell durch einen nicht geringen Teil der Nachkriegsgeneration. Sie überträgt sich damit auch auf die Bundeswehr von heute."[27]
Diese nationalkonservative Polemik mit Argumentationsmustern, die auch von der extremen Rechten verwendet werden, kann und will nicht verbergen, daß trotz gegenteiliger Richtlinien zum Traditionsverständnis und zur Traditionspflege (1982) die deutsche Wehrmacht in vielerlei Hinsicht heute als Vorbild für die Bundeswehr fungiert und die politische und militärische Führung im größeren Deutschland nichts unternommen hat, den durch Vernichtungskrieg und Verbrechen belasteten Vorbildcharakter der Wehrmacht zu brechen. Offensichtlich liegen auch im Bereich der Traditionspflege der Bundeswehr erhebliche, der Demokratie entgenstehenden, Defizite; die Demokratie – das könnten und müßten wir unserer jüngsten deutschen Geschichte entnehmen – pflegt in krisenhaften Situationen labiler zu werden!

Der Tatbestand, daß – besonders klar erkennbar in Situationen, in denen konservative Machtpositionen gefährdet sind oder als solche wahrgenommen werden und in gesellschaftlichen Krisen – der Konservativismus zu autoritärem und reaktionärem Verhalten neigt und mit der extremen Rechten gemeinsame Sache betreibt, ist historisch vielfach bewiesen, wenngleich aus Eigeninteresse diese Tatbestände hartnäckig bestritten werden: Auch in Frankreich war die Wehrmacht nicht „sauber" geblieben: Alle Maßnahmen gegen die französischen Juden wurden von der deutschen Militärverwaltung selbst in Gang gesetzt. Zwar haben sich die Motive bei den Militärs wie Stülpnagel und Brauchitsch deutlich von denen Bests[28] und Obergs[29] unterschieden. Letztere wollten die Endlösung, die anderen nicht, „aber beide haben sie nur durch gemeinsames Handeln zustandegebracht."(Hervh. – J.K.)[30] Hauke Brunkhorst macht am fatalen Zusammenspiel des Konservativismus mit dem Nationalsozialismus eindrucksvoll deutlich, daß Konservativismus und Demokratie nicht dasselbe sind, auch wenn dieses heute immer wieder suggeriert wird: „Dieselben konventionellen Ehrbegriffe, die Geißelerschießungen großen Stils in Frankreich (nicht auf dem 'Balkan') oder die Vertreibung der Franzosen aus dem Elsaß –

beides hatte Hitler wiederholt verlangt – verhinderten, haben die Vernichtungspolitik gegen die Juden unmittelbar begünstigt: 'Für die konservativen Militärs standen die Juden, vergleichbar mit Kriminellen oder Kommunisten, außerhalb der als ehrenhafte Gegner Anzuerkennenden; sich gegen den illegalen Wegtransport von Kunstschätzen aufzulehnen, war respektabel, gegen den Wegtransport ihrer ehemaligen Besitzer nicht. Für Best hingegen waren die Juden aufgrund ihrer Abstammung Teil eines dem Deutschen feindlichen Volkstums, das zu bekämpfen, zu vertreiben, unter Umständen auch zu vernichten im Sinne seiner Vorstellungen von den völkischen 'Lebensgesetzen' eine unumgängliche, von individuellen Gefühlen ganz unabhängige Notwendigkeit darstellte, die mit dem eigenen Verhalten gegenüber einem einzelnen Juden gar nicht in direkter Verbindung stand.'"[31] Das Erschütternde an diesem historischen Beispiel ist, daß der Konservativismus nicht immun war, um der extremen Rechten, hier des Nationalsozialismus' und seinen Verbrechen, zu widerstehen: „Das zur kalten Tat drängende, aggressive Potential der nationalsozialistischen Rassenlehre war für den schließlichen Vollzug der Verbrechen zwar ausschlaggebend, aber die Saat konnte nur aufgehen auf dem Boden eines breiten konservativen Überlappungskonsenses (Hervh. – J.K.), der *verschiedene Motive zum gleichen Resultat* der Vernichtung zusammenführte. Ideologisch erklärt sich das Verbrechen gerade aus dem zufälligen, aber naheliegenden Bündnis zwischen völkisch-elitärem Fundamentalismus, kulturalistischem Jungkonservatismus und traditionell konservativem Staatsethos, wobei der kleinste gemeinsame Nenner positiv die Orientierung an substantiellen Sittlichkeiten und negativ die Feindschaft gegen Demokratie und Republik sein dürfte."[32]

Anknüpfend an die Diskussionen und Forschungsergebnisse, die sich mit und während der Ausstellung[33] des Hamburger Instituts für Sozialforschung ergeben haben, werden in der vorliegenden Publikation grundlegend die Rolle und Funktion der Wehrmacht im deutschen Faschismus charakterisiert *(R. Kühnl)*, der Rasse- und Vernichtungskrieg in seinen ökonomischen und politischen Dimensionen am Beispiel Weißrußlands *(Chr. Gerlach)* dargestellt und die Legende[34], die Wehrmacht habe außerhalb Rußlands einen „sauberen Krieg" geführt, für Griechenland und Italien *(beide M. Seckendorf)* widerlegt.

In diesem Zusammenhang wurde bisher wenig darüber reflektiert, wie diese militärischen Traditionen und das Bild von ritterlichen deutschen Soldaten, Disziplin, Tugend, Tapferkeit, Anständigkeit, Pflichtbewußtsein, Ausdauer, Selbstsicherheit, Gehorsam usw. sich mit den Konzeptionen des Geschichtsrevisionismus verbinden.[35] Diese Mythen und die Legende von der 'sauberen deutschen Wehrmacht' wirken verstärkt seit 1989 in Kreisen der *neuen* und *extremen Rechten* fort. Die Rechte versucht, auf diesem Wege, auch politisch an Einfluß zu gewinnen.[36] Dieses gefährliche Gemisch aus militärischen Traditionen und Soldatentugenden der faschistischen Wehrmacht und Geschichtsrevisionismus findet in der eher (national-) konservativ ausgerichteten Institution 'Bundeswehr', (die weder soziologisch noch von ihrer [partei-] politischen Orientierung her ein Spiegelbild der Gesellschaft ist) einen günstigen Nährboden für die Verbreitung rechtsextremen Gedankengutes, weil diese keine entschiedene Gegenwehr leistet und auch von der politischen Führung, also vom Verteidigungsminister, nicht dazu angehalten wird. Zudem können rechtsextreme Vorstellungen dann an Akzeptanz gewinnen, wenn weltweite Kampfeinsätze durch eine neue Militärpolitik proklamiert werden, die seit 1992 der Öffentlichkeit als „'neue Normalität' des wiedervereinigten deutschen Nationalstaates gepriesen wird."[37] Das wiedervereinigte Deutschland hat die „rechtlichen und politischen Fesseln" gesprengt, „die es am Gebrauch seiner bewaffneten Macht jenseits des eng gefaßten Selbstverteidigungsauftrags hinderten...".[38] Friedensforscher bewerten diese Entwicklung als einen „Rückfall in militärisches Denken"[39]. „Augenmaß, Fingerspitzengefühl, Zurückhaltung waren Gütesiegel der Außen- und Sicherheitspolitik der alten Bundesrepublik Deutschland. Übermut und Geltungsdrang lösen sie ab. 'Wir sind da', läßt der deutsche Verteidigungsminister in großflächigen Zeitungsanzeigen der Bundeswehr kundtun. 'Wir wollen mitmischen', ergänzt der deutsche Außenminister – wobei und wofür, steht erst an zweiter Stelle."[40] Diese Art unverantwortlicher Äußerungen signalisiert den Politikwechsel im sicherheitspolitischen Denken Deutschlands: Die Kategorie des „nationalen Interesses" gewinnt an Einfluß und jene Bezüge defensiver Militärpolitik wie Schutz, Gefahrenvorkehr und Defensivität treten zurück. Das „nationale Interesse" wird bewußt militärisch definiert. Nach dem Einsatz von Bundeswehrsoldaten in Bosnien (1995) steht die Bundeswehr vor einer weiteren Bewährungsprobe: „Militärische Einsätze von Nato-Streitkräften im Kosovo könnten in Kürze Wirklichkeit werden, wenn Milosèvic nicht schnell auf die Forderungen der Allianz eingeht. Damit kämen Herausforderungen auf die Bundeswehr zu, über die bisher wenige nachgedacht haben. Ihre Bewältigung ist alles andere als selbstverständlich", formulierte die *FAZ* vielsagend.[41] Unter dem Dach der NATO werden „gemeinsame Interessen" der Vertragsstaaten verteidigt, was im Klartext bedeutet: „Durchsetzung politischer Ziele mit militärischen Mitteln."[42] Egon Bahr und Reinhard Mutz sehen durch dieses veränderte Rollenverständnis der „Allianz" ein anderes Bündnis heranwachsen „und mittendrin das größere Deutschland." Der ungehinderten Interventionsfähigkeit stehe nahezu nichts mehr im Wege. Aus dem „Bündnis *gegen* Krieg" entstünde die „Ursache *für* Krieg." Das *Eigeninteresse* der NATO reicht zur Legitimation der Intervention in Rechtsgüter anderer aus. Die UNO wird umgangen. Damit würde jene Grenze überschritten, „die zulässige von unzulässiger Kriegsführung unterscheidet."[43]

Daß nun deutsche Soldaten „wieder im Dienste eines souveränen deutschen Staates auch außerhalb des NATO-Gebietes eingesetzt werden (können) (J.K.) und auch nicht nur zu Verteidigungszwecken, hat Machtphantasien freigesetzt, die früher tabuisiert waren," schreibt Wolfram Wette. Damit aber schließt sich ein Teufelskreis: die Traditionspflege der Bundeswehr hat das „gültige" Erbe aus dem Bestand der deutschen Wehrmacht aufgenommen und bis heute tradiert. Das militärpolitische Konzept weltweiter Kampfeinsätze im nationalen Interesse kann sich auf Vorbilder in der Wehrmacht berufen. Es kann nahtlos an Wehrmachtsmythen und Machtphantasien („bester Soldat der Welt") anknüpfen und die Soldaten der Bundeswehr, insbesondere die Elitetruppe, für ihre neuen Aufgaben in der Welt vorbereiten. Die von politischer Seite seit 1990 verkündete „Neue Normalität" wird von etlichen Soldaten auch als Erlaubnis zum Rückgriff auf Wehrmachtstraditionen verstanden.[44] „Daran beteiligen sich nicht nur die alten Rechtsextremisten, sondern auch Publizisten, Hochschullehrer und Militärhistoriker, die man bisher noch zum demokratisch-konservativen Lager rechnete."[45] *Wolfram Wette* beschreibt diese Zusammenhänge in seinem Beitrag 'Wehrmachtstraditionen und Bundeswehr' und stellt die Stationen der „Gewöhnung an die Out-of-area-Politik" bis zum ersten „Kriegseinsatz" im September 1995 in Bosnien dar. *Gerd Wiegel* ordnet das Politikkonzept der „Neuen Normalität" in die Geschichte deutscher Machtpolitik, insbesondere in die Geschichte des deutschen Faschismus, ein. Von imperialistischer Machtpolitik zu sprechen, ist heutzutage ebenso brisant wie die Anwendung dieses Begriffs auf die Bundesrepublik Deutschland auf überwiegende Ablehnung stoßen wird. Vielleicht kann man sich dennoch der Antrengung des Darüber-Nach-Denkens unterziehen und überlegen, ob es einen „demokratischen" Imperialismus oder einen Imperialismus der Demokratien geben kann. Eine kritische Bestandsaufnahme deutscher Außen- und Militärpolitik kann einen Beitrag dazu leisten.

Die Pflege von Traditionen der Wehrmacht in der Bundeswehr, die Wirkungen des Geschichtsrevisionismus bzw. die unkritische Sicht auf die NS-Vergangenheit, Konzepte weltweiter Kampfeinsätze des deutschen Militärs, gesellschaftliche Krisen und der Anstieg des Rechtsextremismus und rechtsextremen Verhaltens sind keine Voraussetzungen, die zur Stärkung der Demokratie und des demokratischen Charakters der deutschen Streitkräfte oder zu humanen, deeskalierenden Lösungen zwischenstaatlicher Konflikte beitragen.

Anmerkungen

1 Wolfram Wette, Brisante Tradition. Die Bundeswehr kämpft mit der Wehrmacht, in: DIE ZEIT vom 19. Dezember 1997.
2 Alle folgenden Zitate sind der „Unterrichtung durch die Wehrbeauftragte", Jahresbericht 1997, Deutscher Bundestag – 13. Wahlperiode, Drucksache 13/10 000, S. 8-10 entnommen.
3 Eine empirische Studie dazu liegt nicht vor. Hier können nur einige Indizien angeführt werden, die publik geworden sind.
4 Aus Sicht des Insiders schildert Brigadegeneral a.D. Peter Kniehase den mangelhaften Zustand der „Inneren Führung", die „als Modell der Einordnung moderner Streitkräfte in einen demokratischen Staat" bei Gründung der Bundeswehr (1956) konzipiert wurde, um die Streitkräfte politisch überhaupt durchsetzen zu können. Die Bundeswehr habe die Fähigkeit zur Selbstreinigung

verloren. Er führt aus, daß das politisch-militärische Establishment diejenigen ausgrenze, die sich im Sinne der „Inneren Führung" aktiv für die Demokratie („Staatsbürger in Uniform") einsetzten. „Die wenigen der SPD nahestehenden hohen Offiziere" seien nach dem Regierungswechsel von 1982 geräuschlos aus der Förderung (für Führungsaufgaben) genommen worden. Vgl. den Leserbrief von Peter Kniehase, Brigadegeneral a.D. in: Süddeutsche Zeitung vom 30. Dezember 1997, S.11.

5 Im folgenden wird daraus zitiert: Gerd Schultze-Rhonhof, Wozu noch tapfer sein? München 1998 (2. Auflage).

6 Verbrechen gegen die sowjetischen Kriegsgefangenen werden kaum erwähnt oder als „normale" Kriegshandlung beurteilt, die auch den deutschen Wehrmachtssoldaten durch die „Greueltaten" der Roten Armee angetan wurden; der Krieg gegen Polen, Frankreich usw. wird in seinen verbrecherischen Dimensionen nicht erfaßt und die Tatsache, daß schon der Angiff auf Polen ein verbrecherischer Akt war und die Annexionspolitik vor 1939 völkerrechtswidrig und mit Staatsverbrechen begleitet war, wird ebenso relativiert wie die Bedeutung der verbrecherischen Befehle. Insgesamt dominiert im (national-) konservativen Geschichtsbild über die Wehrmacht die Ansicht, die Wehrmacht sei vom Nationalsozialismus und von Hitler *mißbraucht* worden, sie sei *Instrument* des NS-Regimes gewesen, was dem heutigen Forschungsstand widerspricht, der die Wehrmacht als „zweite Säule" des NS-Staates definiert und der Wehrmachtsführung wie den Wehrmachtsoffizieren, aber auch Teilen der Wehrmachtssoldaten ein wesentliche aktivere Rolle beim Rasse- und Vernichtungskrieg sowie im Kampf um Lebensraum zuordnet. Vgl. zum Geschichtsbild der (National-) Konservativen, der Neuen und extremen Rechten meinen Beitrag „Anständige Leute". Zur Auseinandersetzung um die Ausstellung 'Vernichtungskrieg. ...", in: Johannes Klotz/Ulrich Schneider, Die selbstbewußte Nation und ihr Geschichtsbild. Geschichtslegenden der Neuen Rechten. S. 174-204 Köln 1997.

7 Es handelt sich hier um eine These, der keine empirische Untersuchung zugrunde liegt, weil sie weder offiziell gewünscht ist noch von Forschungseinrichtungen bisher angegangen wurde. Eine Reihe von Belegen, Indizienketten liegen vor: So äußerte sich Heeresinspekteur General Helmut Willmann in einer Weise, die viele Fragen offen läßt, eine Argumenation des sowohl als auch und malt ein einseitiges Bild der Militärkonzeption der Bundesrepublik Deutschland, indem er hervorhebt, auf was „wir stolz sein" können: „Die Wehrmacht als Ganzes kann nicht Teil der Tradition der Bundeswehr sein. Sie war das Instrument des Nazi-Regimes. Das subjektiv ehrenhafte Verhalten des einzelnen Soldaten war objektiv der Einsatz für ein verbrecherisches Regime. ... Heute brauchen wir Offiziere, deren Charakter und Nerven stark genug sind, um das zu tun, was der Verstand befiehlt. Die gab es auch in der Wehrmacht. Aber ich werde keine Liste von Namen herausgeben, die Vorbild sein könnten. Zum anderen muß die Eigentradition von über 40 Jahren Bundeswehr stärker dargestellt werden. Das Engagement der Bundeswehr in Friedensmissionen, das Bild des Soldaten, der hilft und rettet – darauf können wir stolz sein." Auszug aus: „Die Truppe ist im Grundsatz in Ordnung", Interview mit Heeres-

inspekteur Willmann über Rechtsextremismus, Traditionspflege und Reform der Bundeswehr, in: Frankfurter Rundschau vom 14. Januar 1998, S.5 (Siehe zur neuen Militärkonzeption die Beiträge von Wolfram Wette und Gerd Wiegel in diesem Band.) Die Relativierungen der Richtlinien zum Traditionsverständnis und zur Traditionspflege der Bundeswehr, das die Wehrmacht als *Ganzes* keine Tradition begründen könne, durch aktive und hohe Bundeswehroffiziere sind vielfältig. Das belegt eine Auswertung von Briefen und Redemanuskripten, die im Rahmen der Ausstellung „Vernichtungskrieg. Verbrechen der Wehrmacht 1941-1944" an das Kulturreferat und den Oberbürgermeister der Stadt München geschickt wurden, und die ich im Rahmen meines Forschungsprojekts „Das Geschichtsbild über die Rolle der Wehrmacht im Zweiten Weltkrieg. Eine emirische Untersuchung anhand von Briefen und Manuskripten zur Ausstellung 'Vernichtungskrieg. Verbrechen der Wehrmacht 1941-1944" ausgewertet habe.

Vgl. hier auch Anm. 5; vgl. „Rechts -zwo, drei, vier .../ Was in der geheimen Studie über die Bundeswehrhochschulen steht", von Gero von Randow, in: DIE ZEIT vom 19. Dezember 1997, S. 10; vgl. dazu die Leserbriefe, in: DIE ZEIT vom 8. Januar 1998, S. 52; vgl. die Äußerungen des Stellvertreters des Heeresinspekteurs, General Trost, „Verunglimpfung der Bundeswehr", in: FAZ vom 26. März 1998, S.2; vgl. auch die nach der Affäre Roeder an der Hamburger Führungsakademie der Bundeswehr entstandene Debatte über die Rolle der Inneren Führung, u. den Beitrag vom Heeresinspekteur, Generalmajor Jürgen Reichardt in der FAZ vom 26. März 1998, dem Oberstleutnant Jürgen Rose in der FR vom 25. Mai 1998 entgegnet: „Wider den (Un-) Geist des Traditionalismus im deutschen Militär; (siehe dazu auch FR vom 14. und 24. Februar und vom 11. März 1998).

8 Vgl. Frankfurter Rundschau vom 9. März 1998, „Hardthöhe kippt Vorträge des Ex-Generals".

9 Vgl. Anm. 5, Schultze-Rhonhof, S. 153.

10 Vgl. ebd.

11 Vgl. das Interview, das die Junge Freiheit mit Schultze-Rhonhof führte: „Das braune Regime damals war nicht nationalkonservativ", in: Junge Freiheit vom 2. Januar 1998, S. 4 f.

12 Vgl. Anm. 5, S. 153 und S. 154. Vgl. auch General a.D. Helge Hansen (Jg. 1936, später „Vier-Sterne-General"), der im Vorwort von August Graf von Kageneck (Jg. 1922, zuletzt Oberleutnant, 9. Panzerdivision im Osten), In Zorn und Scham. Ungesammelte Gedanken zum größten anzunehmenden Unfall unserer Geschichte.Mainz/München 1998 schreibt, daß die „heute noch weltweit beachtete(n) und geachtete(n) militärischen Leistungen (der Wehrmacht – J.K.) ebenso unbestreitbar als Wegbereiter der größten Verbrechen gegen die Menschheit mißbraucht wurden. Insofern ist es naheliegend und auch sachlich gerechtfertigt, die Wehrmacht einer besonders kritischen Betrachtung zu unterziehen." (S. 10) Damit ist aber auch ausgesagt, daß diese Leistungen nicht von den Verbrechen und dem verbrecherischen Krieg zu trennen sind. Zur Problematik des 'Mißbrauchs' siehe Anm. 36, S. 187.

13 Ebd., S. 155.
14 Ebd., S. 157.
15 Ebd.
16 Ebd., S. 158.
17 Ebd., S. 162.
18 Vgl. ebd., S. 170.
19 Ebd., S. 175.
20 Ebd., S. 181.
21 Ebd., S. 183.
22 Ebd., S. 184.
23 Ebd., S. 186.
24 Ebd.
25 Ebd., S. 209.
26 Ebd., S. 216.
27 Ebd., S. 217.
28 Werner Best (1903-1989) war während der NS-Diktatur Stellvertreter Heydrichs bei der Gestapo, Chef der Innenverwaltung im besetzten Frankreich, Reichsbevollmächtigter in Dänemark sowie einflußreicher NS-Ideologe der SS: Vgl. dazu Ulrich Herbert, Best, a.a.O.
29 Karl Albrecht Oberg, Leiter des SD-Zentralbüros und seit 22.Mai 1942 Befehlshaber der Sicherheitspolizei (HSSPF=Höherer SS- und Polizeiführer) in Frankreich, vgl. Ulrich Herbert, Best, S. 314.
30 Hauke Brunkhorst, Zur gesellschaftlichen Funktion von Geschichtsbildern. Überlappungen zwischen Konservatismus und Nationalsozialismus, in: Blätter für deutsche und internationale Politik 6/1998, S. 737.
31 Ulrich Herbert, Werner Best. Biographische Studien über Radikalismus, Weltanschauung und Vernunft, 1903-1989. Bonn 1996, zit.n. Hauke Brunkhorst, Zur gesellschaftlichen Funktion von Geschichtsbildern, in: „Blätter" 6/1998, S. 729 f. Vgl. dazu die Publikationen in Anm. 34.
32 Hauke Brunkhorst, a.a.O., S. 738.
33 Gemeint ist die Ausstellung „Vernichtungskrieg. Verbrechen der Wehrmacht 1941-1944".
34 Vgl. zur Widerlegung der Legende vom „sauberen Krieg" der Wehrmacht im Westen: Nationalsozialistische Vernichtungspolitik 1939-1945. Neuere Forschungen und Kontroversen. Herausgegeben von Ulrich Herbert. Frankfurt 1998 und Repression und Kriegsverbrechen. Die Bekämpfung von Widerstands- und Partisanenbewegungen gegen die deutsche Besatzung in West- und Südeuropa. Berlin 1997 und Europa unterm Hakenkreuz: Die Okkupationspolitik des deutschen Faschismus (1938-1945); achtbändige Dokumentation, hrsg. von einem Kollegium unter Leitung von Wolfgang Schumann und Ludwig Nestler bis Band 5. Berlin 1988-1991; Band 6 ff. hrsg. vom Bundesarchiv Koblenz. Heidelberg 1992-1996.

35 Vgl. neuerdings den Beitrag von Detlef Bald, Neotraditionalismus und Extremismus – eine Gefährdung für die Bundeswehr, in: Friedensgutachten 1998, herausgegeben von Reinhard Mutz, Bruno Schoch und Friedhelm Solms, Münster 1998.
36 Vgl. dazu erste Überlegungen in dem von mir und Ulrich Schneider herausgegebenen Band „Die selbstbewußte Nation und ihr Geschichtsbild. Geschichtslegenden der Neuen Rechten. Faschismus/Holocaust/Wehrmacht. Köln 1997.
37 Wolfram Wette, Rechtsradikalismus in der Bundeswehr, in: Ossietzky. Zweiwochenschrift für Politik / Kultur / Wirtschaft, Nr. 7 vom 18. April 1998, S. 200.
38 Reinhard Mutz, Militärmacht Deutschland? Die Bundeswehr auf der Suche nach ihrer Zukunft, in: Friedensgutachten 1994, herausgegeben von Friedhelm Solms, Reinhard Mutz und Gert Krell. Münster/Hamburg 1994, S. 224.
39 Ebd.
40 Ebd., S. 228.
41 Frankfurter Allgemeine Zeitung vom 12. Juni 1998, S. 1 „Drohung mit Gewalt".
42 Egon Bahr/Reinhard Mutz, Deutsche Interessen und die Sicherheit Europas – Zur militärischen Verengung eines politischen Begriffs, in: Friedensgutachten 1998, a.a.O., S. 248.
43 Ebd., S. 248 f.
44 Vgl. Wolfram Wette, Brisante Tradition. Die Bundeswehr kämpft mit der Wehrmacht, in: DIE ZEIT vom 19. Dezember 1997.
45 Ebd.

Wehrmacht, NS-System und Kriegsverbrechen

Reinhard Kühnl
Wehrmacht, Vernichtungskrieg und NS-System

I.

Die Ausstellung des Hamburger Instituts für Sozialforschung zum Vernichtungskrieg der Deutschen Wehrmacht in Rußland und auf dem Balkan konfrontiert uns mit unwiderlegbaren und erschütternden Tatsachen. Über die Ursachen, die den Vernichtungskrieg ermöglicht und bewirkt haben, sagt sie uns nichts. Sie geht von dem Faktum aus, daß 1941 deutsche Armeen in Jugoslawien und in der Sowjetunion stehen. Warum sie dort stehen, wer sie dort hingeschickt hat, warum sie dort hingeschickt worden sind, bleibt offen. Der Besucher der Ausstellung bleibt allein mit seiner Erschütterung und seiner Wut. Wie ist all das Schreckliche zu fassen, das da auf ihn eindringt? Ist das nicht doch der Beweis für die abgrundtiefe Bosheit des Menschen? Aber wo wäre dann ein Ausweg? Oder geht es um die abgrundtiefe Bosheit der Deutschen? Die Bosheit aller Deutschen? Und wie wäre die zu erklären?

Da, wie die Geschichte seit Jahrtausenden lehrt, der Mensch des Guten ebenso fähig ist wie des Bösen, käme es offenbar darauf an, die Bedingungen genauer zu bestimmen, die das Eine oder das Andere zu befördern geeignet sind. Kurzum: die Wahrheit ist konkret, wie Hegel kurz und bündig formuliert. Damit ist zugleich die Frage nach den Kausalbeziehungen in historischen Prozessen aufgeworfen. Diese Kausalbeziehungen zu ermitteln, ist die Aufgabe kritischer Wissenschaft. Streng genommen ist eigentlich erst dann die Stufe von Wissenschaft erreicht, wenn Kausalbeziehungen (in Natur und Gesellschaft) ermittelt werden. Die Basis solcher Analysen aber bildet selbstverständlich das Tatsachenmaterial.

Über die beiden grundlegenden Tatsachen kann es keinen Zweifel geben. Sie sind seit dem Internationalen Militärtribunal 1945 in Nürnberg bekannt und durch die über 50jährige Arbeit der internationalen Forschung eindringlich bestätigt worden:

1. Das Herrschaftssystem des deutschen Faschismus zielte von Anfang an auf den großen Eroberungskrieg. Die Unterwerfung und dauerhafte Niederhaltung der europäischen Völker vom Atlantik bis zum Ural sollte die Weltmachtgeltung Deutschlands garantieren. Um den eroberten Osten in „blühende germanische Provinzen" (Himmler)[1] verwandeln zu können, waren Terror und Völkermord schon frühzeitig eingeplant: als unumgängliche Mittel zur Durchsetzung dieser gigantischen Ziele, aber auch als legitime Mittel der deutschen Herrenrasse gegenüber rassisch Minderwertigen.
2. Die Wehrmacht hat Planung und Durchführung dieses Krieges in hohem Maße mitgetragen – eines Krieges, den Ernst Nolte in seinen früheren liberalen Tagen genannt hat: den „ungeheuerlichsten Eroberungs-, Versklavungs- und Vernichtungskrieg, den die moderne Geschichte kennt".[2] Die beiden Hauptfunktionen der Wehrmacht können so bestimmt werden:

Erstens hatte die Wehrmacht die Eroberung der europäischen Länder und die Vernichtung jeden militärischen Widerstandes zu leisten. Sie hatte also den Raum freizukämpfen und zu sichern, in dem dann die Ausbeutung dieser Völker und der Massen- und Völkermord sich vollziehen konnten. Massenmord und Holocaust konnten betrieben werden – und wurden betrieben –, solange die Front hielt. Das ist der funktionale Zusammenhang zwischen Wehrmacht und NS-System, und das war ohne Zweifel die wichtigste Funktion der Wehrmacht.

Zweitens aber griffen Wehrmachtseinheiten immer wieder selber aktiv ein in die Mordmaschinerie. In welch großem Maßstab die Wehrmacht selber als Teil dieser Maschinerie fungierte, ist erst durch die Forschungen der letzten beiden Jahrzehnte klarer herausgearbeitet worden.[3]

Die Wehrmacht war für die Initiierung dieses Krieges nicht die treibende, nicht die bestimmende Kraft. Eroberungskriege gehen – mindestens in unserem Zeitalter – in der Regel in letzter Instanz aus ökonomischen Interessen hervor. Da geht es um Rohstoffgebiete, um ein Millionenheer von billigen Arbeitskräften usw. Das gilt für die Kolonialkriege ebenso wie für den Ersten Weltkrieg, den das Deutsche Reich führte, um die Hegemonie in Europa und eine Neuaufteilung der Welt zu erkämpfen. Das deutsche Kapital hat die Ziele dieses Krieges mit aller wünschenswerter Deutlichkeit formuliert[4]. Militär und Staatsapparat fungierten in solchen Eroberungskriegen eher als Mittel zum Zweck. Staatsapparat und Militär können freilich eine Eigendynamik entwickeln, wenn sie sich die Ziele des Imperialismus und dessen Ideologie zu eigen machen oder sogar noch radikalisieren, Politik und Ideologie können sich partiell verselbständigen – und eben das war im deutschen Faschismus ohne Zweifel der Fall, besonders was die NSDAP betrifft.[5] (Die konkreten Aktivitäten der Privatwirtschaft im eroberten Osten sind übrigens noch weitgehend unerforscht, so daß der Grad dieser Verselbständigung noch nicht genau bestimmt werden kann.)

Aus den genannten Tatbeständen könnte man schließen, daß die Wehrmacht nichts anderes als der bewaffnete Arm des Faschismus war – sozusagen vom gleichen Kaliber wie die SS oder die für den Massenmord zuständigen Sondereinheiten. Ein solcher Schluß wäre aber voreilig. Reichswehr und dann Wehrmacht waren nämlich keineswegs von diesem Kaliber, sondern sie wurden es erst in den Jahren 1933 bis 1945 – und sie wurden es auch nicht ganz vollständig.

Zu erklären wäre also zweierlei:
1. Welche Voraussetzungen hatte das deutsche Militär mitgebracht, die es ermöglicht haben, daß die Wehrmacht schließlich in so hohem Maße ein Teil der Mordmaschinerie werden konnte?
2. Welche Differenzen gab es gegenüber der Politik der Hitlerregierung, welche Hindernisse mußten in der Wehrmacht überwunden werden und wie wurden sie überwunden?

II.

Was die erste Frage betrifft, so möchte ich insbesondere diejenigen Traditionslinien skizzieren, die dann das Bündnis mit dem Faschismus ermöglicht haben. Sie resultierten alle direkt oder indirekt daraus, daß in Deutschland eine bürgerliche Revolution nicht gelungen war und daß die traditionellen Mächte – die Monarchie, die Bürokratie, das Militär, der Großgrundbesitz, die Kirchen – ihre Machtstellung sozial, politisch und ideologisch hatten behaupten können – bis in das 20. Jahrhundert hinein.[6] Die Niederlage der Demokratie, der Mangel an demo-

kratischen Möglichkeiten und Erfahrungen – das war es, was Untertanengeist und Staatsvergottung beförderte, was dem „deutschen Sonderweg" als Basisdefizit zugrundeliegt. Georg Lukács hatte das nach der Erfahrung mit dem Faschismus eindringlich herausgearbeitet, und Walter Grab von der Universität Tel Aviv hat dies in Hinsicht auf den Antisemitismus kürzlich erneut bestätigt.[7]
Für unsere Frage ergeben sich daraus schwerwiegende Konsequenzen.
1. Der Tugendkodex der preußischen Militärkaste – Autorität, Disziplin, Gehorsam – wurde nach der Reichsgründung 1871 prägend nicht nur für das gesamte Militär, sondern auch für die bürgerlichen Schichten, gerade auch für das Bildungsbürgertum.
2. Den Ideen der Französischen Revolution wurde ein „deutsches Wesen" entgegengesetzt: Den Prinzipien der Gleichheit und der Universalität der Menschenrechte das Prinzip der naturgegebenen Verschiedenartigkeit und Verschiedenwertigkeit der Völker (wie auch der Klassen).
3. Als dann Ende des 19. Jahrhunderts im Kontext des kapitalistischen Imperialismus in allen Ländern rassistische Ideologien an Boden gewannen, trafen sie in Deutschland bei den Eliten auf keine stärkere Gegenmacht. In den westlichen Demokratien – Holland, England, Frankreich – hatten liberale und demokratische Ideen auch im Denken der Eliten Einfluß gewonnen. Die Dreyfus-Affäre in Frankreich zeigte das am Beispiel des antisemitischen Rassismus sehr deutlich. In Deutschland gab es eine solche Gegenmacht bei den Eliten nach 1871 kaum noch. Hier konnten sich der preußisch-deutsche Militarismus und der völkische Nationalismus sozusagen organisch verbinden mit dem Rassismus. Und das „deutsche Wesen" konnte nun als „Herrenmenschentum", und zwar als soldatisches, definiert werden. Hier fand die Philosophie von Nietzsche, die Forderung, daß die blonde Bestie ihr gutes Raubtiergewissen wiederfinden müsse, bei den Eliten breite Zustimmung[8], so daß auch ein Liberaler wie Friedrich Naumann die Staaten als Raubtiere definierte und die Forderung erhob, daß „wir um die deutsche Existenz auf der Erdkugel kämpfen" müssen[9]. Wer da nicht mitzog, wurde, wie die Sozialdemokratie, als „Reichsfeind"

und „gemeingefährlich" betrachtet und behandelt (im Kaiserreich und dann erneut nach 1933).
4. Dieser deutsche Rassismus wies noch eine weitere Besonderheit auf. Rassismus enthält ja in allen seinen Varianten ein funktionales Element: Als „minderwertig" werden besonders jene Völker bestimmt, die man unterworfen hat oder gern unterwerfen möchte. Für den westeuropäischen Imperialismus waren dies primär die farbigen Völker. Der deutsche Imperialismus aber – als Kontinentalmacht – zielte auf die Unterwerfung Osteuropas, so daß es nahelag, auch die slawischen Völker als minderwertig zu erklären. In der Behandlung der Polen, Russen, Tschechen und Serben im Zweiten Weltkrieg wurde dieses Denken dann praktisch umgesetzt. Und dieses Denken war eben nicht begrenzt auf die NSDAP, sondern weit verbreitet: in den Eliten wie auch beim Volk. Die faschistische Partei stellte nur den besonders konsequenten Ausdruck einer starken, seit dem 19. Jahrhundert herangewachsenen Strömung dar.
5. Die Verherrlichung von Mittelalter und Germanentum als Urquell der völkischen Kraft und der rasche Aufstieg des Deutschen Reiches zur führenden Industriemacht bis zur Jahrhundertwende erzeugten Phantasiegebilde von der Unwiderstehlichkeit der deutschen Kraft und Herrlichkeit. Siegfried war eben unbesiegbar – es sei denn durch schnöden Verrat. Und Siegfried war Deutschland, das wußte im Kaiserreich jeder Gymnasiast. In den gigantischen Eroberungsvisionen bei Kriegsbeginn 1914 fanden diese Omnipotenzphantasien ihren anschaulichen Ausdruck. Und auch der militärische Zusammenbruch 1918 konnte diese Phantasiewelt nicht erschüttern. Mit Hilfe der Dolchstoßlegende wurde der Einbruch des Realitätsprinzips rigoros abgewehrt. Daß ihr Erfinder, der Oberbefehlshaber der kaiserlichen Armee Paul von Hindenburg, 1925 zum Reichspräsidenten gewählt werden konnte, zeigt anschaulich, wie hartnäckig besonders das deutsche Bürgertum an diesem Weltbild festhielt. Und am 30. Januar 1933 ernannte dieser Hindenburg jenen Hitler zum Reichskanzler, der diese Omnipotenzphantasien besonders leidenschaftlich verkündete. Kriegerdenkmäler überzogen das ganze Land, die den Soldatenkult zu einem Totenkult spezifisch deutscher Art steigerten: „Im deutschen Totenkult

wird der Bürger als Soldat gefeiert, in Frankreich der Soldat als Bürger" – so die Bilanz einer kritischen Untersuchung[10]. Auch hier führte der Faschismus dann den deutschen Sonderweg konsequent zu Ende.

Die deutsche Intelligenz von den Historikern bis zu den Theologen hatte die „Ideen von 1914" als die deutsche Antwort auf die „Ideen von 1789" gefeiert. Ein erschütterndes Zeugnis, wie tief diese ganze Ideologie im Bildungsbürgertum verankert war, ist die Schrift von Thomas Mann „Betrachtungen eines Unpolitischen" (1918), die sich gänzlich im Banne dieser „deutschen Weltanschauung" befand. Und die führenden deutschen Dichter, Sozial- und Geisteswissenschaftler feierten den Krieg nun als den Kampf der „Krieger" gegen die „Krämer" (Ernst Jünger), der „Helden" gegen die „Händler" (Sombart) und in vielen anderen erhebenden, ästhetischen Ansprüchen (Alliteration!) genügenden deutsch-völkischen Wendungen[11].

Das deutsche Militär überfiel das neutrale Belgien gemäß einem lange vorher ausgeheckten Angriffsplan. Und der Reichskanzler verkündete als Rechtfertigung „Not kennt kein Gebot".. Mit dieser Botschaft, keinerlei völkerrechtliche Regeln anzuerkennen, hat sich das Deutsche Reich eigentlich schon damals aus der Gemeinschaft der Völker ausgeschlossen. Denn auf dieser Basis ist eine Völkergemeinschaft gar nicht möglich. Die Hitlerregierung nahm diesen Gedanken dann auf und formulierte kurz und bündig: „Recht ist, was dem deutschen Volke nützt". Manfred Messerschmidt hat gezeigt, daß in der Tradition der deutschen Kriegsvölkerrechtslehre schon seit der Bismarckzeit die sogenannten „Kriegsnotwendigkeiten" dem ius in bello (Recht im Krieg) übergeordnet wurden und daß eben aus dieser Tradition die Kriegsverbrechen im Rußlandkrieg herauswachsen konnten.[12]

Will man die Hauptmerkmale dieses „deutschen Sonderweges" knapp zusammenfassen, so kann man sagen:
- Abwehr aller Ideen, die in Richtung Aufklärung, Universalität der Menschenrechte, Liberalität und Demokratie gingen.
- Leitbild und Gipfel menschlichen Daseins ist der Soldat. Schulen und Fabriken sind zu gestalten nach dem Vorbild der Kaserne. Die Deutschen sind ein Volk von Kriegern, und deutsche Politik ist geformt aus „Blut und Eisen" (Bismarck).

- Diese reaktionäre Weltanschauung, verklärt als „deutsches Wesen", aber verbindet sich mit äußerster Modernität und Effektivität – sowohl in der Wirtschaft wie im Militär. Es ist offensichtlich, daß das Militär hier im Zentrum steht: Erstens als das Instrument, mit dem die Weltmachtansprüche durchgesetzt werden sollen; zweitens als das Vorbild menschlicher Existenz schlechthin; und drittens sozusagen philosophisch: als die entscheidende Kraft im gesamten Geschichtsprozeß – ist doch Geschichte in diesem Weltbild nichts anderes als der „ewige Kampf der Völker um ihr Lebensrecht", in dem nur ein Gesetz gilt: „Der Stärkere siegt".

III.

Diese in Deutschland vorherrschende Weltanschauung war eben deshalb im Militär natürlich besonders stark ausgeprägt. Und da die militärischen Führungschichten auch nach 1918 ihre Machtstellung bewahrt hatten, bestimmten sie auch die Reichswehr der Weimarer Republik in starkem Maße[13]. Es ist deshalb nicht verwunderlich, daß die Reichswehr die Demokratie nicht akzeptierte, sondern mehr oder weniger offen und nach 1930 ganz unverhüllt autoritäre Staatskonzepte verfolgte. Und daß sie die Niederlage nicht akzeptierte, sondern einen neuen Anlauf ins Auge faßte, um für Deutschland doch noch eine Weltmachtstellung zu erkämpfen.

Bereits 1926 wird in der Reichswehrführung ein Konzept entwickelt, in dem es heißt, daß es für Deutschland in den Stadien seiner politischen Entwicklung zunächst nur um die „Wiedergewinnung seiner europäischen Stellung" gehen könne, wobei „fast ausschließlich die Landstreitkräfte entscheiden werden", weil dabei Frankreich der Hauptgegner sei. Erst später könne es um „das Wiedererkämpfen seiner Weltstellung" gehen, wobei „ein wiedererstandenes Deutschland bei seinem Kampfe um die Rohprodukte und Absatzmärkte im Gegensatz zum amerikanisch-englischen Machtkreise kommen und dann über ausreichende maritime Kräfte wird verfügen müssen". Dies aber sei erst möglich „auf der Grundlage einer festgefügten europäischen Stellung nach einer erneuten Lösung der französisch-deutschen Frage auf friedlichem oder krie-

gerischem Wege"[14]. Damit war der Weg in den neuen Krieg ziemlich präzis vorgezeichnet. (Worum es dabei ökonomisch ging, formulierte der Präsident des Reichsverbandes der Deutschen Industrie so: notwendig sei ein „geschlossener Wirtschaftsblock von Bordeaux bis Odessa"[15]).
Die NSDAP mußte aus einer solchen Sicht als ein wertvoller und – ab Dezember 1932 – als ein unverzichtbarer Bundesgenosse erscheinen. Endlich war hier wieder ein Staat in Sicht, der die traditionelle Position des Militärs in Staat und Gesellschaft wiederherstellte, der das Soldatische als die höchste aller Tugenden feierte, der antimilitaristische Kräfte energisch unterdrückte und von dem zu hoffen war, daß er alle Potenzen der Nation – die ökonomischen, die politischen und die ideologischen – auf den militärischen Wiederaufstieg zu konzentrieren in der Lage war. Die Notwendigkeiten des totalen Krieges verlangten auch in den Augen des Militärs den totalen Staat.

So fungierte das Militär von 1933 an als eine der Hauptsäulen des faschistischen Herrschaftssystems – neben der NSDAP, der Großwirtschaft und der hohen Bürokratie –, denn in den Hauptzielen nach innen wie nach außen war man sich einig. Reichswehrminister Groener hatte schon im Januar 1932 bei einer Kommandeurstagung erklärt, die Absichten und Ziele Hitlers seien ganz in Ordnung. Er, Groener, habe Hitler in gemeinsamen Gesprächen „voll zugestimmt, seine Absichten zum Guten des Reiches fördern zu helfen".[16]

IV.

Wo aber lagen dann die Differenzen und Konfliktpotentiale? Bei eben dieser Tagung hatte Groener hinzugefügt: Aber Hitler sei ein „Schwarmgeist". Betrachtet man die Konflikte der folgenden Jahre[17], so zeigt sich: Die militärische Elite wollte die Risiken von Aufrüstung und Kriegführung nicht jeglicher Sach- und Fachrationalität entziehen. Diesen militärischen Eliten war durchaus bewußt, daß Glaube und Wille, Genialität und Entschlossenheit vielleicht in germanischen Heldenliedern oder in Wagner-Opern den Sieg garantierten, nicht aber in einem modernen Krieg.

Auch gegen die restlose Preisgabe aller Humanitätsvorstellungen gab es Widerstände bei dieser militärischen Elite. Denn der Faschismus ist zu definieren als diejenige politische Kraft innerhalb der Rechten, die „das Recht des Stärkeren", also das Prinzip von Sozialdarwinismus und Rassismus, absolut kompromißlos durchzusetzen trachtet und d. h. von allen störenden Beimischungen christlich-konservativer und bürgerlich-humanistischer Tradition säubert. Das unterscheidet den Faschismus auch vom Konservatismus. Die militärische Elite Deutschlands aber sah sich mindestens partiell christlichen Traditionen verpflichtet, auch wenn diese völkisch-nationalistisch überformt waren. Die massenhafte Niedermetzelung wehrloser und unbewaffneter Frauen, Kinder und Greise aber war damit gewiß nicht vereinbar und widersprach auch den traditionellen Vorstellungen von militärischer Ehre und Würde. So schrieb Helmuth Stieff, Generalmajor, im November 1939 nach einer Polenreise: „Ich schäme mich, ein Deutscher zu sein. Diese Minderheit, die durch Morden, Plündern und Sengen den deutschen Namen besudeln, wird das Unglück des ganzen deutschen Volkes werden, wenn wir ihnen nicht bald das Handwerk legen."[18]. Hier artikulierten sich jene Tendenzen und Motive, aus denen dann die Stauffenberg-Gruppe hervorging.

Solche Widerstände in der Reichswehr und dann der Wehrmacht mußten aus der Sicht der Hitlerregierung eliminiert werden. Denn die faschistische Führung war überzeugt, daß nur mit absoluter Rücksichtslosigkeit und äußerster Brutalität die weitgespannten Kriegsziele zu erreichen seien, daß also Massen- und Völkermord sozusagen funktional angemessen und notwendig seien – ging es doch darum, die „besetzten Ostgebiete unter kolonialen Gesichtspunkten und mit kolonialen Methoden"[19] wirtschaftlich auszunutzen. Ökonomisch nahm diese „Führungsaufgabe die Reichsgruppe Industrie" in Anspruch „als die berufene Vertretung der deutschen Gesamtindustrie"[20]. Politisch und militärisch aber waren für die Eroberung und Sicherung der riesigen Räume im Osten und die dauerhafte Verwandlung dieser Völker in Arbeitssklaven für die deutsche Wirtschaft zunächst entsprechende Voraussetzungen zu schaffen: die rücksichtslose und demonstrative Ausrottung aller Widerstandspotentiale, die Dezimierung dieser Völker durch millionenfachen Mord, die physische Ausrottung ihrer kulturellen und politischen Eliten und – als Voraussetzung in Deutschland –

die Züchtung eines Herrenrassenbewußtseins bei den Deutschen, vorab bei den Soldaten, damit diese ungeheuren Verbrechen mit aller Konsequenz und mit bestem Gewissen begangen werden konnten. Die Herrenrassenideologie erfuhr eine wesentliche Effektivierung dadurch, daß der Kampf gegen die „kommunistische Gefahr" und gegen das „slawische Untermenschentum" mit dem Kampf gegen die „jüdische Rasse" verknüpft wurde, so daß der Feind als ein- und derselbe erschien, Partisanen als Juden und Juden als Kommunisten aufgefaßt und alle zusammen als „jüdischer Bolschewismus" gekennzeichnet werden konnten. Die neue Qualität des faschistischen Imperialismus besteht also darin, daß die „Neuordnung Europas" strikt nach rassistischen Maßstäben erfolgen sollte. Das bedeutete die strenge Hierarchisierung der europäischen Völker nach ihrer vermeintlichen rassischen Wertigkeit, wobei die slawischen Völker ganz unten standen. Und es bedeutete die völlige Eliminierung der Juden, die nicht einfach nur als minderwertig galten, sondern als Krankheitserreger und Eiterbeulen. Rücksichtsloser Terror gegen jeden Ansatz von Widerstand einschließlich von Massenerschießungen – das war in allen besetzten Ländern das leitende Prinzip. Die Differenz zwischen dieser sozusagen „normalen" Kriegführung und dem Vernichtungskrieg ist dennoch beträchtlich. Aber sie besteht nicht darin, daß dieser Krieg sich gleichsam durch seinen Fortgang und seine innere Dynamik zum Vernichtungskrieg gesteigert hat, sondern ist politisch-ideologisch in der Fixierung der Slawen und der Juden als Untermenschen begründet: Der Vernichtungskrieg beginnt tatsächlich in Ansätzen schon 1939 gegen Polen, setzt sich im Frühjahr 1941 gegen die Serben fort und kulminiert im Krieg gegen die Sowjetunion.

Diese „Neuordnung Europas" versprach dem deutschen Kapital nicht nur gigantische Ausbeutungsmöglichkeiten in den eroberten Räumen[21], sondern die Perspektive einer wirklichen Weltmacht, vielleicht sogar die der Weltherrschaft. Die deutsche Wirtschaft bekundete durch ihr Verhalten – von der Verwertung und Vernutzung von Millionen von Zwangsarbeitern bis zu den gemeinsam mit der SS betriebenen Planungen und Ausgestaltungen des KZ in Auschwitz –, daß sie in dieser „Neuordnung Europas" ihre eigene Sache sah.

Zunächst einmal aber galt es, die Bereitschaft, einen solchen rassenideologisch geprägten Eroberungs- und Vernichtungskrieg zu führen,

auch im Militär zu schaffen. Die Voraussetzungen waren im deutschen Militär, wie gezeigt, seit längerem vorhanden. Doch die konsequente rassenideologische Ausformung war erst noch zu leisten. Dies gelang im Wesentlichen durch die Kombination von vier Elementen:
1. Kritiker wurden entlassen (wie Fritsch und Blomberg Anfang 1938) oder quittierten den Dienst, weil Hitler nicht auf ihre fachlichen Argumente hörte (wie Beck 1938). Gegen die rassenideologische Fundierung des Krieges hatten sie nichts einzuwenden, aber diese Entlassungen und Rücktritte schwächten insegsamt die Position der Wehrmacht gegenüber der Regierung Hitler. Die militärischen Führungsschichten aber nahmen sie hin, weil sie den Kurs des Faschismus im Ganzen eben doch aus vollem Herzen unterstützten: Die Zerschlagung der Arbeiterparteien als soziale Kraft, die Errichtung der Diktatur, die Aufrüstung und die Aussicht auf die erneuerte Großmachtstellung Deutschlands. Und übrigens wollte auch so mancher Offizier, wie Rolf-Dieter Müller nachgewiesen hat, später auch gern ein Rittergut im eroberten Osten besitzen[22].
2. Die Wehrmacht wurde durch intensive ideologische Schulung an den rassistischen Faschismus herangeführt – gemeinsam von Wehrmachtführung und Propagandaministerium. Das betraf besonders das Feindbild Jude (der Arierparagraph wurde im Militär schon 1934 eingeführt) und das Feindbild des slawisch-kommunistischen Untermenschentums. Beide Feindbilder waren der deutschen Gesellschaft und dem deutschen Militär schon gut vertraut.[23] Was nun aber noch geleistet werden mußte, war die vollständige Ausgrenzung dieser Feindbilder aus dem Bereich des Menschlichen. Im Wesentlichen ist diese Erziehungsarbeit gelungen.
3. Der Druck auf die Wehrmacht wurde erhöht durch den Aufbau der SS als einer Kampftruppe politischer Soldaten, mit der man, was ideologische Zuverlässigkeit betrifft, mithalten wollte, um den eigenen Rang im Herrschaftssystem nicht zu gefährden.
4. Die großen politischen und militärischen Erfolge von der Besetzung Österreichs und der Tschechoslowakei bis zu den Siegen über Frankreich und auf dem Balkan verliehen Hitler den Nimbus des politischen und militärischen Genies, womit auch dessen „Weltanschauung" aufgewertet wurde.

Als Resultat kann festgehalten werden, daß die Wehrmacht spätenstens 1938/40 weitgehend faschistisch geformt war. Generaloberst Brauchitsch, der Oberbefehlshaber des Heeres, stellte im Dezember 1938 denn auch fest: „Wehrmacht und Nationalsozialismus sind desselben geistigen Stammes"[24]. In welcher Weise die letzten Bedenken in der Wehrmachtsführung gegen die Politik des Vernichtungskrieges überwunden wurden, läßt sich an der Genese der Erlasse und Befehle erkennen, die zwischen März und Juni 1941 erarbeitet wurden: der Erlasse über die „Kriegsgerichtsbarkeit im 'Fall Barbarossa'" und über das „Verhalten der Truppe in Rußland" und des sogenannten „Kommissarbefehls".[25]

Am 30. März 1941 definierte Hitler in einer Rede vor der versammelten Generalität den Bolschewismus als „asoziales Verbrechertum" und als ein zentrales Kriegsziel die „Vernichtung der bolschewistischen Kommissare und der kommunistischen Intelligenz". (So notierte Generalstabschef Halder.) Der Entwurf des Chefs der Wehrmachtsrechtsabteilung vom 28. April brachte dann „eine entscheidende Radikalisierung". Hier war „erstmals eine unmittelbare Einbeziehung der Wehrmacht in den Ausrottungskrieg vorgesehen"[26]: „Die Truppe" selbst hatte „Freischärler" und andere „Angreifer ... schonungslos zu erledigen". Für die Verbrechen gegenüber der sowjetischen Zivilbevölkerung wurde vorab Amnestie gewährt. „Verdächtige Täter" etwa noch „zu verwahren", um sie „an die Gerichte abzugeben", wurde ausdrücklich verboten. Die Heeresführung hatte sich nun bereitgefunden, dem Heer „die Liquidierung einer ganzen Kategorie politischer Gegner zu übertragen"[27]. Schließlich wurde in den „Richtlinien für das Verhalten der Truppe in Rußland" der Kampf gegen den Bolschwismus definiert als „rücksichtloses und energisches Durchgreifen gegen bolschewistische Hetzer, Freischärler, Saboteure, Juden und restlose Beseitigung jedes aktiven und passiven Widerstands". Hier waren nun zum ersten Mal auch die Juden in einem Wehrmachtsbefehl zu „Verbrechern" allein wegen ihrer Rasse erklärt.

Dies alles wurde von der Hitler-Regierung nicht etwa in „totalitärer" Weise angeordnet und gegenüber der Wehrmacht durchgesetzt. Vielmehr wurde der Bündnispartner überzeugt von der Wirksamkeit und Notwendigkeit dieser Kriegsführung. Und er ließ sich überzeugen, daß in diesem Krieg „Rechtsempfinden u. U. hinter Kriegsnotwendigkeit zu treten habe"[28] – eine aufschlußreiche Formulierung, da sie offen anspricht, daß das „Rechtsempfinden" mancher hier verletzt wurde. Da half dann der Appell an die Härte – auch sich selbst gegenüber. Das Konzept des Vernichtungskrieges kann so schließlich als ein gemeinsam erarbeitetes gelten. Die Durchsetzung innerhalb der Wehrmacht übernahm dann die Wehrmachtsführung selbst.

Die Wehrmacht war nun also so geformt, daß sie die Terror- und Massenmordpolitik des deutschen Faschismus im großen und ganzen aktiv mitzutragen bereit war. Das gilt für die Führungsschichten – und das gilt auch für die Mehrheit der niederen Ränge. Hier wären freilich noch weitere Studien zur Sozialgeschichte der Wehrmacht in Angriff zu nehmen. Um Denken und Verhalten der niederen Ränge und der einfachen Soldaten zu verstehen, ist zu bedenken, daß diejenigen Kräfte, die politisch und ideologisch eine Alternative repräsentiert hatten, schon 1933 terroristisch zerschlagen worden waren, und daß erst auf dieser Basis die faschistische Ideologie, gestützt auf das Informations- und Propagandamonopol, sich voll hatte entfalten können. Eben dabei hatte übrigens die Reichswehr 1933 „Gewehr bei Fuß" gestanden, um die Zerschlagung der Linken abzusichern, denn: „Manches im Staat muß fallen, das kann nur mit Terror geschehen. Die Partei wird gegen den Marxismus rücksichtslos vorgehen" – so der Chef des Reichswehr-Ministeramtes Oberst von Reichenau schon im Februar 1933.[29]

Auf allen Ebenen der Wehrmacht gab es Abstinenz und Resistenz. Die Stauffenberg-Gruppe gelangte sogar bis an die Grenze politischer Durchschlagskraft. Aber insgesamt blieb die Mitwirkung an der Vernichtungspolitik bis zum Kriegsende die absolut dominierende Handlungsweise.

Daß darüber erst 50 Jahre später einigermaßen offen geredet werden kann und daß selbst jetzt noch eine Woge von Wut sich gegen diejenigen richtet, die das tun, sagt viel darüber aus, was alles nochgetan werden muß, um den deutschen Sonderweg definitiv zu beenden.[30]

Ich hatte eingangs betont, daß die Dokumentation von Brutalitäten und Massenmorden den Besucher hilflos läßt, wenn sie keinen Aufschluß über Ursachen und Bedingungen gibt, die diese Verbrechen bewirkt und ermöglicht haben. Die Ausstellung „Verbrechen der Wehrmacht" kann allzu leicht Schlußfolgerungen nahelegen über das unausrottbar Böse „des Menschen" oder „der Deutschen". Sichtbar zu machen wären stattdessen die Interessenstruktur und die Machtstruktur des deutschen Faschismus und – von dieser Systemanalyse aus – auch die Wirkungsweise seiner Ideologie. Dann würde auch klarer erkennbar, daß „die Täter" nicht nur diejenigen waren, die mit eigenen Händen gemordet oder die konkreten Morde konkret befohlen haben. Sicherlich verdient die Frage sorgfältige Untersuchung, warum so viele mitgemacht, oft genug freudig mitgemacht haben. Die Frage aber, welche Kräfte die Rahmenbedingungen geschaffen und die Ziele formuliert haben, die diese Verbrechen möglich bzw. notwendig machten, reicht doch in tiefere Dimensionen. Und am Ende wird man um die seit 1933 in der kritischen Faschismusanalyse bekannte und durch die Forschung trotz aller Verschleierungsversuche immer aufs Neue bestätigte Erkenntnis nicht herumkommen, daß, wer vom Kapitalismus nicht reden wolle, auch vom Faschismus schweigen solle, wie es Max Horkheimer kurz und präzis formulierte.

Anmerkungen

1 G. R. Ueberschär, Generaloberst Franz Halder. Generalstabschef, Gegner und Gefangener Hitlers, Göttingen 1991, S. 16.
2 E. Nolte, Der Faschismus in seiner Epoche, München 1936, S. 436.
3 Siehe dazu vor allem die im Zuammenhang mit der Wehrmachtsausstellung erschienenen Bände: Den Katalog zur Ausstellung sowie den Band H. Heer, K. Naumann (Hg.), Vernichtungskrieg. Verbrechen der Wehrmacht 1941 bis 1944, Hamburg 1995, sowie die dort genannte Literatur.
4 Die wichtigsten Dokumente dazu finden sich in: R. Opitz (Hg.), Europastrategien des deutschen Kapitals 1900-1945, Köln 1977, Teil I. Als Gesamtdarstellung siehe F. Fischer, Der Griff nach der Weltmacht. Die Kriegszielpolitik des kaiserlichen Deutschland 1914/18. Düsseldorf 1961.
5 Dies haben die faschismustheoretischen Debatten seit dem Ende der 60er Jahre klar ergeben: vgl. meinen Band „Faschismustheorien", aktualisierte Neuauflage Heilbronn 1990, bes. die Kapitel „Faschismus als Bündnis" und „Faschismus als Diktatur des Monopolkapitals".
6 Ich habe das genauer ausgeführt in meinem Buch „Deutschland seit der Französischen Revolution. Untersuchungen zum deutschen Sonderweg", Heilbronn 1996."

7 G. Lukács, Die Zerstörung der Vernunft, Neuwied und Berlin 1961; W. Grab, Der deutsche Weg der Judenemanzipation, München 1991.

8 Gegenüber den immer neuen Verharmlosungsversuchen Nietzsches ist das festzuhalten, was Georg Lukács an inhumanen und brutal-imperialistischen Grundzügen der Philosophie Nietzsches herausgearbeitet hat: vgl. G. Lukács, die Zerstörung der Vernunft, Neuwied und Berlin 1961, S. 270-350.

9 F. Naumann, Demokratie und und Kaisertum, Berlin-Schöneberg, 3. Aufl. 1904, S. 207.

10 M. Jeismann, R. Westheider, Wofür stirbt der Bürger? Nationaler Totenkult und Staatsbürgertum in Deutschland und Frankreich seit der Französischen Revolution, in: R. Koselleck, M. Jeismann (Hg.), Der politische Totenkult. Kriegerdenkmäler in der Moderne, München 1994, S. 23-50, hier S. 36 f.

11 Vgl. u. a. H. Glaser, Spießerideologie. Von der Zerstörung des deutschen Geistes im 19. und 20. Jahrhundert, Freiburg 1964; B. Giesen, Die Intellektuellen und die Nation, Frankfurt 1993; R. Blombert u. a. Transformationen des Wir-Gefühls, Frankfurt a. M. 1993; G. Lukács a.a.O.

12 M. Messerschmidt, Der verbrecherische Befehl im Kontext der „Kriegsnotwendigkeit", in: 22. Juni 1941. Der Überfall auf die Sowjetunion, hg. v. H. Schafranek u. R. Streibel, Wien 1991, S. 63-74.

13 Vgl. u. a. F. L. Carsten, Reichswehr und Politik 1918-1933, Köln, Berlin 1964; K. Nuß, Militär und Wiederaufrüstung in der Weimarer Republik. Zur politischen Rolle und Entwicklung der Reichswehr, Berlin (DDR), 1977; zur Schlußphase der Weimarer Republik siehe bes. A. Schildt, Militärdiktatur mit Massenbasis?, Frankfurt a. M., New York 1981; zur Kontinuität des deutschen Militärs siehe D. Bald, Vom Kaiserheer zur Bundeswehr. Sozialstruktur des Militärs, Frankfurt 1981; M. Geyer, Deutsche Rüstungspolitik 1860-1980, Frankfurt a. M. 1984; H. Ostertag, Bildung, Ausbildung und Erziehung des Offizierskorps im deutschen Kaiserreich 1871-1918, Frankfurt a. M., Bern, New York, Paris 1990; siehe auch: Das Deutsche Reich und der Zweite Weltkrieg, Bd. 1, hg. v. Militärgeschichtlichen Forschungsamt, Stuttgart 1979.

14 Akten zur deutschen auswärtigen Politik 1918-1945. Aus dem Archiv des Auswärtigen Amts, Serie B, Bd I/1, S. 343 ff.; der Text dieser geheimen Denkschrift „Die Abrüstungsfrage nach realpolitischen Gesichtspunkten betrachtet" vom März 1926 ist in Auszügen abgedruckt in: U. Hörster-Philipps, Wer war Hitler wirklich? Großkapital und Faschismus 1918-1945. Dokument, Köln 1978, S. 65 f.

15 zit. nach R. Opitz (Hg.), Europastrategien des deutschen Kapitals 1900-1945, Köln 1977, S. 581 f.

16 R. Kühnl, Der deutsche Faschismus und Quellen und Dokumenten, S. 148 f.

17 Siehe bes. die Publikationen von K. – J. Müller, vor allem: Armee und Drittes Reich 1933-1939. Darstellung und Dokumentation unter Mitarbeit von E. W. Hansen, Paderborn 1987; Das Heer und Hitler. Armee und nationalsozialistisches Regime 1933-1940, Stuttgart 1969; siehe auch W. Deist, M. Messerschmidt, H. – E. Volkmann, W. Wette, Ursachen und Voraussetzungen des Zweiten Weltkrieges, Frankfurt a. M. 1989.

18 Zit. nach K. Finker, Stauffenberg und der 20. Juli 1944, Köln 1977, S. 170.
19 Zit. nach: Deutschland im zweiten Weltkrieg, von einem Autorenkollektiv unter Leitung von W. Schumann u. K. Drechsler, Bd. 2, Köln 1975, S. 114.
20 Zit. nach Anatomie der Aggression, hg. v. G. Hass u. W. Schumann, Berlin 1972, Dok. 173, S. 348.
21 Das hat für den Zweiten Weltkrieg vor allem die Geschichtswissenschaft der DDR überzeugend nachgewiesen. Vgl. die verschiedenen Dokumentenpublikationen, die ich in meinem Band „Der deutsche Faschismus in Quellen und Dokumenten", Köln 6. Aufl. 1987, aufgeführt habe. Auch für die Kriegsziele in der Sowjetunion waren übrigens keineswegs Wünsche nach Ackerland oder Besiedlung bestimmend sondern industrielle Interessen: Es ging um Rohstoffe für die Industrie und um die Erschließung neuer Absatzmärkte. Siehe dazu u. a. Das Deutsche Reich und der Zweite Weltkrieg Bd. 4: Der Angriff auf die Sowjetunion, Stuttgart 1983, bes. die Untersuchungen von J. Förster und R. – D. Müller in diesem Band.
22 R.-D. Müller, Hitlers Ostkrieg und die deutsche Siedlungspolitik. Die Zusammenarbeit von Wehrmacht, Wirtschaft und SS, Frankfurt a. M. 1991.
23 O. Bartov, Von unten betrachtet. Überleben, Zusammenhalt und Brutalität an der Ostfront. in: Zwei Wege nach Moskau. Vom Hitler-Stalin-Pakt bis zum „Unternehmen Barbarossa", im Auftrag des Militärgeschichtlichen Forschungsamtes hg. v. B. Wegner, München 1991, S. 326-344, hier bes. S. 339; siehe auch W. Deist, Die militärische Planung des Unternehmens Barbarossa", in: „Unternehmen Barbarossa". Zum historischen Ort der deutsch-sowjetischen Beziehungen von 1933 bis Herbst 1941, im Auftrag des Militärgeschichtlichen Forschungsamtes hg. v. R. G. Foerster, München 1993, S. 109-122.
24 Erlaß vom 18.12.1938, zit nach R. Lakowski, Die Wehrmacht 1938 – Aggressionsinstrument des faschistischen deutschen Imperialismus, in: Der Weg in den Krieg, hg. v. D. Eichholtz u. K. Pätzold, Köln 1989, S. 91-112, hier S. 109; Siehe auch M. Messerschmidt, Außenpolitik und Kriegsvorbereitung, in: Das Deutsche Reich und der Zweite Weltkrieg, a.a.O, Bd 1.
25 siehe dazu Ch. Streit, Keine Kameraden. Die Wehrmacht und die sowjetischen Kriegsgefangenen 1941-1945, Stuttgart 1978, S. 28 ff.
26 Ebd. S. 37.
27 Ebd. S. 46.
28 So Generalleutnant Müller nach Verlesen des „Barbarossa-Erlasses am 11.06.1941 vor Offizieren und Heeresrichtern, zit. nach Streit, a.a.O., S. 43
29 Zit nach ebd. S. 57.
30 Das zeigt z. B. auch die Untersuchung von W. Benz, Der deutsche Vernichtungskrieg gegen die Sowjetunion in Schulgeschichtsbüchern in: 22. Juni 1941. Der Überfall auf die Sowjetunion, hg. v. H. Schafranek u. R. Streibel, Wien 1991, S. 167-184. Zum aktuellen Geschichtsrevisionismus siehe J. Klotz, U. Schneider (Hg.), Die selbstbewußte Nation und ihr Geschichtsbild, Köln 1997. Gerd Wiegel, der hier auch mit einem Beitrag vertreten ist, bereitet eine Dissertation zu diesem Thema vor.

Christian Gerlach
Vernichtungspolitik und Wirtschaftsinteressen
Die deutsche Besatzung in der Sowjetunion

Mit der deutschen Besatzungsherrschaft in den westlichen Gebieten der Sowjetunion 1941 bis 1945 verbindet sich die Vorstellung unermeßlichen Grauens. Je tiefer man die deutschen Vernichtungsaktionen erforscht, je mehr sich das Geschehen mit Hilfe deutscher Dokumente, noch lebender Zeugen, Vernehmungsaussagen von Überlebenden und Tätern, Exhumierungsprotokollen und Fotos in Einzelschicksale auflöst, desto stärker wird der Eindruck, anstatt sich zu verwischen. Doch läßt sich das verbreitete Mißverständnis, hier habe ein Morden um des Mordens willen stattgefunden, nur vermeiden, wenn man die Massenverbrechen nicht isoliert betrachtet, sondern im Zusammenhang mit der deutschen Besatzungspolitik insgesamt. Diese war weitgehend diktiert von wirtschaftlichen, militärstrategischen und verwaltungspolitischen Zwängen und Interessen, verbunden mit einer Bereitschaft zum Töten, die aus der weit verbreiteten rassistischen Abwertung und der politischen Verteufelung der sowjetischen Bevölkerung herrührte. Eine nüchterne Betrachtungsweise führt zu der Erkenntnis, daß die deutschen Gewaltaktionen auch im einzelnen selten ziellose Vernichtung waren, sondern meist funktional – Mittel der Politik.

Im folgenden kann es nur um einen kurzen Überblick gehen, der im wesentlichen „Tätergeschichte" darstellt. Zunächst gehe ich auf die deutschen Ziele, Planungen und den Verwaltungsaufbau ein, dann auf die Wirtschaftspolitik und schließlich auf die Vernichtungspolitik gegenüber den verschiedenen am meisten betroffenen Bevölkerungsgruppen.

Kriegsziele, Planungen, Eroberung, Verwaltung

Die Sowjetunion zu vernichten, eine deutsche Vorherrschaft in Europa und ein deutsches Imperium in Osteuropa zu schaffen, gehörte seit den zwanziger Jahren zu den wesentlichen politischen Zielen der NS-Bewegung. Einerseits sollte der „Weltbolschewismus" zerschlagen, andererseits „Lebensraum im Osten" gewonnen werden, eine Vorstellung, die sowohl die Besiedlung eines Teils mit Deutschen als auch das Herabdrücken anderer Gebiete in die Stellung von Kolonien umfaßte. Diese Ziele machten aus Sicht der deutschen Führung einen Angriff auf die UdSSR zwar wünschenswert, doch hatte dieser bis 1940 noch niemals ernsthaft zur Debatte gestanden. Als die Unterwerfung Englands mit politischen oder militärischen Mitteln im Sommer und Herbst 1940 scheiterte, erschien ihr der Krieg gegen die Sowjetunion jedoch als letzter Ausweg, um der Aussicht auf einen langwierigen Abnutzungskrieg mit den Westmächten zu entgehen, in dem Deutschland wegen seines Mangels an Ressourcen und Produktionspotential unterliegen mußte. Die anderen beiden Optionen, die Invasion in Großbritannien und Eroberungen in Nordafrika und im Nahen Osten, erschienen aus verschiedenen Gründen nicht durchführbar oder erfolgversprechend.[1] Der Angriff auf die Sowjetunion wurde damit zur zwingenden strategischen und kriegswirtschaftlichen Notwendigkeit – auch für das Überleben des NS-Regimes, das, wie Hitler es ausdrückte, bereits damals zuviel „auf dem Kerbholz" hatte, um noch zurück zu können.[2]

In dieser Konstellation war der Krieg gegen die Sowjetunion in erster Linie ein Krieg um Rohstoffe, um die notwendige strategische Ausgangsbasis für den Konflikt mit Großbritannien und – früher oder später – mit den USA zu erhalten.[3] Langfristige Vorhaben wie das Gewinnen von Siedlungsland oder von Absatzmärkten waren in der konkreten historischen Entscheidungssituation sekundär und sollten später auch die Besatzungspolitik relativ wenig beeinflussen. Die deutschen Interessen konzentrierten sich auf wenige Rohstoffe: Getreide, Ölsaaten und Mineralöl.[4] Bei ihnen wirkte sich der Mangel wegen des Ausfalls der Überseetransporte infolge der britischen Seeblockade besonders gravierend aus. Um die stark auf Motorisierung abgestellte deutsche Kriegführung auf längere Sicht fortführen zu können, die sich vor allem auf Panzer, Kraftfahrzeuge und Luftwaffe stützte, war die Eroberung der in der Kaukasusregion liegenden Ölvorkommen wichtig. Noch gravierender für die Besatzungspolitik waren die ernährungspolitischen Ziele.

Ohne die Überseeimporte konnte das Deutsche Reich seinen Lebensmittelbedarf nicht decken. Die Eroberungen der Jahre 1939/40 hatten das Defizit eher erhöht als verringert; die meisten besetzten Länder benötigten ihrerseits Lieferungen.[5] Das Reichsernährungsministerium beurteilte die Lage schon seit 1940 als ernst. Die Agrarlieferungen aus Südosteuropa ließen sich kaum noch steigern, und die aus der Sowjetunion deckten selbst im Rahmen neuer Verträge den deutschen Fehlbedarf nicht, waren mit Gegenforderungen an Industrie- und Militärgütern verbunden und brachten die deutsche Führung aus ihrer Sicht in eine wachsende Abhängigkeit von der UdSSR. Außer der deutschen „Fettlücke" wurden im Ernährungsjahr 1940/41 die deutschen Getreidevorräte fast völlig aufgebraucht, ein schwerwiegender Vorgang angesichts der unabsehbaren Kriegsdauer. Zum Ernteabschluß im Sommer 1941 konnte die Versorgungssituation im „Reich" nur mit Hilfe großer Anstrengungen stabil gehalten werden. Noch hungerte zwar niemand, doch daß der Hunger im Ersten Weltkrieg eine große Rolle beim Aufkommen der revolutionären Bewegung gespielt hatte, ließ der „Ernährungssicherung" für die NS-Führung hohe Priorität zukommen.[6]

Im Reichsernährungsministerium wurde daher seit Januar 1941 der Plan entwickelt, hohe Nahrungsmittelüberschüsse durch eine brutale Besatzungspolitik aus der Sowjetunion zu beschaffen. Da diese durch Verstädterung und erhöhten Eigenkonsum nicht mehr die Überschüsse des zaristischen Rußlands erbringe und da es wegen des unkontrollierbaren Schwarzhandels keine Aussicht auf Erfolg habe, die Lebensmittelrationen dort linear zu senken, müsse man die „Zuschußgebiete" innerhalb der UdSSR abriegeln und damit den Hungertod von „zig Millionen Menschen" – man prognostizierte etwa 30 Millionen Opfer – herbeiführen. Dieser bis dahin größte Mordplan der Geschichte richtete sich vor allem gegen zwei Bevölkerungsgruppen: die Menschen in der „Waldzone" (Mittel-, Nord- und mit Einschränkungen Weißrußland) einerseits und die Einwohner der Städte in der westlichen Sowjetunion andererseits.[7] Nicht zu übersehen ist dabei, daß der größte Teil der sowjetischen Bevölkerung nach den Vorstellungen der deutschen Führung am Leben bleiben sollte, um insbesondere in der Landwirtschaft den Deutschen als Arbeitskräfte zu dienen. Charakteristisch ist, daß, soweit überhaupt Industriebetriebe in den zu besetzenden sowjetischen Gebieten erhalten bleiben sollten, der Bau und die Reparatur von Landmaschinen Vorrang sogar vor der Produktion von Panzern und Geschützen für die Wehrmacht haben sollte.[8] Besonders die Industrie in Mittel- und Nordrußland sollte auf Dauer als Konkurrenz für deutsche Exporte ausgeschaltet werden.

Die Bedeutung des Hungerplans ist bis heute meist unterschätzt worden. Er war nicht nur das Projekt einiger Phantasten oder einer begrenzten Fraktion innerhalb der NS-Verwaltung; vielmehr stimmte Hitler ihm zu, Göring und führende Stellen der Wehrmacht machten ihn sich zu eigen, und mit den von Göring herausgegebenen, vom Chef des Oberkommandos der Wehrmacht, Keitel, unterschriebenen Wirtschaftsrichtlinien in der „Grünen Mappe" wurde er zur Grundlage der deutschen Besatzungspolitik in der Sowjetunion. Eine Reihe von späteren Aussagen aus verschiedener Perspektive zeigen, daß SS und Polizei, angefangen bei Himmler selbst, sich die Mithilfe bei der Durchführung dieses Vorhabens zur Aufgabe machten.[9]

Der Hungerplan war aber auch notwendige Voraussetzung für die operativen Planungen der Wehrmachtführung. Um das zu verstehen, muß man sich auf eine Analyse der militärischen Logik einlassen. Denn selbst gemäß den noch sehr optimistischen Schätzungen vor dem 22. Juni 1941 besaß die deutsche Seite kein klares Übergewicht an Truppen, Bewaffnung und Produktionspotential, teilweise im Gegenteil. Man beruhigte sich mit der vermeintlichen eigenen qualitativen Überlegenheit. Dennoch schwankte die Stimmung der deutschen Militärführung zwischen Überheblichkeit und Bangen, und gerade Hitler sah im deutschen Angriff ein großes militärisches Risiko. Die deutschen Operationspläne hatten außerdem den schwierigen Raumverhältnissen auf einem überdimensionierten Kriegsschauplatz Rechnung zu tragen. Um die sowjetischen Streitkräfte am Ausweichen zu hindern und einen längeren Krieg zu vermeiden, mußten die deutschen Aktionen in großem Tempo vonstatten gehen.[10] Bei einer gedachten Operationstiefe von bis zu 2.000 Kilometern und einer entsprechenden Versorgung von den Nachschubbasen konnte sich der deutsche Vormarsch im wesentlichen nur auf die Eisenbahnen – nicht auf Straßentransporte wie noch in Frankreich 1940 – stützen. In der westlichen UdSSR gab es aber nur wenige West-Ost-Bahnstrecken, mit deren anfänglicher Zerstörung zu rechnen war.¹¹ Um den Nachschub von allem nicht unbedingt Nötigen zu entlasten, sollte insbesondere Verpflegung nicht nachgeschoben, sondern „aus dem Lande" beschafft werden. Nicht Züge mit Getreide, die von der Ukraine nach Berlin fuhren, waren das primäre Ziel der deutschen Besatzungspolitik, sondern die möglichst vollständige Versorgung des rund drei Millionen Mann starken deutschen Ostheeres. Die rücksichtslose Ausbeutung des Landes lag damit direkt im Interesse der Wehrmacht. Die für die Militär- und Wirtschaftsverwaltung zuständigen Kopfstellen im Reich, das Amt Generalquartiermeister des Heeres, das Wehrwirtschafts- und Rüstungsamt im OKW und der Wirtschaftsstab Ost, entwickelten den Hungerplan maßgeblich mit und wiesen die ihnen unterstellten Stellen und Truppen im Besatzungsgebiet entsprechend an.¹²

Eine Reihe von Brandreden und Befehlen Hitlers und hoher Wehrmachtgenerale bereiteten im Frühjahr 1941 deutsche Massenverbrechen an der sowjetischen Bevölkerung vor. Hitlers sogenannter Kriegsgerichtsbarkeitserlaß vom 13. Mai regelte das Verhältnis zwischen Truppe und Zivilbevölkerung. Deutsche Übergriffe und Verbrechen sollten grundsätzlich straffrei bleiben, sowjetische Zivilisten der Kriegsgerichtsbarkeit entzogen und auch bei bloßem Verdacht erschossen werden, und wenn nach Gewaltakten gegen die Wehrmacht Täter nicht festzustellen waren, sollten kollektive Gewaltmaßnahmen gegen die Anwohner erfolgen. Der sich daran anschließende Kommissarbefehl des OKW vom 6. Juni sah die präventive Ermordung militärischer und ziviler „Kommissare" vor (d.h. aller Politoffiziere sowie ziviler Parteifunktionäre, „die sich gegen die Truppe wenden"). Die militärischen Kommissare sollte die Truppe grundsätzlich selbst erschießen.¹³ Die vom OKW ausgegebenen „Richtlinien für das Verhalten der Truppe in Rußland" vom 19. Mai forderten ein „energisches Durchgreifen gegen bolschewistische Hetzer, Freischärler, Saboteure und Juden".¹⁴

Bereits seit Januar 1941 liefen zusätzlich Verhandlungen über Art und Umfang des Einsatzes von SS- und Polizeieinheiten im sowjetischen Hinterland im Verband des Heeres. Sie führten zur Einsetzung Höherer SS- und Polizeiführer bei den Befehlshabern der rückwärtigen Heeresgebiete, die sich mit letzteren abstimmten und gleichzeitig Himmler direkt unterstellt waren. Es wurden anfangs vier Einsatzgruppen der Sicherheitspolizei und des SD mit rund 3.000 Mann, mindestens zehn Ordnungspolizeibataillone mit rund 4.000 Mann und drei Waffen-SS-Brigaden unter dem neugebildeten Kommandostab Reichsführer-SS mit rund 18.000 Mann eingesetzt. Ihr Auftrag bestand in der Ermordung politischer Gegner und in der Widerstandsbekämpfung; dies ging im wesentlichen nicht über die von der Wehrmacht gegebenen Befehle hinaus. Zusätzlich sollten alle drei Gliederungen jüdische Menschen ermorden. Dies beschränkte sich zunächst – wie es Heydrich in seinem Ausgangsbefehl an die Einsatzgruppenchefs ausdrückte – auf die Tötung von „Juden in Partei- und Staatsstellungen",[15] was angesichts der folgenden Mordpraxis in einem weiteren Sinne (etwa als 'Juden, die Partei- oder Staatsangestellte sind') verstanden wurde.

Damit gingen die Befehle für die Verbrechen von vornherein weiter als beim deutschen Angriff auf Polen 1939. Doch reichten die Vorstellungen von den Auswirkungen des Hungerplans weit darüber hinaus. Die Verfolgung und Ermordung politischer Gegner diente also nicht nur der Abrechnung mit dem „bolschewistischen Weltfeind" und der Zerschlagung des sozialistischen Systems, sondern war auch geeignet, jeglichen Widerstand gegen eine absolute deutsche Herrschaft und die geplante Hungerpolitik und Ausbeutung zu ersticken. Da die Juden stark mit dem „jüdisch-bolschewistischen" System identifiziert wurden und von ihnen auch besonderer Widerstand gegen die Durchsetzung der deutschen Interessen erwartet wurde,[16] richteten sich die deutschen Terrormaßnahmen besonders gegen sie. Der Hungerplan implizierte darüber hinaus, daß fast alle sowjetischen Juden, die mehrheitlich in den Städten der westlichen UdSSR wohnten, sterben sollten.

Die deutsche Invasion am 22. Juni 1941 traf auf eine trotz etlicher Vorbereitungen und Vorsichtsmaßnahmen unzureichend organisierte sowjetische Armee. Bereits bis Ende Juli 1941 eroberte die Wehrmacht Litauen, Lettland und große Teile Weißrußlands. In der Ukraine, wo sich die sowjetischen Streitkräfte konzentrierten, rückten die Deutschen zunächst langsamer vor. Erst die gewonnene Kesselschlacht von Kiew Mitte September öffnete ihnen den Weg in die Gebiete östlich des Dnjepr. Gleichzeitig schlossen die deutschen Truppen den Belagerungsring um Leningrad.[17] Der mit der Schlacht von Wjasma und Brjansk eröffnete Vormarsch auf Moskau im Oktober, strategisch erst nach dem Fall von Kiew denkbar, kam von der Jahreszeit her zu spät, wurde von mangelnden deutschen Reserven, den vorangegangenen hohen Ausfällen an Panzern und Kraftfahrzeugen sowie akuten Nachschubproblemen behindert und brach Ende November wegen der erbitterten, obwohl zahlenmäßig phasenweise unterlegenen sowjetischen Abwehr zusammen.[18] Der Anfang Dezember 1941 begonnene sowjetische Gegenschlag vor allem bei Moskau und Rostow hatte zur Folge, daß die Rote Armee die Wehrmacht im Winter um 100 bis 300 Kilometer zurückdrängen konnte.

Die deutsche Führung konnte damit trotz enormer Gebietsgewinne in keiner Phase ihre strategischen Ziele erreichen, und dies hatte erhebliche Rückwirkungen auf die Besatzungspolitik. Seit Ende Juli 1941 hatte die Wehrmacht die Fähigkeit verloren, mit mehr als einer ihrer drei Heeresgruppen gleichzeitig strategische Offensiven zu führen. Weder gelang es ihr, die Masse der sowjetischen Streitkräfte westlich von Dnjepr und Düna in der Anfangsphase zu stellen und zu vernichten, noch wurde Leningrad erobert, noch konnte der Angriff auf Moskau zum angestrebten frühen Zeitpunkt beginnen, um den militärischen Widerstand der Sowjets zu brechen, bis zum Winterbeginn die avisierte Linie Archangelsk-Astrachan zu erreichen und 1942 lediglich noch einzelne Gefechte vor sich zu haben. Insbesondere brach das sowjetische System und Staatswesen nicht, wie vielfach erhofft, zusammen. Die teils schon vor Kriegsbeginn noch nach oben revidierten Schätzzahlen über die Stärke der sowjetischen Streitkräfte und ihrer Bewaffnung erwiesen sich mehr und mehr als viel zu niedrig gegriffen. Die hohe Kampfmotivation der Rotarmisten verblüffte die Deutschen seit den ersten Tagen des Krieges. Besonders schwerwiegend war, daß die Sowjets in einer anfangs improvisierten, hervorragend organisierten Evakuierungsaktion über 1.000 Wirtschaftsbetriebe demontieren und zusammen mit zehn bis fünfzehn Millionen Menschen in die östlichen Landesteile transportieren konnten.[19] Da sie gezielt den Großteil des rollenden Materials der Bahn in Sicherheit brachten, waren die Deutschen gezwungen, in großem Umfang eigene Lokomotiven und Waggons einzusetzen und zu diesem Zweck die teils zerstörten Bahnstrecken provisorisch auf die mitteleuropäische Spurbreite umzubauen.[20] Dadurch verstärkten sich einerseits die Nachschub- und Versorgungsprobleme der Wehrmacht und andererseits der auf ihr lastende Druck, das Tempo der Operationen zu erhöhen, 1941 immer mehr. Dies hatte zur Folge, daß die Wirtschaft der besetzten sowjetischen Gebiete immer stärker und rücksichtsloser für Wehrmachtzwecke ausgebeutet werden sollte, umso mehr, als es sich aus Sicht der deutschen Führung um eine Existenzfrage handelte, wenigstens noch eine möglichst gute militärische Ausgangsbasis zu erreichen.

Auch von der Verwaltungspraxis und der militärischen Beherrschung der besetzten Gebiete her ergaben sich Probleme und Zwänge. Zunächst kamen die eroberten Gebiete unter Militärverwaltung. Sie wurde im Westen schrittweise von einer Zivilverwaltung abgelöst, die dem neu gebildeten Reichsministerium für die besetzten Ostgebiete unterstand. Die baltischen Länder und ein Teil Weißrußlands wurden im Reichskommissariat Ostland mit Sitz in Riga zusammengefaßt, große Teile der Ukraine im Reichskommissariat Ukraine mit Sitz in Rowno. Ihnen unterstanden deutsche General- bzw. Gebietskommissariate. Weitere Gebiete im äußersten Westen wurden anderen deutschen und rumänischen Verwaltungen unterstellt.[21] Das Personal der deutschen Zivilverwaltung bestand in den jeweiligen Spitzenpositionen und politischen Abteilungen überwiegend aus langjährigen Parteiaktivisten der NSDAP, in den Fachabteilungen dagegen aus fachlich mehr oder weniger erfahrenen Funktionären oft ohne besondere Parteikarriere oder auch -zugehörigkeit. Das Gebiet der Militärverwaltung gliederte sich in rückwärtige Heeresgebiete (eines je Heeresgruppe) und, näher zur Front, rückwärtige Armeegebiete (eines im Hinterland jeder Armee), die Heeresgebiete von oben nach unten in die Bereiche der Sicherungsdivisionen, Feld- und Ortskommandanturen. Die Wirtschaftsverwaltung mit einer Wirtschaftsinspektion je Heeresgruppe und ihr unterstellten Wirtschaftskommandos war hier separat organisiert.

Allein schon von der Dimension der Gebiete her, die sie tatsächlich in ihren Besitz brachten, war die Kontrolle der Deutschen über die dort lebende Bevölkerung schwierig. Das deutsche Konzept der Aufsichtsverwaltung bewirkte, daß bis zur Ebene der Landkreise hinauf einheimischen Lokaladministrationen die Verwaltungstätigkeit überlassen werden mußte. Die zahlenmäßige Stärke der deutschen Sicherungstruppen im Hinterland war mit etwa 150.000 bis 200.000 Mann relativ gering, wenn man bedenkt, daß eine Sicherungsdivision ein Gebiet von bis zu 60.000 km² mit rund drei Millionen Einwohnern zu überwachen hatte. Wegen des Zwanges, möglichst viele Kräfte an der Front zu verwenden, ließ sich die Stärke der Sicherungstruppen nicht beliebig erhöhen. Eine Konsequenz hieraus – und eben nicht aus dem Haß auf die als „minderwertig" angesehene Bevölkerung *allein* – war von Beginn an für den Fall von Widerstandsakten und darüber hinaus schon 'präventiv' der Wille zu abschreckender Brutalität.[22] Deshalb begrüßte das Heer den verstärkten Einsatz von SS- und Polizeieinheiten in den besetzten sowjetischen Gebieten als Teilentlastung.[23] Außerdem erwies es sich trotz Hitlers anderslautender Vorgaben als unumgänglich, stationäre und mobile einheimische Hilfspolizeieinheiten aufzustellen – allein im Gebiet der Zivilverwaltung Ende 1942 rund 150.000 Mann.[24] Den Deutschen gelang es wie überall in Europa auch in der Sowjetunion, eine Schicht von weitgehend loyal kollaborierenden Polizei- und Verwaltungsangehörigen zu finden und zu unterhalten, auf die sie für das Funktionieren ihrer Besatzungspolitik angewiesen waren. Auch wenn das Phänomen der Kollaboration in den besetzten sowjetischen Gebieten erst noch gründlich erforscht werden muß, ist die Vorstellung nicht haltbar, sie hätte sich im wesentlichen nur auf die westlichen, 1939/40 von der Sowjetunion annektierten Gebiete und auf die ehemaligen Emigranten beschränkt.[25] Wegen der grundsätzlichen Entscheidung, keine autonomen oder gar formell unabhängigen Regierungen in den besetzten Sowjetrepubliken zuzulassen, hatte die deutsche Politik auf dem Gebiet der politischen Kollaborationsbewegungen dagegen weniger Erfolg, vor allem in den besetzten Gebieten Rußlands und Weißrußlands. Die entsprechenden nationalistischen Gruppen blieben teils isoliert, teils gingen sie in verschiedenen Teilbereichen zu den Deutschen auf Distanz.[26]

Wirtschaftspolitik

Schon in den ersten Wochen der deutschen Besetzung zeichnete sich ab, daß der deutsche Hungerplan gegenüber dem größten Teil der sowjetischen Bevölkerung nicht durchführbar sein würde, weil man diese nicht dazu zwingen konnte, 'einfach' zu verhungern.[27] Die Einwohner der Städte erhielten zunächst oft keine Lebensmittelzuweisungen. Dann wurde nach und nach eine Rationierung eingeführt, die sich allerdings in der Praxis oft auf Brot und Kartoffeln und 800 bis 1.300 Kalorien täglich beschränkte; hierdurch zusammen mit vielfältigen Anstrengungen wie Hamstern, Schwarzhandel, dem Aktivieren von Verwandtschaftsbeziehungen und Gartenanbau gelang es der städtischen Bevölkerung, die deutschen Pläne zu unterlaufen und so zu überleben. Die Besatzungsverwaltung brauchte einerseits eine begrenzte Infrastruktur in den Städten für Zwecke der Wehrmacht, andererseits konnte sie sich weder offene Hungerunruhen noch Seuchen leisten, und die zahlenmäßig schwachen Sicherungs- und Polizeitruppen waren auch mit brutaler Gewalt nicht in der Lage, den unablässigen Strom tausender „Wanderer", die Lebensmittel „besorgten", zu unterbinden. Von der Abriegelung ganzer Gebiete konnte keine Rede sein. Bei der Einführung der Rationierung setzten sich die Abteilungen Kriegsverwaltung der Militäradministration gegen die Wirtschaftsverwaltung durch.[28] Trotz verbreiteter Unterernährung: mit Ausnahme von Charkow, wo im Winter 1941/42 über 11.000 Menschen Hungers starben,[29] und einiger anderer ukrainischer Großstädte blieb die Zahl der Todesopfer relativ gering. Das galt meist auch für die jüdische Bevölkerung. Allerdings schwankte die Höhe der ausgegebenen Lebensmittel, es ergaben sich immer wieder örtliche Ernährungskrisen, weil der Wehrmachtbedarf gegenüber dem Bedarf der Zivilbevölkerung – völkerrechtswidrig – Vorrang hatte.

Obwohl der summarische Hungerplan gegen ganze Gebiete und Städte schon etwa im August und September 1941 aufgegeben wurde, blieben Beschlagnahme von Nahrungsmitteln und Entstädterung zentrale Ziele der deutschen Besatzungspolitik in der Sowjetunion bis 1944. In den Städten wurden unerträgliche Zustände geschaffen. Durch die sowjetische Evakuierung, durch Flucht vor Bombenangriffen, politischer Verfolgung, Hunger, Arbeits- und Obdachlosigkeit infolge der schweren Zerstörungen, durch die Deportation von Zwangsarbeitern nach Deutschland und Zwangsaussiedlungen seitens der deutschen Verwaltung wurde die Bevölkerung der Städte stark reduziert. Eine der Hauptursachen für den Rückgang war die Ermordung der Juden durch die

Deutschen. Anfang 1943 war in den Großstädten der Ukraine die Bevölkerung um 55 % zurückgegangen,[30] in den 15 größten Städten Weißrußlands sogar um knapp zwei Drittel, und die schleichende Entvölkerung ging weiter.

Mit der Entstädterung ging die Deindustrialisierung einher. So stellte die Wirtschaftsinspektion Mitte fest, daß die „Zielsetzung der deutschen Wirtschaftspolitik in den besetzten Ostgebieten [...] mit den Stichworten 'Reagrarisierung und Entindustrialisierung' des Landes umschrieben werden darf."[31] Auch hier wirkten viele Faktoren zusammen. Die sowjetischen Behörden hatten viele Betriebe demontiert oder durch Zerstörungen unbrauchbar gemacht. Die deutschen Bombenangriffe, Kampfhandlungen am Boden und Großfeuer hatten weitere vernichtet. Noch intakte Betriebe für den sogenannten zivilen Bedarf wurden vorläufig stillgelegt, so in der Textilindustrie. Der Vorrang der Wehrmachttransporte behinderte den Wirtschaftsverkehr stark. Durch die kaum behobenen Schäden in der Infrastruktur, die Schaffung neuer, künstlicher Verwaltungsgrenzen und die Zerstörung des gesamtwirtschaftlichen Warenkreislaufs infolge Drosselung von Verbrauchsgüterindustrie, Ernährungswirtschaft und Handel war die offizielle Wirtschaft weitgehend gelähmt. Warenmangel führte zu einer starken Inflation auf den geduldeten Bauernmärkten.

Nicht nur in der Anfangsphase, auch später galten die „allgemeinen Richtlinien, wonach die Industrie in den besetzten Ostgebieten kurz zu halten ist", wie der zuständige Abteilungsleiter des Ostministeriums sagte. Doch besonders seit dem Frühjahr 1942 sollten zur Entlastung der Transportwege, um den Bedarf des Ostheeres auch an Industriewaren zu decken, befristet „gewisse Modifikationen" vorgenommen werden. Die „obere Grenze für die Industrieentwicklung" war indes bestimmt durch die Mängel in der „Versorgung mit Kohle und anderen Brennstoffen, Energie, Betriebsstoffen und Transportmitteln sowie Rohstoffen allgemein."[32] Dies traf insbesondere die Metallindustrie. Nunmehr sollten im Rahmen des sogenannten „Generalquartiermeister"- oder „Iwan"-Programms verstärkt Bekleidung, Küchengeräte usw. produziert werden; die begrenzte Ankurbelung umfaßte aber mit Ausnahme der ostukrainischen Industriegebiete im wesentlichen nur Textil-, Holzindustrie und Nahrungsmittelverarbeitung. Selbst die relativ wenig komplexe Produktion von Panjewagen, d.h. Pferdegespannen aus Holz, zu organisieren, überforderte die deutsche Wirtschaftsverwaltung bereits. Produktionskapazitäten und Ausstoß blieben sehr gering.[33] Das galt mit Einschränkungen auch für die Industrieregionen der Ukraine, wo die schweren Zerstörungen der Bergbau- und metallverarbeitenden Betriebe und der Stromversorgung lediglich begrenzte Erfolge im Bergbau zuließen. So deckten Vorräte und Produktion von Kohle 1941-44 (7,4 Mio. Tonnen) nur gut ein Viertel des – vorwiegend deutschen – Gesamtverbrauchs in den besetzten sowjetischen Gebieten, von dem der Bahnbetrieb allein die Hälfte in Anspruch nahm. Die eroberten Erdölvorkommen waren entweder gering (in Estland und Ostgalizien) oder die Anlagen so zerstört, daß die Deutschen nicht fördern konnten (bei den im Sommer 1942 kurzzeitig eroberten Vorkommen bei Maikop und Grozny am Kaukasus).[34]

Die deutschen staatlichen Investitionen waren mit rund 1 Mrd. Reichsmark plus mindestens der gleichen Summe im Verkehrssektor relativ gering, bedenkt man das Potential der besetzten sowjetischen Gebiete, die auf sie gesetzten Hoffnungen und ihre Bedeutung als Hinterland der entscheidenden Front. Die privaten Investitionen lagen noch weit darunter, denn während sich die Investitionsbedingungen im Reichsgebiet angesichts von Rüstungsnachfrage und Zwangsarbeitereinsatz besonders ab 1942 sehr günstig entwickelten, war die Infrastruktur in den besetzten sowjetischen Gebieten schwer geschädigt, die Produktionshemmnisse waren enorm und die Investitionsrisiken erheblich.[35] Die Wirtschaftsverwaltung gestattete überdies grundsätzlich nur eine treuhänderische Übernahme statt einer Eigentumsübertragung. Lediglich in der ukrainischen Schwerindustrie engagierten sich deutsche Konzerne in stärkerem Maße. Ansonsten betrieben deutsche Unternehmen wenig Produktion, sondern am stärksten waren mittelständische Bau- und Handelsfirmen vertreten. Die meisten gewerblichen Betriebe wurden dagegen entweder direkt von der Wirtschaftsverwaltung oder von „Ostgesellschaften" geführt, die von den halbstaatlichen Wirtschaftskorporationen abhingen und mit staatlich garantierten Krediten der Privatbanken arbeiteten. Dies entsprach den Zielen der Unternehmen wie des Staates am besten.[36]

Das zentrale deutsche Interesse bei der Ausbeutung der besetzten sowjetischen Gebiete lag bis zum Schluß in der Landwirtschaft. Obwohl das Hungermord-Programm weitgehend scheiterte und die ursprünglich angestrebten Mengen an Agrargütern nicht gewonnen werden konnten, gingen doch bis 1944 rund 9,2 Mio. Tonnen Getreide, 3,2 Mio. Tonnen Kartoffeln und anderes an die Deutschen, darunter mehr als 90 % an Wehrmacht und Besatzungsapparat, dazu fast 1 Mio. Tonnen Öl und Ölsaaten, davon 75 % ins Reich.[37] Dazu kamen unregistrierte, direkte Beschlagnahmen durch Wehrmachtangehörige und -einheiten. Dies bedeutete, wie den deutschen Ernährungsplanern von Anfang an klar gewesen war, zwar nur eine Ergänzung der deutschen Agrarproduktion, trug jedoch gerade in Schlüsselbereichen wesentlich dazu bei, daß die Ernährungslage in Deutschland bis Ende 1944 relativ stabil blieb.

Die Landwirtschaftsfunktionäre machten mit 12.000 Personen einen großen Teil des deutschen Besatzungsapparates aus. Außer mehreren Mann Aufsichtspersonal pro Landkreis, den „Landwirtschaftsführern", verfügte die „Zentralhandelsgesellschaft Ost" (ZO) über weitere mehr als 6.000 deutsche und niederländische sowie rund 500.000 sowjetische Mitarbeiter.[38] Aufgabe der ZO war der Ankauf der Zwangsabgaben der Bauern zu vorgeschriebenen Niedrigpreisen und der Verkauf von Konsumgütern, Geräten und Maschinen. Diese deckten jedoch den Bedarf bei weitem nicht. Die Bauern, die für ihre Produkte keinen adäquaten Gegenwert erhielten, drängten auf den schwarzen Markt, wurden bei Nichterfüllung der hohen Abgaben mit hohen Strafen bedroht. Zwar war die Ernährungssituation der Landbevölkerung etwas besser als die der Städter, doch ihr Lebensstandard ging gegenüber der sowjetischen Zeit deutlich zurück.

Mit dem Scheitern des Plans, die Bevölkerung ganzer Gebiete „verhungern" zu lassen, rückte für die deutsche Besatzungsverwaltung das Interesse an einer Steigerung der Agrarproduktion weiter in den Vordergrund. Dem waren anfangs keine großen Chancen eingeräumt worden, weil während des Krieges ein Rückgang unvermeidlich schien. Der Mangel an Traktoren und Maschinen infolge sowjetischer Evakuierung, Kriegszerstörungen und Ausschlachtung durch marodierende deutsche Einheiten, der noch stärkere Mangel an Treibstoff für den mechanisierten Agrarsektor, fehlender Mineraldünger, Mangel an Vieh und damit an Zugkraft und Stalldünger infolge gezielter Reduzierung der Bestände verminderten die an sich schon nicht besonders hohe Produktivität der Landwirtschaft in der Sowjetunion. Das bereits vor dem deutschen Angriff am 22. Juni 1941 in die Wege geleitete Programm zur Lieferung von Maschinen und Traktoren in die zu besetzenden sowjetischen Gebiete konnte die Lücken bei weitem nicht ausgleichen.

Was blieb, war die Mobilisierung der puren menschlichen Arbeitskraft. Bei einer 1942 von den Deutschen durchgeführte Agrarreform wurden die Kolchosen in vielen Gebieten aufgeteilt; die vermeintlichen Vorteile von bäuerlichen Einzelhöfen und Kollektivbetrieben sollten kombiniert werden, da eine vollständige Aufteilung aus verschiedenen Gründen nicht möglich erschien, u.a. wegen des Zwangs zur Zusammenarbeit beim Einsatz der wenigen Maschinen und Pferde. Die Reform zielte auf verstärkte Ausbeutung durch eine auf weitgehende Handarbeit umgestellte Arbeitsorganisation, durch stärkeren Konkurrenz- und Leistungsdruck, den weitgehenden Wegfall der Verwaltung und durch vordergründige Anreize für das Eigeninteresse der Bauern. Große Familien wurden gezielt benachteiligt, um angeblich nicht benötigte Arbeitskräfte für andere Zwecke freizusetzen. Politisch mißliebige und nicht leistungsfähig erscheinende Bauern erhielten keine Landanteile. Tatsächlich konnten die Produktivität weitgehend stabilisiert und die Anbauflächen leicht ausgedehnt werden. In den wichtigsten Agrargebieten, der besetzten Ukraine und Südrußland, wurde die Durchführung der Reform durch die deutsche Zivil- und Militärverwaltung jedoch verzögert, weil die skeptischen Agrarbehörden vor Ort erst abwarten wollten, ob sie anderswo Erfolg hatte, und weil dort betriebswirtschaftlich teils andere Bedingungen herrschten.[39] Die Agrarreform zeigt, daß, wenn die Verantwortlichen, wenn es ihnen effektiv erschien, durchaus bereit waren, unblutige ökonomische Mittel bei ihrer Besatzungspolitik einzusetzen – allerdings kombiniert mit Zwang und mit propagandistischen Hintergedanken.

Ein wesentlicher Aspekt der deutschen Besatzungsherrschaft war die Arbeitseinsatzpolitik. Die Deutschen benutzten die Einwohner in den besetzten sowjetischen Gebieten rücksichtslos für ihre kriegswirtschaftlichen Interessen. Dazu diente ein restriktives Arbeitsrecht, das die Einführung der Arbeitspflicht einschloß. Die Vergabe von Lebensmittelkarten für „Nichtselbstversorger" wurde mehr und mehr an die neu errichteten Arbeitsämtern geknüpft.

In den ersten Monaten der Besatzung herrschte in den Städten wegen der Lähmung der industriellen Produktion und der Zerstörungen eine hohe Arbeitslosigkeit. Der Bedarf an Arbeitskräften allgemein sowie an qualifizierten Kräften im besonderen war gering. Von dieser Seite aus wurde die schon skizzierte weitere Entvölkerung der Städte begrüßt. Aber auch auf dem Land konstatierten deutsche Funktionäre in vielen Gebieten „Überbevölkerung". Anders betrachtet, schienen die Reserven an menschlicher Arbeitskraft fast unerschöpflich.

Diese Situation wandelte sich – allerdings nicht schlagartig – seit der von den Wirtschafts- und Arbeitsbehörden sowie Teilen der Industrie geforderten Entscheidung vom November 1941, sowjetische Zwangsarbeiter im Zuge verstärkter kriegswirtschaftlicher Anstrengungen in großem Umfang im Deutschen Reich einzusetzen. Hiergegen hatten sich zuvor vor allem Parteigliederungen und das Reichssicherheitshauptamt gewandt, um eine 'rassische' und 'politische Infizierung' der deutschen Bevölkerung zu vermeiden.[40] Die Kräfte des neu eingesetzten „Generalbevollmächtigten für den Arbeitseinsatz", Fritz Sauckel, rekrutierten zusammen mit der Arbeitsverwaltung des Besatzungsapparats allein 1942 offiziell 1,48 Millionen, bis August 1944 2,12 Millionen sowjetische Zivilisten für die Zwangsarbeit in Deutschland, die meisten aus der Ukraine, zur Hälfte Frauen. Bereits Kinder ab zehn Jahren wurden als „arbeitsfähig" deportiert. Das Durchschnittsalter der sowjetischen Zwangsarbeiter/innen lag bei nur 20 Jahren.

Ulrich Herberts Erkenntnis, daß dabei verschiedene Rekrutierungsmethoden angewandt wurden, die sich nicht allein auf die berüchtigten „Sklavenjagden" an belebten Plätzen wie Märkten, Kinos, Schulen usw. beschränkten, kann für die gesamte Dauer der Besatzung nur unterstrichen werden.[41] Vielmehr gab es in den ersten Monaten, im Frühjahr 1942, noch relativ viele mehr oder weniger Freiwillige, die z.B. Hunger und Elend in den Städten entkommen wollten. Neben der in der späteren Phase fast völlig erfolglosen, aufwendigen Freiwilligenwerbung spielten zahlenmäßige Auflagen für bestimmte Gebiete, die an die einheimischen Lokalverwaltungen weitergegeben wurden und von ihnen mit Hilfe von Zwangsverpflichtungen durchzusetzen waren, besonders 1942 eine große Rolle. Seit Mitte 1943 wurden ferner ganze Jahrgänge von jungen Leuten bzw. Jugendlichen (vor allem 1921-25) zwangsverpflichtet, um die zunehmenden Rekrutierungsprobleme zu bewältigen; wie es der Reichskommissar für die Ukraine, Koch, ausdrückte: „Menschen wachsen nach!"[42] Dazu kam die „Auskämmung" von gewerblichen und 1944 auch landwirtschaftlichen Betrieben, bei der die „überzähligen" Arbeitskräfte nach Deutschland gebracht wurden. Bei der Partisanenbekämpfung, vor allem bei der Räumung ganzer Landkreise, wurden zahlreiche Menschen ebenfalls abtransportiert. Schließlich folgte 1943/44 noch die Zwangsverschickung der Evakuierten und Flüchtlinge bei den deutschen Rückzugsbewegungen. Terror und Gewalt setzte die Besatzungsverwaltung also auch auf diesem Gebiet meist nicht blind, sondern zielgerichtet und gewissermaßen dosiert ein.[43] Die sowjetischen Zwangsarbeiter wurden gezwungen, unter furchtbaren Bedingungen zu arbeiten und damit in der deutschen Industrie, besonders in Großbetrieben, die enorme Ausweitung der deutschen Kriegsproduktion 1942-44 mit zu ermöglichen.

Es bleibt hinzuzufügen, daß auch bei der Arbeitseinsatzpolitik innerhalb des besetzten Gebiets Probleme für die Besatzer oft mit Gewalt gelöst wurden. Wegen der anhaltenden Stadtflucht mußten zunehmend Arbeitskräfte auf dem Land beschafft werden, oft mit denselben Methoden wie bei der Rekrutierung der Zwangsarbeiter fürs Reich. Für extrem schwere Arbeiten wie Straßenbau, Forstwirtschaft und Bergbau fanden sich oft keine freiwilligen Kräfte, oder die dafür Verpflichteten flüchteten. U.a. als Reaktion hierauf wurde das Land mit einem Netz von Zwangsarbeitslagern überzogen. Wehrmachtdienststellen, Wirtschaftsverwaltung, SS und Polizei sowie etwa die für den Straßenbau zuständige „Organisation Todt" arbeiteten dabei eng zusammen.

Vernichtungspolitik

Die Sowjetunion war das erste Land, in dem die Deutschen zur systematischen Vernichtung der Juden übergingen. Bis dahin hatten die weit verbreitete Bereitschaft zur Gewalt gegen Juden und die staatliche antisemitische Politik zur Entrechtung, Vertreibung, zu Tötungen in *rela-*

tiv kleiner Zahl,[44] im besetzten Polen und Serbien teilweise zur Einrichtung von Ghettos geführt. In den polnischen Ghettos, in erster Linie in Warschau, starben im Sommer 1941 jeden Monat tausende Menschen an Hunger und Krankheiten. Doch ist bis Mitte 1941 noch kein Plan nachgewiesen, die europäischen Juden kurzfristig zu ermorden.[45] Vielmehr war vorgesehen, sie alle nach einem Sieg über die Sowjetunion in deren Gebiet zu deportieren. Dieses Projekt war allerdings in hohem Maße destruktiv, weil es einschloß, daß ein großer Teil der jüdischen Menschen durch Strapazen beim Transport und grauenhafte Lebensumstände umkommen sollte. Pläne zur Massensterilisierung der Juden wurden geprüft, um zu einem langsamen, erzwungenen Aussterben beizutragen.[46]

Die deutschen Einheiten von SS, Polizei und Wehrmacht brachten in den ersten Wochen des Krieges gegen die Sowjetunion nicht alle Juden um, die sie antrafen. Vielmehr ermordeten sie – allen voran die Einsatzgruppen – in den ersten zwei Monaten einen Teil der jüdischen Männer etwa zwischen 15 und 60 Jahren, nämlich überwiegend die von ihnen sogenannte jüdische Intelligenz: Partei- und Verwaltungsangestellte, Lehrer und Rechtsanwälte.[47] Gleichzeitig wurde die jüdische Bevölkerung entrechtet, zahlreichen Verboten unterworfen und zwangsweise gekennzeichnet. Zur Einrichtung von Ghettos existierte zunächst keine zentrale Anweisung; dies entschieden die deutschen Verantwortlichen in der Militär- bzw. Zivilverwaltung je nach ihrer Einstellung und nach den örtlichen Verhältnissen, vor allem, wenn es an Wohnraum mangelte.

Im August und September 1941 gingen die SS- und Polizeieinheiten dazu über, alle sowjetischen Juden zu ermorden. Dies erfolgte in weiten Teilen Weißrußlands und der Ukraine in zwei Schritten: erst wurden auch Frauen und Kinder getötet, dann ganze jüdische Gemeinden ausgelöscht. In Litauen und Lettland fiel beides zusammen. Eine genauere Analyse zeigt, daß die Ausweitung der Aktionen von Region zu Region und von Einheit zu Einheit – ja manchmal von Teilkommando zu Teilkommando – zu verschiedenen Zeitpunkten vonstatten ging. Dies widerspricht der Vorstellung, alles habe nur von einem grundsätzlichen Befehl – etwa von Himmler – abgehangen.[48] Neuere Forschungen weisen darauf hin, daß die SS- und Polizeieinheiten dabei meist nicht aus eigener Machtvollkommenheit handelten, sondern in Abstimmung mit

Militär- bzw. Zivilverwaltung, und daß der Wille zur Beseitigung „unnützer Esser" bzw. zur Bewältigung örtlicher Hungerkrisen und Wohnungsnotstände beim Übergang zur Ermordung des größten Teils der Juden eine große Rolle spielte.[49] So gibt es ernstzunehmende Indizien, daß die Ermordung von 33.771 Kiewer Juden in der Schlucht von Babi Jar am 29. und 30. September 1941 zur Milderung des Ernährungs- und Wohnungsproblems und damit zur politischen Ruhigstellung der ukrainischen Bevölkerung benutzt werden sollte.[50] Dies bedeutet, daß die SS- und Polizeieinheiten bei ihren Massakern größtenteils keineswegs gegen die ökonomischen Interessen der NS-Besatzungsverwaltungen handelten, soweit ihre Morde nicht sogar direkt der deutschen Besatzungspolitik bzw. den Kriegsanstrengungen dienen sollten.

Bis Ende des Jahres 1941 wurden nahezu 800.000 sowjetische Juden erschossen, darunter mehr als die Hälfte von den Einsatzgruppen (und ihren einheimischen Helfern), bis zu 100.000 von den Brigaden der Waffen-SS, weitere von den Bataillonen der Ordnungspolizei, von den Stäben der HSSPF und Zehntausende von Wehrmachteinheiten. Die Verantwortung der Wehrmachtorgane lag vor allem in der Entrechtung und Ghettoisierung der Juden, in der Billigung, teils Anordnung von Mordaktionen sowie ihrer logistischen Unterstützung mittels Aufrufen, LKW, Wachpersonal usw. Verschont wurden vor allem jüdische Menschen, die den Deutschen noch als Arbeitskräfte nützen konnten, und ihre Familien.

Es ist unübersehbar, daß die Juden in den unter Militärverwaltung stehenden östlichen Gebieten in Rußland, der Ukraine und Weißrußland 1941 in erheblich weiter gehendem Maß vernichtet wurden als in Westweißrußland und der Westukraine, die unter Zivilverwaltung standen. Dies hing jedoch auch damit zusammen, daß der Arbeitskräftebedarf in den weiter östlich gelegenen Gebieten wegen der größeren Zerstörungen geringer war, und daß in den Westgebieten noch die aus Polen überkommenen soziologischen und ökonomischen Strukturen vorherrschten.[51] Die Industriebetriebe waren dort viel kleiner, oft eher handwerklich organisiert, und den größten Teil der Handwerker stellten die Juden. In den schon länger sowjetischen Gebieten hatte sich dies hingegen gewandelt. Im Sommer und Herbst 1942 wurden vor allem in Wolhynien, Podolien und im westlichen Weißrußland die meisten noch lebenden Juden, über 500.000 Menschen, teils erschossen, zu einem kleineren Teil in umgebauten LKW, sogenannten Gaswagen, erstickt.[52] Täter waren überwiegend die mittlerweile stationär gewordenen Dienststellen der Sicherheitspolizei, denen wiederum mobile Bataillone der Ordnungspolizei halfen. Auch hier ist bezüglich der Westukraine nachweisbar, daß die Aktionen im Zusammenhang mit der Ernährungspolitik auf Wunsch des Reichskommissars für die Ukraine, Erich Koch, beschleunigt wurden. Das ernährungspolitische Interesse hatte in dieser Phase höhere Priorität als das arbeitspolitische (d.h. dasjenige, die jüdischen Zwangsarbeiter weiter auszubeuten).[53] Die letzten rund 70.000 sowjetischen „Arbeitsjuden", die sich danach noch in deutscher Gewalt befanden, starben 1943/44 vor allem bei Vernichtungsaktionen im Baltikum. Nur wenige überlebten als Zwangsarbeiter in den Konzentrationslagern. Die Gesamtzahl der jüdischen Opfer in den besetzten sowjetischen Gebieten lag bei 2,2 bis 2,5 Millionen.[54]

Noch mehr Menschen, rund 3,3 Millionen, fielen der Vernichtungspolitik gegen die sowjetischen Kriegsgefangenen zum Opfer. Mittel dieser Politik waren in erster Linie Hunger und Unterversorgung, die Ausführenden waren überwiegend Einheiten, Dienststellen und Angehörige der Wehrmacht.

Vor Beginn des Krieges, im Frühjahr 1941, zeichnete sich ab, daß die für das Kriegsgefangenenwesen verantwortlichen Stellen mit einer mangelhaften Versorgung und einer erhöhten Sterblichkeit in den für sowjetische Kriegsgefangene einzurichtenden Lagern rechneten.[55] Dies entsprach einerseits der Tendenz, diese Gefangenen als minderwertig zu betrachten und sie gewissermaßen als die Repräsentanten des sowjetischen Systems par excellence zu bestrafen (sie zeigte sich in zahlreichen Befehlen und Reden, beispielsweise Hitlers Ansprache am 30. März 1941 vor hohen Wehrmachtgeneralen). Gemäß Kommissarbefehl sollte eine bestimmte Gruppe der Gefangenen, etwa 2 % der Mannschaftsstärke, ausgesondert und ermordet werden. Andererseits lag die unzureichende Versorgung der Gefangenen, von denen die meisten im zu besetzenden sowjetischen Gebieten bleiben sollten,[56] in der Logik des dort geplanten absoluten Vorrangs der Wehrmacht auf dem Nahrungsmittel- und Transportsektor; von da aus erschien sie als militärische Notwendigkeit, um die deutschen Siegchancen zu sichern.

Tatsächlich waren die Gefangenenlager in den ersten Wochen meist improvisiert, ohne Baulichkeiten und sanitäre Anlagen und völlig unzureichend mit Feldküchen ausgestattet. Die Gefangenen erhielten tage- oder wochenlang keine oder viel zu wenig Verpflegung und litten an Wassermangel. Ihr Abtransport nach Westen wurde oft durch die für den Wehrmachtnachschub zuständigen Quartiermeister- und Bahndienststellen behindert oder verboten. Dazu kam eine brutale Behandlung durch die zahlenmäßig schwachen, aufgehetzten deutschen Wachmannschaften, die exzessiv von der Schußwaffe Gebrauch machten.[57] Bereits im Juli und August 1941 hatte dies örtlich und zeitweilig hohe Sterberaten zur Folge, doch noch nicht überall. Sie stiegen vielmehr in den Monaten September bis November 1941 drastisch an, bis sie vielerorts zwei Prozent der Gefangenen *täglich* erreichten, pro Lager und Tag teilweise 400 Mann und mehr. Die Vernichtung allein in einem größeren Lager entsprach damit der Mordkapazität einer ganzen Einsatzgruppe. Das Massensterben setzte sich den ganzen Winter 1941/42 fort und schwächte sich erst zwischen Januar und April 1942 ab. Allein bis zum Jahresende 1941 starben fast zwei Millionen sowjetische Kriegsgefangene, teils in den besetzten sowjetischen Gebieten selbst, teils im Deutschen Reich und im Generalgouvernement. Die Versorgung der Gefangenen wäre jedoch, den Willen dazu vorausgesetzt, möglich gewesen.[58] Die meisten fielen nicht (wie manchmal angenommen wird) Seuchen, sondern direkt dem Hunger zum Opfer.[59]

Das organisierte Massensterben beruhte auf einem Entscheidungsprozeß auf zentraler Ebene zwischen September und November 1941, die Rationen für diejenigen Gefangenen, die bereits geschwächt und „arbeitsunfähig" waren – das war die Mehrzahl – vor dem Winteranfang zu kürzen und sie so zu vernichten. Diese Absicht wurde regional durch akute Ernährungs- und Nachschubprobleme bei der Wehrmacht verstärkt.[60] Die meisten Gefangenen wurden in den besetzten sowjetischen Gebieten als Arbeitskräfte zum damaligen Zeitpunkt nicht benötigt; im Deutschen Reich bedeutete die Entscheidung von November 1941, neben den Kriegsgefangenen auch sowjetische Zivilisten als Zwangsarbeiter einzusetzen, daß eine Alternative zum Kriegsgefangeneneinsatz bestand. Die Lager- und Wachmannschaften ließen das Massensterben zu; in vielen Zeugnissen aus jener Zeit ist keine Gefühlsregung in Schilderungen darüber zu erkennen. Einerseits konnten die Lagerleitungen, obwohl sich ein Teil in begrenztem Maß darum bemühte, nicht viel gegen das deutsche System der Verteilung von Lebensmitteln in den besetzten sowjetischen Gebieten unternehmen; andererseits waren sie für den katastrophalen baulichen Zustand der Lager im Winter 1941/42 verantwortlich, als die geschwächten Gefangenen gezwungen wurden, in überfüllten und oft unbeheizten Baracken oder gar unter freiem Himmel zu hausen. Das Vorgehen des Wachpersonals ist durch die unzähligen Fällen von Mißhandlungen und Tötungen Gefangener charakterisiert, woran sich allerdings nicht alle Bewachungskräfte beteiligten; insbesondere auf Märschen und beim Be- und Entladen von Zügen mit Gefangenen wurden offenbar Hunderttausende erschossen, weil sie zu schwach waren, weiterzumarschieren oder auszusteigen.[61] Bei diesen Morden, deren Umfang die Tötung ausgesonderter politischer oder 'rassischer' Gegner wie Kommissare, Juden und 'Asiaten' noch weit überstieg, wurden die Begleitkommandos von ihren militärischen Auftraggebern durch schwache Besetzung, fehlende Transportmittel und enge Zeitvorgaben so unter Druck gesetzt, daß ihnen das Erschießen der Gefangenen, die nicht 'mitzogen', oft als einziges probates Mittel erschien. Doch war es ihre Bereitschaft zu einer rücksichtslosen Behandlung, die zusammen mit einer immer noch zu geringen Versorgung und schwerer Zwangsarbeit auch in den Jahren 1942-45 zu einer hohen Gefangenensterblichkeit führte.

Zusammen mit der Bevölkerung der mehr als zwei Jahre belagerten Millionenstadt Leningrad[62] waren die Kriegsgefangenen die einzige Bevölkerungsgruppe, gegenüber der die Deutschen den radikalen Hungerplan durchsetzen konnten, weil sie sie unter Kontrolle halten und vom Zugang zu Lebensmitteln abschneiden konnten. Die Vernichtungsmethode entsprach dem Hauptmotiv. Ähnlich wie beim Mord an den Juden wurde die Vernichtung im Herbst 1941 verstärkt.

Auf einen weiteren Bereich der deutschen Massenverbrechen kann hier nur kurz eingegangen werden: die Partisanenbekämpfung. Dabei sind einige verbreitete Mißverständnisse auszuräumen. Die Partisanenbekämpfung war überwiegend nicht Deckmantel der Ermordung von Juden,[63] sondern nur örtlich und phasenweise; jüdische Menschen machten z.B. in Weißrußland 'nur' etwa 10% der bei der Partisanenbekämpfung Getöteten aus. Auch die These, die Deutschen hätten einen

„Partisanenkrieg ohne Partisanen", einen „Phantomkrieg" ohne Gegner geführt, um die Lage im Hinterland künstlich zu eskalieren, unter diesem Vorwand die slawische Bevölkerung zu dezimieren und die Truppe ihre Aggressionen ausleben zu lassen, trifft nicht zu.[64] Vielmehr gab es bereits 1941 eine allerdings noch schwache Partisanenbewegung sowie zahlreiche versprengte Rotarmisten und geflohene Kriegsgefangenen, die allerdings oft nicht gegen die Deutschen aktiv waren, aber als potentielle Gegner betrachtet wurden. Die verstärkte Partisanenbekämpfung ab Herbst 1941 beruhte auf der Erkenntnis, daß, wenn die Sowjetunion 1941 nicht zusammenbrechen und der Krieg gegen sie 1942 unvermindert weitergehen würde, die Partisanen gestärkt und zu einer großen politischen Gefahr für die Deutschen würden. Ohnehin war der bewaffnete Widerstand für die Besatzungsmacht, wie die meisten Guerillabewegungen, mehr eine politische als eine militärische Gefahr. Die Verluste, die er der Besatzungsmacht beifügte, waren relativ gering.[65]

Die wichtigste Methode der Partisanenbekämpfung im Herbst 1941 war die Verfolgung der sogenannten „Wanderer" und „Ortsfremden". Dies traf jedoch in der Mehrzahl keine Partisanen, sondern die erwähnten, untergetauchten Rotarmisten sowie Hungerflüchtlinge und Hamsterer aus den Städten. Ab Frühjahr 1942 wurde die deutsche Strategie zunehmend von dem Vorgehen beherrscht, in sogenannten „Großunternehmen" Dörfer in der Nähe der Partisanenzonen niederzubrennen und ihre Bewohner teils zu ermorden, teils zu deportieren. Damit sollten die militärisch schwer faßbaren Partisanen von der Bevölkerung isoliert, ihres politischen Einflusses und ihrer Versorgung beraubt werden. Derartige Aktionen, die im Versuch gipfelten, „tote Zonen" zu schaffen, trafen *auch* Partisanen, doch zeigt das Verhältnis zwischen der Zahl der Getöteten, den erbeuteten Waffen und den deutschen Verlusten, daß etwa in Weißrußland nur 10 bis 15 % der Opfer tatsächlich Partisanen waren. Dort wurden bei der Partisanenbekämpfung allein rund 340.000 Menschen ermordet, teilweise lebendig verbrannt. Das Vorgehen von SS und Polizei und Wehrmachteinheiten bei diesen Operationen unterschied sich kaum, gemeinsame Aktionen waren häufig. Da die Bauern aus den betroffenen Gebieten oft wenig Agrarprodukte an die Deutschen ablieferten – dies wurde umgekehrt oft zum Kriterium für eine Aktion oder die Entscheidung über das Schicksal eines Dorfes gemacht –, berücksichtigte die Besatzungsmacht auch mit diesem Vorgehen eigene ökonomische Interessen. Die noch beherrschten, ertragreichen Zonen sollten damit gesichert werden.[66] Zahlreiche weitere Bevölkerungsgruppen wurden Ziel der deutschen Vernichtungspolitik in den besetzten sowjetischen Gebieten, darunter vermeintliche politische Gegner, Sinti und Roma, psychisch und physisch Kranke sowie Opfer von Zwangsarbeit, willkürlichen Razzien und Verhaftungen. Bei verschiedenen Abschnitten der deutschen Rückzüge 1943-45 wurden nicht nur umfassend und gezielt Gebäude, Wirtschaftsbetriebe, Verkehrs- und Versorgungseinrichtungen zerstört, sondern auch etwa 2,5 Millionen Menschen, vorzugsweise „arbeitsfähige", nach Westen evakuiert, von denen sich allerdings viele durch Flucht vor den Deutschen aus den Trecks und Transporten entziehen konnten. Andere starben an den Strapazen.[67]

Bilanz

Die Gesamtzahl der Todesopfer der deutschen Besatzung unter den sowjetischen Zivilisten und Kriegsgefangenen ist bisher wissenschaftlich noch nicht annähernd bestimmt. Sie betrug schätzungsweise sieben bis neun Millionen Menschen. Die Zahl der gefallenen sowjetischen Militärangehörigen lag vermutlich noch höher.

Die deutsche Besatzungsmacht konnte ihre ökonomischen Ziele in den besetzten Gebieten der Sowjetunion schließlich nicht voll erreichen. Die von ihr dort – und nicht nur dort – begangenen Massenverbrechen waren jedoch Teil und Mittel der Besatzungspolitik und der Anstrengungen, ihren militärischen und wirtschaftlichen Zielen Stück für Stück doch noch näherzukommen. Widersprüche zwischen materiellen Interessen und Gewaltausübung und damit eine Loslösung der ideologischen von den ökonomischen Zielen gab es zwar auch (wie sich z.B. an der auch nach 1942 anhaltenden brutalen Behandlung der sowjetischen Kriegsgefangenen zeigt), doch viel stärker waren die Übereinstimmungen. Der Begriff „Vernichtungskrieg" ist dann problematisch, wenn er zu dem Mißverständnis führt, dabei sei Vernichtung um ihrer selbst willen begangen worden.

Gewiß haben bei weitem nicht alle Wehrmachtangehörigen – zumal wenn sie sich im Fronteinsatz befanden – Verbrechen begangen. Jedoch war die Wehrmacht nicht nur das „entscheidende Machtinstrument des deutschen Okkupationsregimes" (Norbert Müller),[68] sondern die im Osten eingesetzten Soldaten und Offiziere der Wehrmacht waren Teil eines Apparates, der zumindest von Vernichtung, Plünderung und Ausbeutung profitierte und diese Politik oft selbst durchführte oder ermöglichte. Sogar die operativen Ziele der Wehrmacht waren mit der deutschen Gewaltpolitik verflochten.

Anmerkungen

1 Grundlegend trotz Hitlerzentrierung, problematischer Tendenzen und teilweise widersprüchlicher Schlußfolgerungen: Andreas Hillgruber, Hitlers Strategie. Politik und Kriegführung 1940/41, Frankfurt/M. 1965.

2 „Wir haben sowieso soviel auf dem Kerbholz, daß wir siegen müssen, weil sonst unser ganzes Volk, wir an der Spitze mit allem, was uns lieb ist, ausradiert werden." Hitlers Äußerung ist wiedergegeben in: Die Tagebücher von Joseph Goebbels, hrsg. v. Elke Fröhlich, Teil I, Bd. 4, München u.a., S. 696 (unter dem 16.6.1941).

3 Die Frage, ob der Krieg gegen Großbritannien von den Zielen her der „ursprüngliche" und der gegen die UdSSR der gewissermaßen abgeleitete war oder umgekehrt, ist müßig, da NS-Deutschland beide Gegner hätte besiegen müssen, um die Hegemonie in Europa zu erreichen.

4 Siehe Görings grundlegenden Erlaß Der Reichsmarschall des Großdeutschen Reiches/Beauftragter für den Vierjahresplan v. 27.7.1941, Bundesarchiv (BA), R 26 I/13, Bl. 1-4; Richtlinien für die Führung der Wirtschaft in den neubesetzten Ostgebieten (Grüne Mappe/Juni 1941), Bundesarchiv-Militärarchiv (BA-MA), RW 31/128d.

5 Äußerung Ministerialdirektor Gramsch (Vierjahresplanbehörde), Diensttagebuch des Generalgouverneurs in Polen, BA, R 52 II/182, Bl. 76 f.- Quellenangaben zum folgenden in Christian Gerlach, Deutsche Wirtschaftsinteressen, Besatzungspolitik und der Mord an den Juden in Weißrußland, in: Ulrich Herbert (Hrsg.), Nationalsozialistische Vernichtungspolitik 1939-1945, Frankfurt/M. 1998, S. 263-291.

6 Vgl. zu diesem Punkt Ludolf Herbst, Der totale Krieg und die Ordnung der Wirtschaft, Stuttgart 1982, S. 65-73 und 86.

7 Vgl. Aktennotiz [des Chefs des Wehrwirtschafts- und Rüstungsamtsamts im OKW, General Thomas] über Ergebnis der heutigen Besprechung mit den Staatssekretären über Barbarossa v. 2.5.1941, in: Der Prozeß gegen die Hauptkriegs-

verbrecher vor dem Internationalen Militärgerichtshof (IMT), Nürnberg 1947-49, Bd. 31, S. 84; Wirtschaftspolitische Richtlinien für Wirtschaftsorganisation Ost, Gruppe Landwirtschaft, v. 23.5.1941, ebd., Bd. 36, S. 135-157.
8 Grüne Mappe (wie Anm. 4), Teil I, 2. Auflage (Juli 1941), S. 10 f.
9 Vgl. Gerlach, Wirtschaftsinteressen (wie Anm. 5) S. 270-272.
10 Eine entsprechende Beschreibung der bekannten deutschen Operationsentwürfe liefert Albert Beer, Der Fall Barbarossa. Untersuchungen zur Geschichte der Vorbereitungen des deutschen Feldzuges gegen die Union der sozialistischen Sowjetrepubliken 1941, Phil. Diss. Heidelberg 1978.
11 Hierzu Klaus A. Friedrich Schüler, Logistik im Rußlandfeldzug. Die Rolle der Eisenbahnen bei der Planung, Vorbereitung und Durchführung des deutschen Angriffs auf die Sowjetunion bis zur Krise vor Moskau im Winter 1941/42, Frankfurt/M. u.a. 1987.
12 Siehe Rolf-Dieter Müller, Von der Wirtschaftsallianz zum kolonialen Ausbeutungskrieg, in: Horst Boog u.a., Der Angriff auf die Sowjetunion, Frankfurt/M. 1991, S. 141-245.
13 Einen Überblick mit Quellen bietet Hans-Adolf Jacobsen, Kommissarbefehl und Massenerschießungen sowjetischer Kriegsgefangener, in: Anatomie des SS-Staates, Bd. 2, 4. Aufl. München 1984, S. 137-232.
14 Abgedruckt in dem nützlichen Darstellungs- und Quellenband Gerd R. Ueberschär/Wolfram Wette, Der deutsche Überfall auf die Sowjetunion, Frankfurt/M. 1991, S. 258.
15 Zitiert in Heydrichs Schreiben an die HSSPF in den besetzten sowjetischen Gebieten v. 2.7.1941, BA, R 58/241, Bl. 314-19.
16 Zu dieser Denkfigur bei NS-Funktionären Fritz Nova, Alfred Rosenberg. Nazi Theorist of the Holocaust, New York 1986, S. 103-124. Rosenberg war „Reichsminister für die besetzten Ostgebiete".
17 Siehe die Beiträge von Ernst Klink und Horst Boog, in: Boog u.a. (wie Anm. 12), S. 541-847.
18 Vgl. Klaus Reinhardt, Die Wende vor Moskau, Stuttgart 1972; Lew Besymenski, Die Schlacht um Moskau 1941, Köln 1981.
19 Hierzu Klaus Segbers, Die Sowjetunion im Zweiten Weltkrieg. Die Mobilisierung von Verwaltung, Wirtschaft und Gesellschaft im „Großen Vaterländischen Krieg" 1941-1943, München 1987, S. 90-197.
20 Grundlegend Schüler, Logistik im Rußlandfeldzug (wie Anm. 11).
21 Das ukrainische Ostgalizien kam zum Generalgouvernement Polen, der sogenannte Bezirk Bialystok wurde Ostpreußen angegliedert und praktisch annektiert, Bessarabien und einen Streifen im Westen der Ukraine einschließlich Odessa erhielt Rumänien.
22 Siehe etwa Hitlers Äußerungen nach dem Aktenvermerk Bormanns über die Besprechung am 16.7.1941, in: IMT, Bd. 38, S. 92.
23 Z.B. Generaloberst Halder, Kriegstagebuch, bearbeitet v. Hans-Adolf Jacobsen, Bd. II, Stuttgart 1963, S. 371 (unter dem 17.4.1941).

24 Bericht des Chefs der Ordnungspolizei, Daluege, v. 1.2.1943, BA, F 5548, Bl. 221 und 231.
25 Auch in den Beiträgen zur Sowjetunion bei Werner Röhr, Okkupation und Kollaboration, Berlin und Heidelberg 1994, finden sich nicht mehr als Ansätze zu einer neueren Kollaborationsforschung.
26 Auf diese Aspekte der Kollaboration beschränkt sich die in vieler Hinsicht überholte Studie von Alexander Dallin, Deutsche Herrschaft in Rußland, Düsseldorf 1958.
27 Vgl. etwa die Denkschrift des Professors und Kriegsverwaltungsrats Peter-Heinz Seraphim „Zur Lage im Reichskommissariat Ukraine" v. 29.11.1941 (Abschrift), Nürnberger Dokument PS-2174, BA, F 16031.
28 Siehe z.B. die Akte Zentrales Staatsarchiv Minsk, 409-1-6.
29 Vgl. Raul Hilberg, Täter, Opfer, Zuschauer. Die Vernichtung der Juden 1933-1945, Frankfurt/M. 1992, S. 223.
30 Angabe nach: Taras Hunczak, The Ukrainian Losses during World War II, in: Michael Berenbaum (Hrsg.), A Mosaic of Victims, New York und London 1990, S. 123.
31 Wirtschaftsinspektion Mitte, Jahresbericht Chefgruppe Wirtschaft v. 1.7.1942, BA-MA, (BArchP)F 42859, Bl. 165.
32 Referat über das Arbeitsgebiet der Chefgruppe Wirtschaftspolitische Kooperation auf der Tagung der Reichskommissare mit dem Ostministerium am 23.7.1942 (gez. Schlotterer), BA, 11.01, Nr. 51, Bl. 129.
33 Siehe den Abschlußbericht des Wirtschaftsstabs Ost, in: Rolf-Dieter Müller (Hrsg.), Die deutsche Wirtschaftspolitik in den besetzten sowjetischen Gebieten 1941-1943, Boppard 1991, hier S. 178 ff.
34 Ebd., S. 209 ff., zum folgenden S. 192 f.
35 Siehe Rolf-Dieter Müller, Die Rolle der Industrie in Hitlers Ostimperium, in: Manfred Messerschmidt u.a. (Hrsg.), Militärgeschichte. Probleme – Thesen – Wege, Stuttgart 1982, hier S. 395 ff.
36 Siehe Rolf-Dieter Müller, Der Ostkrieg und die deutsche Siedlungspolitik, Frankfurt/M. 1991, S. 54 ff.; Dietrich Eichholtz, Geschichte der deutschen Kriegswirtschaft, Bd. 2, Berlin/DDR 1985, S. 460-489.
37 Aufstellung bei Dallin, Deutsche Herrschaft in Rußland (wie Anm. 26), S. 386.
38 Abschlußbericht Wirtschaftsstab Ost, in: Müller, Wirtschaftspolitik (wie Anm. 33), S. 129; verschiedene Berichte der ZO von 1943/44 in BA, R 26 IV/12, Bl. 29; R 33 I/21, Bl. 9; F 3307, Bl. 364.
39 Siehe Christian Gerlach, Die deutsche Agrarreform und die Bevölkerungspolitik in den besetzten sowjetischen Gebieten, in: ders. u.a., Besatzung und Bündnis. Deutsche Herrschaftsstrategien in Ost- und Südosteuropa (Beiträge zur nationalsozialistischen Gesundheits- und Sozialpolitik, Bd. 12), Berlin und Göttingen 1995, S. 9-60.
40 Ulrich Herbert, Fremdarbeiter. Politik und Praxis des „Ausländer-Einsatzes" in der Kriegswirtschaft des „Dritten Reiches", Berlin und Bonn 1985, S. 137 ff.

41 Ebd., S. 157-161, etwas vereinfachend für die späteren Besatzungsjahre S. 255-259; zu den vorangegangenen Zahlenangaben S. 160 und 271.
42 Aufruf Kochs „Meine Mitarbeiter!" v. 20.2.1943 (Abschrift), Sonderarchiv Moskau 700-1-74, Bl. 2.
43 Siehe meine Dissertation „Die deutsche Wirtschafts- und Vernichtungspolitik in Weißrußland 1941-44 (eingereicht) Kap. 6.2.
44 Diese Morde ereigneten sich vor allem beim Pogrom im November 1938 und kurz nach dem deutschen Einmarsch in Polen.
45 Andere Darstellungen, unter denen Richard Breitman, Der Architekt der „Endlösung". Himmler und die Vernichtung der europäischen Juden, Paderborn u.a. 1996, die beste ist, erscheinen nicht ausreichend begründet.
46 Vgl. Götz Aly/Susanne Heim, Vordenker der Vernichtung, Hamburg 1991, und Götz Aly, „Endlösung". Völkerverschiebung und der Mord an den europäischen Juden, Frankfurt/M. 1995.
47 Siehe die Aufsätze über die Einsatzgruppen A bis D von Wolfgang Scheffler, Christian Gerlach, Dieter Pohl und Andrej Angrick in Peter Klein (Hrsg.), Die Einsatzgruppen in der besetzten Sowjetunion 1941/42, Berlin 1997, S. 29-110; Ralf Ogorreck, Die Einsatzgruppen und die „Genesis der Endlösung", Berlin 1996.
48 Vgl. die Beiträge bei Klein, Einsatzgruppen; die auf Nachkriegsaussagen basierende Darstellung bei Ogorreck, Einsatzgruppen, ist nur zum Teil haltbar.
49 Hierzu Gerlach, Deutsche Wirtschaftsinteressen (wie Anm. 5) und Christoph Dieckmann, Der Krieg und die Ermordung der litauischen Juden, ebenfalls in: Herbert, Nationalsozialistische Vernichtungspolitik, S. 292-329.
50 Vgl. besonders Oberst Dr. Petri z.b.V. im Stab des OKW/WiRüAmts, Reisebericht 22.-27.9. v. 29.9.1941, BA-MA, (BArchP)F 44543, Bl. 227-29; Tätigkeits- und Lagebericht der Einsatzgruppen Nr. 6 v. 31.10.1941, in: Klein, Einsatzgruppen, S. 236.
51 Gerlach, Deutsche Wirtschafts- und Vernichtungspolitik, Kap. 7.2.
52 Hinzu kamen 1941 fast 100.000, 1942/43 weitere über 400.000 Opfer im westukrainischen, vom Generalgouvernement verwalteten Distrikt Galizien. Vgl. Dieter Pohl, Nationalsozialistische Judenverfolgung in Ostgalizien 1941-1944, München 1996; Thomas Sandkühler, Die „Endlösung" in Galizien, Bonn 1996.
53 Gerlach, Wirtschaftsinteressen (wie Anm. 5), S. 287 f.
54 Genauere Zahlen liegen bisher nur für das Baltikum (300.000), Wolhynien (230.000), Ostgalizien (540.000) und Weißrußland (500-550.000) vor. Pohl, Einsatzgruppe C, in: Klein, Einsatzgruppen (wie Anm. 47), S. 77, gibt insgesamt 1,4 Mio. Opfer für die Ukraine einschließlich Ostgalizien an.
55 Hierzu sowie zur angegebenen Zahl der Opfer die hervorragende Studie Christian Streit, Keine Kameraden. Die Wehrmacht und die sowjetischen Kriegsgefangenen 1941-1945, 2. Auflage Bonn 1991, S. 74 und 244.
56 Vgl. Anordnungen über militärische Hoheitsrechte, Sicherung und Verwaltung im rückwärtigen Gebiet und Kriegsgefangenenwesen (spätestens Februar 1941), BA-MA, RH 3/v.132, Bl. 81. Die Gefangenen aus den „Anfangsschlachten"

waren zeitweilig für einen Abtransport ins Reich vorgesehen: OKH/GenQu, Besondere Anordnungen für die Versorgung, Teil C, v. 3.4.1941, in: Norbert Müller (Hrsg.), Deutsche Besatzungspolitik in der UdSSR, 2. Auflage Köln 1982, S. 40. Im Reichsgebiet wurden Lager für rund 1 Mio. Gefangene vorbereitet.

57 Siehe etwa den Bericht des Ministerialrats Dorsch von der Zentrale der Organisation Todt über ein Lager mit 100.000 Gefangenen in Minsk v. 10.7.1941, in: IMT, Bd. 25, S. 81 f.

58 Streit, Keine Kameraden (wie Anm. 55), S. 128-190.

59 Siehe z.B. Wehrmachtbefehlshaber Ukraine, Bericht Nr. 7 v. 21.4.1942 (für Februar und März), BA-MA, RW 41/1.

60 Vgl. Gerlach, Wirtschafts- und Vernichtungspolitik (wie Anm. 43), Kap. 8.3b.

61 Beispiele bei Paul Kohl, Der Krieg der deutschen Wehrmacht und Polizei 1941-1944, Frankfurt/M. 1995, S. 63 und 92 f.; Streit, Keine Kameraden (wie Anm. 55), S. 162-171.

62 In Leningrad starben, vor allem durch Hunger, 1941-44 mindestens 600.000 Menschen. Siehe Antje Leetz (Hrsg.), Blockade Leningrad, Reinbek 1992; über den Alltag in der Stadt aus der Perspektive der Opfer Ales Adamowitsch/Daniil Granin, Das Blockadebuch, 2 Bde., Berlin/DDR 1984 und 1987.

63 Irrtümliche Verallgemeinerung einzelner Fälle etwa bei Raul Hilberg, Die Vernichtung der europäischen Juden, Frankfurt/M. 1990, S. 389 und 402.
Von meiner Aussage ist die zeitgenössische Argumentation zu trennen, die Juden seien potentielle Träger des Widerstandes, seien „Hetzer", Agenten, Saboteure oder hätten „Verbindung zu Partisanen", die von den Einheiten benutzt wurden, die die Judenvernichtung ausführten. Deren Opfer wurden in den Berichten der Täter meist *nicht* als im Rahmen der Partisanenbekämpfung Getötete eingestuft.

64 Die These findet sich bei Matthew Cooper, The Phantom War, London 1979; in dieser Tradition Hannes Heer, Die Logik des Vernichtungskrieges. Wehrmacht und Partisanenkampf, in: ders./Klaus Naumann (Hrsg.), Vernichtungskrieg. Verbrechen der Wehrmacht 1941 bis 1944, Hamburg 1995, S. 104-138.

65 Den verhältnismäßig besten Überblick geben die Beiträge in John Armstrong (Hrsg.), Soviet Partisans in World War II, Madison/Wisc. 1964. Allerdings sind sie wie die Studie von Dallin (s.o. Anm. 26) von der Tendenz her problematisch, da sie auf Grund eines Forschungsauftrags der US-Armee entstanden sind.

66 Siehe ausführlich Gerlach, Wirtschafts- und Vernichtungspolitik (wie Anm. 43), Kap. 9; aus der Opferperspektive Ales Adamovitch/Yanka Bryl/Vladimir Kolesnik, Out of the Fire, Moskau 1980.

67 Vgl. Abschlußbericht Wirtschaftsstab Ost, in: Müller, Wirtschaftspolitik (wie Anm. 33), S. 325-334 (2,2 Mio. Personen allein bis Frühjahr 1944).

68 Norbert Müller, Zur Rolle der Wehrmachtführung bei der Planung und Vorbereitung des faschistischen Okkupationsregimes in den zeitweilig besetzten Gebieten der UdSSR (1940/41), in: Zeitschrift für Militärgeschichte 6 (1967), S. 415.

Martin Seckendorf
Ein williges und fügsames Instrument
Die Wehrmacht in Italien – 1943 bis 1945

Am Nachmittag des 8. September 1943 gaben die alliierten Mächte bekannt, daß sie mit Italien einen Waffenstillstand vereinbart hatten und Italien aus dem Krieg an deutscher Seite ausgeschieden sei. Gegen 22.00 Uhr löste das Oberkommando der Wehrmacht (OKW) das Stichwort „Achse" aus. Die seit längerem vorbereiteten Maßnahmen zur Unterwerfung des ehemaligen Bundesgenossen und zur Entwaffnung der italienischen Streitkräfte wurden mit einer bis dahin kaum für möglich gehaltenen Brutalität durchgeführt. Die Wehrmacht erklärte ganz Italien zum Operationsgebiet und unterstellte das Land einer deutschen Militärverwaltung. Die Zeit der überaus harten deutschen Besetzung dauerte bis zum 2. Mai 1945.

I

Italien war seit Ende der dreißiger Jahre der wichtigste Verbündete Deutschlands. Das von vielschichtigen Interessengegensätzen gekennzeichnete Bündnis wurde mit einem am 22. Mai 1939 abgeschlossenen bilateralen Freundschafts- und Bündnisvertrag, dem sogenannten Stahlpakt, bekräftigt. Der als „Achse Berlin – Rom" heroisierte Bund war das Kernstück des von Deutschland geführten faschistischen Koalitionssystems im zweiten Weltkrieg.[1]

Das Mussolini-Regime zerbricht

Am 10. Juni 1940 trat Italien an der Seite Deutschlands mit weitgesteckten Expansionsplänen in den Krieg ein. Bald zeigte sich, daß diese Pläne in krassem Mißverhältnis zu den wirtschaftlichen und militärischen Möglichkeiten des Landes standen. Dieser schnell an Schärfe zunehmende Ziel-Mittel-Konflikt und der allmähliche Wandel des Kriegsverlaufs zugunsten der Alliierten führten zu immer stärkerer, von den führenden Kräften Italiens als demütigend empfundenen Abhängigkeit von Deutschland. Die rapide Verschlechterung der Lebenslage breiter Volksschichten, die enormen personellen und materiellen Verluste auf den Schlachtfeldern und durch alliierte Luftangriffe sowie der Verlust der Kolonien in Afrika bewirkten eine ausgeprägte Kriegsmüdigkeit und erzeugten verbreitet die Meinung, daß der Krieg nicht zu gewinnen sei. Das seit 1922 herrschende faschistische Regime geriet Ende 1942/Anfang 1943 in eine tiefe innenpolitische Krise. Einflußreiche Vertreter des Finanzkapitals, hohe Militärs, das Königshaus und einige führende Faschisten intensivierten ihre Bemühungen, das Mussolini-Regime „von oben" zu beseitigen, das Bündnis mit Deutschland zu verlassen und damit dem Sturz des Faschismus „von unten" durch eine maßgeblich von Kommunisten beeinflußte Volksbewegung zuvorzukommen.[2] Diese Entwicklung beschleunigte sich durch die mit dem Sieg der Roten Armee bei Stalingrad, bei dem mit der 8. Armee einer der kampfkräftigsten italienischen Großverbände zerschlagen wurde, eingeleiteten Kriegswende. Noch unmittelbarer auf Italien wirkte die Kapitulation der deutsch-italienischen Truppen in Nordafrika am 13. Mai 1943 und die Erringung der strategischen Initiative der Alliierten im Mittelmeerraum. Auf der Konferenz in Casablanca im Januar 1943 hatten Roosevelt und Churchill beschlossen, im Juli 1943 alliierte Truppen auf Sizilien zu landen und zuvor eine Luftoffensive gegen Italien durchzuführen, die ab Mai 1943 mit voller Wucht einsetzte.[3] Die Deutschen erkannten sehr bald die von der Kriegslage auf das Regime in Italien ausgehenden Wirkungen und registrierten die Bemühungen einflußreicher italienischer Kräfte, das Bündnis mit Deutschland zu verlassen, auch wenn die deutsche Führung von den konkreten Maßnahmen der Italiener und den militärischen Aktionen der Alliierten in Italien letztlich überrascht wurde.[4]

Nach der Kapitulation der deutsch-italienischen Truppen in Tunesien bearbeitete das OKW unter den Deckbezeichnungen „Alarich" und „Konstantin" Pläne zur Besetzung Italiens und zur Übernahme der italienischen Positionen auf dem Balkan und in Südfrankreich sowohl für den Fall einer alliierten Landung in Italien, aber besonders für den Fall eines Ausscheidens Italiens aus dem Achsenbündnis. Alle gegen Italien und die italienischen Streitkräfte vorgesehenen Maßnahmen wurden am 28. Juli 1943 im Plan „Fall Achse" zusammengefaßt. Ohne Genehmigung des italienischen Oberkommandos wurden deutsche Truppen nach Italien verlegt – bis zum 8. September 1943 im Umfang von etwa 20 Divisionen.[5]

In der Nacht vom 9. zum 10. Juli 1943 begann die Landung von zwei anglo-amerikanischen Armeen auf Sizilien. Am 25. Juli 1943 wurde Benito Mussolini, Führer der „Nationalen Faschistischen Partei" und seit 1922 Ministerpräsident, im Auftrage des Königs Viktor Emanuel III. verhaftet. Das faschistische Regime brach praktisch ohne Gegenwehr wie ein Kartenhaus zusammen. Die neue Regierung in Rom unter Marschall Pietro Badoglio schloß am 3. September unter größter Geheimhaltung mit den Alliierten einen Waffenstillstand, der am 8. September veröffentlicht wurde.[6]

Die Besetzung

Nach Auslösung des Stichwortes „Achse" durch das OKW ging die Wehrmacht rigoros gegen die italienischen Streitkräfte vor und brachte das von den Alliierten noch nicht befreite Gebiet Italiens – mehr als zwei Drittel des Landes – sowie die italienischen Zonen in Frankreich und auf dem Balkan in ihre Gewalt. Mit vielfach völkerrechtswidrigen Befehlen des OKW und der in Italien militärisch verantwortlichen Generalfeldmarschälle Rommel und Kesselring wurden die deutschen Soldaten zu hartem, brutalem Vorgehen gegen die italienischen Soldaten regelrecht aufgeputscht.[7] In einem Befehl des Generalkommandos XIV. Panzerkorps vom 11. September 1943 heißt es zur Entwaffnung der italienischen Truppen im Raum Neapel: „Dem bzw. den mil. Befehlshabern in Neapel ist... ein ganz kurz befristetes, schärfstens gehaltenes Ultimatum zur sofortigen Waffenstreckung zu übermitteln." Bei Annahme des Ultimatums sollten die italienischen Soldaten entwaffnet und als Gefangene abgeführt werden. „Bei Nichtannahme des Ultimatums ist unverzüglich unter rücksichtslosestem und brutalstem Einsatz aller Machtmittel jeder ital. Widerstand zu zerschlagen. Gefangene ital. Offiziere, vor allem Kommandeure, sind sofort als Freischärler zu erschießen. Gen. Kdo. betont, daß jedes noch so scharfe Durchgreifen unter allen Umständen gedeckt wird, auch wenn ganz Neapel in Flammen aufgeht! Auf die Zivilbevölkerung kann keinerlei Rücksicht genommen werden."[8] Auf dem Balkan, vor allem auf der Insel Kefalonia, aber auch im ukrainischen Lwow, erschossen Wehrmachtsoldaten auf der Grundlage solcher oder ähnlicher Befehle viele Tausend italienische Militärangehörige.[9] Einsprüche deutscher Offiziere gegen diese offenkundigen Kriegsverbrechen sind nicht überliefert. Etwa die Hälfte der 1,52 Millionen Angehörigen der italienischen Streitkräfte gerieten in deutsche Gefangenschaft. 20000 Soldaten schlossen sich den Partisanenverbänden vornehmlich auf dem Balkan an. 240000 traten auf die Seite der Westalliierten. 42000 blieben auf deutscher Seite.[10] Um die internationalen Konventionen für Kriegsgefangene nicht anwenden zu müssen, bezeichnete man die italienischen Gefangenen als Militärinternierte. 427238 Militärinternierte (Stand Sommer 1944) wurden überwiegend nördlich der Alpen zur Zwangsarbeit eingesetzt unter Bedingungen, die auch von den Folgeerscheinungen her, wie extrem hohe Sterblichkeit, durchaus mit den unmenschlichen Verhältnissen vergleichbar sind, denen zu jenem Zeitpunkt sowjetische Kriegsgefangene in deutschen Betrieben unterworfen waren.[11] Immens war die Beute der Wehrmacht. Darunter befanden sich 1,25 Millionen Gewehre, 38383 Maschinengewehre, 9986 Geschütze, 15500 Kraftfahrzeuge, 970 Panzer und Sturmgeschütze, 4553 Flugzeuge, 61 Kriegsschiffe und 123114 m^3 Kraftstoff.[12]

Die Grundlinien deutscher Militär- und Wirtschaftspolitik im besetzten Italien korrespondierten mit der allgemeinen Defensivstrategie, die Deutschland nach dem Verlust der strategischen Offensive im Osten und im Mittelmeerraum zu verfolgen gezwungen war. Das Land fungierte in den deutschen Planungen als Glacis vor den deutschen Grenzen, in dem mit möglichst geringen Kräften hinter tiefgestaffelten, festungsmäßig ausgebauten Linien quer durch die Halbinsel die alliierten Armeen hinhaltend bekämpft werden sollten. Die Gebiete vor diesen Linien, vor allem südlich des Apennin, waren für die totale wirtschaftliche Räumung und infrastrukturelle Zerstörung vorgesehen ohne Rücksicht auf die Zivilbevölkerung, die aus den zu räumenden Arealen zu vertreiben und wenn möglich, dem Zwangsarbeitseinsatz für die Deutschen zuzuführen war. Die anglo-amerikanischen Armeen sollten eine menschenleere Wüste vorfinden.[13] In einem Befehl von Generalfeldmarschall Kesselring vom 11. Februar 1944 über Räumungs- und Zerstörungsmaßnahmen im Gebiet südlich der Hauptstadt und innerhalb Roms heißt es, daß zunächst alles Brauchbare aus Industrie, Gewerbe und Landwirtschaft abzutransportieren oder dem unmittelbaren Truppenverbrauch zuzuführen sei. Danach sei die völlige Zerstörung von „Industrie, Gewerbe, Landwirtschaft sowie Anlagen der Gas-, Wasser- und Elektrizitätsversorgung" so vorzubereiten, daß die „Zerstörung aller Objekte in kurzer Zeit gewährleistet ist".[14] Die Gebiete nördlich des Apennin glaubten die Deutschen, länger halten zu können. Diese landwirtschaftlich, vor allem industriell und rohstoffmäßig wertvollen Regionen wollten die Deutschen für die deutsche Kriegs- und Rüstungswirtschaft, nicht zuletzt auch für die Versorgung der deutschen Bevölkerung planmäßig ausnutzen. Ein Bericht des Abteilungsleiters Inland im Wehrwirtschaftsamt des OKW, Oberst Allmendinger, vom 1. Dezember 1943 illustriert diese Doppelstrategie: „Große Richtlinie war, die südlich des Apennin gefährdeten Gebiete zu räumen... währenddem nördl. des Apennin die vorhandene Wirtschaft, insbesondere die Rüstungswirtschaft, für Deutschland weitergeführt werden sollte".[15] Das trotz erdrückender technischer Überlegenheit, vor allem in der Luft, langsame Vorrücken der Alliierten auf dem kräftezehrenden Landweg von Süd nach Nord, ohne operative Überraschungshandlungen, wie die von den Deutschen befürchteten, nur vereinzelt unternommen überholenden Landungen an Italiens langen Küsten hinter den befestigten Linien der Wehrmacht, begünstigte die Umsetzung des deutschen Konzepts.

Ein weiterer Grund für die schnelle Besetzung Italiens und die überaus harte Besatzungspolitik ist in dem zunehmenden Verfall des faschistischen Bündnissystem zu suchen.

Erklärtermaßen wollte die deutsche Führung anderen „Absprungkandidaten", vornehmlich Ungarn und Rumänien, eine deutliche Warnung vermitteln.[16]

Der Besatzungsapparat

Mit dem Vollzug der Besetzung und der Wahrnehmung der Aufgaben als oberste militärische Besatzungsorgane mit umfassenden Vollmachten wurden zwei Großverbände im Range von Heeresgruppen beauftragt: Für Oberitalien und die Vereinnahmung der italienischen Nordgrenze die eigens dafür geschaffene Heeresgruppe B unter Generalfeldmarschall Rommel; für Mittel- und Süditalien der Oberbefehlshaber Süd, Generalfeldmarschall Kesselring.[17] Ab 21. November 1943 war die von Kesselring geführte Kommandobehörde Oberbefehlshaber Südwest (OB Südwest) oberste Besatzungsbehörde in allen besetzten italienischen Landesteilen.[18] Dem OB Südwest unterstanden zugleich die Heeresgruppe C mit zwei Armeen – ab Juli 1944 mit drei Armeen – und alle anderen militärischen Verbände und Einheiten in Italien, einschließlich der Waffen-SS.[19] Die Mannschaftsstärke der deutschen Besatzungsstreitkräfte betrug mehr als 300 000 Mann, zusammengefaßt in 32 Divisionen.[20] Die Deutschen teilten das besetzte Land verwaltungsmäßig in drei Zonen: Das sich an die Hauptkampflinie (HKL) Richtung Norden anschließende Territorium war Front- oder Operationsgebiet, dessen nördliche Ausdehnung sich nach militärischen Notwendigkeiten richtete. Zum Operationsgebiet gehörte auch ein 30 km tiefer Streifen an der gesamten italienischen Küste. Im Operationsgebiet übten die Armeeoberbefehlshaber und in deren Auftrag die Kommandierenden Generale der Armeekorps die unumschränkte Herrschaft aus. Zehn italienische Provinzen im Nordosten wurden in den Operationszonen „Alpenvorland" und „Adriatisches Küstenland" zusammengefaßt.[21] An deren Spitze standen die Gauleiter der angrenzenden „Reichsgaue" Tirol und Kärnten, Franz Hofer und Friedrich Rainer, die als Oberste Kommissare direkt Hitler unterstellt waren.[22] In beiden Operationszonen, vor allem im „Alpenvorland" (Südtirol), wurde die Führung der deutschen Minderheit mit der Durchführung wichtiger Bereiche der Besatzungspolitik beauftragt. Deutschland verwaltete beide Zonen wie deutsche Provinzen und begann unverzüglich mit der Germanisierung. In einem Bericht von Generalkonsul Wüster an das Auswärtige Amt vom 30. Oktober 1943 heißt es, daß die italienischen Inschriften in den Städten und Dörfern entfernt und durch deutsche Ortsnamen ersetzt worden seien. „Der Südtiroler Sicherheits- und Ordnungsdienst hat die faschistische Miliz abgelöst, die italienischen Carabinieri wurden durch deutsche Ordnungspolizei ersetzt. Bozen gleicht einer deutschen Garnisonsstadt. Die Schulen sind sofort auf die deutsche Sprache umgestellt worden ... Der Führer der Südtiroler Volksgruppe, Peter Hofer, ist zum kommissarischen Präfekten der Provinz Bozen ernannt worden."[23] Entlang der schweizer und der französischen Grenze entstand aus einem etwa 50 km tiefen Streifen die Operationszone „Nordwest – Alpen", die direkt dem Armeeoberkommando 14 unterstand.[24] Die Bildung der Operationszonen, in denen wertvolle Bodenschätze gefördert wurden, galt allgemein als Vorstufe einer späteren Annexion, um die deutsche Grenze bis an das Mittelmeer zu verschieben.[25] In dem Territorium zwischen den Operationszonen und dem Frontgebiet amtierte eine deutsche Militärverwaltung, die zuerst die italienische Wirtschaft, Verwaltung und das öffentliche Leben in großem Umfang von Badoglio – Anhängern und Antifaschisten „säuberte", „tabula rasa" machte, wie Goebbels seinem Tagebuch anvertraute.[26] Nachdem Mussolini am 12. September 1943 von einem deutschen Kommando aus italienischer Haft befreit worden war, übernahm er unter deutscher Beaufsichtigung zusammen mit anderen Alt-Faschisten die Regierungsbildung in dem Gebiet der deutschen Militärverwaltung. Sein Rumpfstaat nannte sich „Soziale Republik Italien". Bereits am 10. September 1943 war der Gesandte Rahn zum „Bevollmächtigten des Großdeutschen Reichs" ernannt worden. Er sollte die Kollaborationsregierung beaufsichtigen und dazu befähigen, daß wichtige Ziele der Deutschen, vornehmlich die wirtschaftliche Ausbeutung, die Aufbringung der horrenden Besatzungskosten, die Rekrutierung von Arbeitskräften und die Bekämpfung des Widerstandes durch italienische Kollaborateure durchgesetzt werden konnten. Es wurde angestrebt, „unpopuläre" Entscheidungen und Maßnahmen weitgehend von der Mussolini-Regierung verkünden und verwirklichen zu lassen.[27] Die deutsche Militärverwaltung sollte nur als Aufsichtsorgan tätig werden. Andererseits hegten die Deutschen gegen alle italienischen Organe aus rassistischen Gründen und wegen des 8. Septembers 1943 tiefes politisches Mißtrauen. Sie bezweifelten, daß die italienischen Organe willens und fähig waren, die ihnen zugedachte Rolle auszufüllen. Aus diesem Grund wurde die deutsche Militärverwaltung so angelegt, daß notfalls alle Ziele der Besetzung auch ohne Beteiligung italienischer Faschisten erreicht werden konnten. Die vorwiegend wegen der Kriegsmüdigkeit des Volkes und der wachsenden Widerstandsbewegung geringe Effizienz der Mussolini-Verwaltung führte dazu, daß die Dienststelle Bevollmächtigter General der Deutschen Wehrmacht, wie sich ab 14. Oktober 1943 die Militärverwaltung nannte, mit den nachgeordneten Leit- und Militärkommandanturen immer häufiger die Exekutive im Mussolini-Gebiet übernahm. Für die drei Operationszonen und das Mussolini-Gebiet wurde ein Höchster SS- und Polizeiführer (HöSSPF) eingesetzt. Diese Behörde unter Leitung des Himmler-Intimus Wolff sollte die polizeilichen und geheimpolizeilichen Unterdrückungsmaßnahmen leiten. Außerdem war sie für den Aufbau, die Überwachung und den Einsatz italienischer Polizei- und Waffen-SS-Einheiten sowie für die Bildung bewaffneter Formationen aus Angehörigen der deutschen Minderheit in Italien verantwortlich. Im Kampf gegen Partisanen unterstand der HöSSPF unmittelbar dem Oberbefehlshaber Südwest und mußte nach dessen Richtlinien handeln.[28]

Der OB Südwest, lobte öffentlich das ausgezeichnete Verhältnis zur SS in Italien. In einem Geburtstagsgruß an Himmler schrieb Kesselring, daß er stolz darauf sei, im Bereich seiner Heeresgruppe über SS-Divisionen zu verfügen.[29] Von den mit Italien befaßten Obersten Reichsbehörden, einschließlich des OKW, wurde ein interministerieller Ausschuß gebildet, der Leitlinien für die Besatzungspolitik in Italien entwickeln sollte.[30]

II

Wichtigste Aufgaben der deutschen Besatzungsbehörden waren die Schaffung günstigster Voraussetzungen für den militärischen Großkampf gegen die Alliierten, die totale Nutzung der italienischen Wirtschaft und die massenhafte Rekrutierung von Arbeitskräften. Diese Besatzungsziele konnten nur erreicht werden, wenn das besetzte Land „befriedet" war.

Ausbeutung und Zwangsarbeit

Italien hatte auf einigen Gebieten erhebliche wirtschaftliche Bedeutung für Deutschland. 1943/44 deckte es den deutschen Verbrauch bei Kupfer zu 21%, bei Molybdän zu 23%, bei Wolfram zu 9%, bei Asbest zu 45% und bei Tonerde zu 14%. Gegen Ende des Krieges wurde Italien u.a. bei Quecksilber, Bauxit, Asbest und Bergkristall (Schwingquarz) die einzige Bezugsquelle Deutschlands.[31] Von Gewicht war auch die verarbeitende Industrie. 14% der im deutschen Machtbereich produzierten Lastkraftwagen und 24% des Textilbedarfs der Wehrmacht kamen aus Italien. Nach der Besetzung mußten die deutschen Truppen und Dienststellen aus dem Land versorgt werden.[32] Aus den zu räumenden Gebieten wurden zwischen September 1943 und März 1945 Güter in einem Umfang von 1,3 Mill. Tonnen nach Deutschland transportiert.[33] Eine für die Italiener drückende Form der Ausbeutung waren die Besatzungskosten. Damit deckten die Truppen und Dienststellen ihre Bedürfnisse an Waren und Dienstleistungen und wurde der Bau militärischer Anlagen finanziert. Im Monatsdurchschnitt mußte Italien 1075 Mill. Reichsmark (Stand Juli 1944) bezahlen.[34] Damit waren Italien nach Meinung des Reichsbevollmächtigten extrem hohe Kosten im Verhältnis zu anderen okkupierten Gebieten auferlegt worden.[35] Von erheblichem Gewicht war die Beschlagnahme der Goldvorräte der Banca d'Italia im Wert von ca. 331 Mill. RM, von denen die Deutschen mit Zustimmung Mussolinis sofort 100 Mill. RM „für Zwecke der Kriegführung" einsetzten.[36] Für die wirtschaftliche Ausbeutung war in großem Umfang die Wehrmacht zuständig. Mit ihren Wirtschaftserkundungskommandos (WEK) wurde in schnellem Zugriff, vor allem in den für die Räumung vorgesehenen Gebieten, alles Brauchbare erfaßt, gesichert, dem Frontbedarf zugeführt oder nach Deutschland abtransportiert. Gleichzeitig waren die WEKs für die Vorbereitung der Zerstörungen in den Räumungsgebieten verantwortlich. Im übrigen besetzten Gebiet war Generalmajor Leyers, Vertreter des Rüstungsministeriums im Stab des Bevollmächtigten Generals der Deutschen Wehrmacht, für die wirtschaftliche Ausnutzung hauptsächlich zuständig, der sich im exekutiven Bereich vorrangig auf die Wehrwirtschaftsorganisation der Wehrmacht und den Stab des Bevollmächtigten Generals mit nachgeordneten Dienststellen stützte.[37] General Leyers hatte in seinen voluminösen Apparat in großem Umfang Vertreter der deutschen Wirtschaft integriert. Das Vorstandsmitglied der IG-Farben, ter Meer, zum Kriegseinsatz bei Leyers beordert, berichtete am 21. September 1943 seiner Zentrale in Frankfurt: „In Norditalien richten wir uns für Dauer ein."[38] Der Handelspolitische Ausschuß der deutschen Regierung konnte am 14. März 1944 feststellen, daß „der gesamte italienische Wirtschaftsapparat deutscher Steuerung" unterliege.[39] In den Operationszonen bestand über die halbmilitärische Leitung der Wirtschaft durch Beauftragte von General Leyers hinaus die gesetzliche Möglichkeit, in italienischen Firmen deutsche Verwalter einzusetzen mit dem Ziel, diese Betriebe später in „deutsche Hände" zu überführen.[40] Nach den Plänen der deutschen Führung sollten 1944 mehr als 1,5 Millionen italienische Arbeiter nach Deutschland überführt werden. Hitler war sogar der Meinung, „daß man aus Italien mindestens 3 Mill. herausholen" könne.[41] Die miserable Situation der Militärinternierten, die in Italien bekanntgeworden war, verstärkte den aktiven und passiven Widerstand in Italien gegen die Pläne zum massenhaften Zwangsarbeitereinsatz. Trotz drakonischer Strafandrohungen des Bevollmächtigten Generals[42] folgten nur etwa 1,8 % der aufgerufenen Arbeiter den Gestellungsbefehlen.[43] Die Deutschen gingen nun offen zur Menschenjagd über und verbanden immer unverhohlener und massenhafter den Terror zur Bekämpfung der Partisanen mit der Gewinnung von Arbeitskräften. Am 11. Mai 1944 empfahl der Bevollmächtigte General, durch häufige Razzien in den Städten Arbeitskräfte für Deutschland „zu gewinnen".[44] Die arbeitsfähige Bevölkerung in Partisanengebieten wurde restlos erfaßt und deportiert, auch um den Freiheitskämpfern die Rekrutierungsbasis zu entziehen.[45] Neben der Deportation nach Deutschland erfolgte in großem Umfang der Einsatz zwangsrekrutierter Arbeiter in Italien. So wurden beim Bau der 270 km langen „Gotenlinie" quer über die Apenninenhalbinsel von Viareggio am Ligurischen Meer nach Pesaro an der Adria 50000 italienische Arbeiter durch die Wehrmacht und die Organisation Todt eingesetzt.[46]

Terror

Die entscheidende Voraussetzung für die Deutschen, ihre militärische und besatzungspolitische Konzeption umzusetzen, war die „Befriedung" Italiens. Nach der brutalen Ausschaltung der italienischen Streitkräfte richtete sich der Terror gegen den rasch wachsenden politischen und militärischen Widerstand.[47] Dieser Terror begann mit dem Einmarsch, eigentlich noch ehe sich der Widerstand richtig formiert hatte. Auf der Grundlage einer vierjährigen Erfahrung bei der „Befriedung" okkupierter Gebiete und vor dem Hintergrund des räumlich nahen militärischen Großkampfes gegen die Alliierten entfesselten die Deutschen vom ersten Tag der Besetzung an, zunächst gewissermaßen präventiv und vorauseilend, einen brutalen Massenterror gegen die Zivilbevölkerung. Schon in den ersten Wochen kam es zu furchtbaren Massakern. So tötete am 13. Oktober 1943 eine Gruppe von Wehrmachtsangehörigen unter Führung des Leutnants Lehnigk-Emden in Caiazzo nördlich von Neapel zunächst vier partisanenverdächtige Männer sowie drei Frauen, die sich schützend vor die Männer gestellt hatten. Anschließend wurden 10 Kinder im Alter zwischen vier und vierzehn Jahren und fünf weitere Erwachsene mit Schußwaffen und Handgranaten, ja sogar mit Seitengewehren auf bestialische Weise umgebracht. Italienische Zeugen berichteten, die Opfer seien teilweise gepfählt worden. Der Anführer, ein nach 1945 in Koblenz wohnender Architekt, nannte später als Begründung für die Aktion, daß die Opfer angeblich Blinkzeichen zu den nahen alliierten Truppen gesendet hätten.[48]

Die Hauptverantwortung für die Sicherung des besetzten Gebietes lag bei der Wehrmacht. „Der Führer hat entschieden, daß der OB Südwest, falls die Lage dies erfordert, uneingeschränktes Verfügungsrecht über alle im italienischen Raum befindlichen und zum Erdkampf geeigneten Kräfte aller Wehrmachtteile und der Waffen-SS hat", lautet eine Notiz im Kriegstagebuch der Seekriegsleitung vom 19. Januar 1944.[49] Im Mussolini-Gebiet war für die Partisanenbekämpfung der HöSSPF dem OB Südwest persönlich unterstellt.[50] Die oberste Exekutive im Mussolini-Gebiet war der Militärbefehlshaber, der Bevollmächtigte General, der mit dem Höchsten SS- und Polizeiführer eng zusamenarbeitete, wie sich insbesondere bei der Bekämpfung der für die

Besatzer gefährlichen Massenstreiks im Industriedreieck Mailand-Genua-Turin zeigte.[51] Im deutschen Kalkül sollten nach Errichtung des Mussolini-Regimes die Repressionsmaßnahmen im Gebiet der Sozialen Republik weitgehend von italienischen Behörden unter deutscher Aufsicht ausgeübt werden. Der Umfang des Befreiungskampfes und der zunehmende Zerfall der italienischen Einheiten, die die rassistischen Vorurteile der Deutschen gegen die Italiener zu bestätigen schienen, führten jedoch dazu, daß der Kampf gegen den Widerstand in immer größerem Maße von deutschen Einheiten geführt wurde.[52] Kesselring vertrat die Auffassung, daß der Kampf gegen die Partisanen ebenso geführt werden sollte, wie der militärische Großkampf gegen die Alliierten, d.h. mit zahlenmäßig starken, frontfähigen Kräften, mit bester Technik und allen zur Verfügung stehenden Waffen, einschließlich schwerer Artillerie und Bombern.[53] Das hatte verheerende Folgen für die ungeschützte Zivilbevölkerung in den als „Bandengebieten" eingestuften Landstrichen.

Eines der bekanntesten Massaker fand nach einer Partisanenaktion in Rom am 23. März 1944 statt. Kräfte der Sicherheitspolizei und des Sicherheitsdienstes der SS brachten in den Ardeatinischen Höhlen bei Rom 335 an der Partisanenaktion unbeteiligte Menschen durch Genickschuß um.[54] Bemerkenswert ist, wie es zu der Festlegung der Opferzahlen kam. Nach der Partisanenaktion beabsichtigte der Stadtkommandant von Rom, Generalmajor Mälzer, undifferenziert „schärfste Maßnahmen" durchzuführen und ganze Stadtviertel in Schutt und Asche zu legen.[55] Schließlich formulierten der Oberbefehlshaber der 14. Armee, Generaloberst von Mackensen, der Stadtkommandant und der Befehlshaber der Sicherheitspolizei und des SD in Rom, Kappler, gemeinsam einen Vorschlag für „Sühnemaßnahmen" an Kesselring, der ihn billigend an das OKW weiterleitete. Danach sollten für jeden getöteten Deutschen 10 Italiener sterben, „meist Kommunisten", wie Rahn nach Berlin meldete.[56] Hitler stimmte dem Vorschlag zu und am nächsten Tag begannen die Erschießungen.[57] Die Tötungsformel 1:10 war von Anfang an eine Faustregel im besetzten Italien, wurde aber „flexibel" gehandhabt. Angesichts der Wirkungslosigkeit von Geiselerschießungen bei der Bekämpfung der Partisanen, versuchte die Wehrmacht zu lavieren. Im Januar 1944 befahl der OB Südwest, den Begriff Geisel

77

nicht mehr zu verwenden und die Erschießungen nicht mehr bekanntzugeben.[58] Damit entfiel die ohnehin moralisch unhaltbare Rechtsthese von der Berechtigung der Geiselmorde. Es ging nur noch um die physische Vernichtung von Italienern. Andererseits erhielten viele Mordbefehle überhaupt keine Quotenfestlegung, waren also nach oben offen. Das führte dazu, daß häufig beliebig viele Personen ermordet wurden. Am 1. Juli 1944 befahl Kesselring dem Kommandeur der Leitkommandantur Bologna, Generalmajor Steinbach, daß in Partisanengebieten, ein „jeweils zu bestimmende(r) Prozentsatz der männlichen Bevölkerung festzunehmen und bei vorkommenden Gewalttätigkeiten zu erschießen" sei. „Werden Soldaten usw. aus Ortschaften beschossen, so ist die Ortschaft niederzubrennen. Täter oder Rädelsführer sind öffentlich aufzuhängen". Selbst bei Kabelsabotage oder Ausstreuen von Reifenzerstörern „sind die in unmittelbarer Nähe befindlichen Ortschaften haftbar zu machen" – d.h., in die zuvor beschriebenen Sühnemaßnahmen einzubeziehen. Die Höhe des Prozentsatzes der zu tötenden Zivilisten bestimmte der örtliche Kommandeur oder Einheitsführer.[59]

Obwohl die Wehrmacht schon seit dem 8. September 1943 einen rücksichtslosen Krieg gegen die Partisanen, deren Sympathisanten und Familienangehörigen führte, forderte Kesselring am 17. Juni 1944 angesichts der militärischen Effizienz des Widerstandes ein noch schärferes Vorgehen: „Die Bandenlage im ital. Raum, insbesondere in Mittelitalien, hat sich in kurzer Zeit derart verschärft, daß sie eine ernste Gefahr für die kämpfende Truppe und ihre Versorgung sowie die Rüstungswirtschaft bildet. Der Kampf gegen die Banden muß daher mit allen zur Verfügung stehenden Mitteln und mit größter Schärfe durchgeführt werden."[60] Der Kesselring-Befehl brachte eine deutliche Verschärfung der Terrorpraxis. Insbesondere häuften sich die Meldungen über Großaktionen gegen Partisanengebiete und befreite Zonen. Bei den Berichten fällt auf, daß über die Opfer unter der Zivilbevölkerung keine Angaben gemacht werden. Die Toten erscheinen in der Statistik unter der Rubrik „Feindverluste". Bemerkenswert ist weiter, daß die Deutschen in den Kämpfen kaum Verluste hatten, was Rückschlüsse auf die Art der deutschen Kampfführung und auf den „Feind" zuläßt. So heißt es in einem Bericht der Festungsbrigade 135 über einen Großeinsatz gegen ein Partisanengebiet nördlich von La Spezia im August

1944, daß ein etwa 3000 Mann starker Partisanenverband „von der gesamten Bevölkerung restlos unterstützt" wurde und der Kampfraum durch die Partisanen weiträumig und gut gesichert war. Die Brigade meldete, daß die Organisation der Partisanen „restlos zerschlagen" worden sei. Am Schluß heißt es: „Eigene Verluste: 1 Toter ... Feindverluste: 630 Tote. Gefangene: 12 (nur zur Vernehmung)." Die Häuser seien „gesprengt oder niedergebrannt" worden.[61] Über das Alter oder das Geschlecht der Toten wird nicht berichtet. Vielfach finden selbst große Massaker in den Berichten keine Erwähnung. So gibt es über die Mordaktion vom 29. Juni 1944 gegen den Ort Civitella und zwei kleinere Nachbarorte keine Unterlagen. Für die Italiener ohne erkennbaren Grund metzelten Angehörige der Fallschirm-Panzerdivision „Hermann Göring" 250 Männer der drei Orte, davon 212 in Civitella, nieder.[62] Massaker wie in diesen Orten waren für die Deutschen offensichtlich schon eine so alltägliche Erscheinung, daß sie keinen besonderen Bericht mehr erforderten. Möglicherweise sind die Toten unter der Rubrik Feindverluste in eine größere Sammelmeldung mit eingegangen. Andererseits werden Aktionen mit wesentlich geringerer Opferzahl noch auf Armee-Ebene penibel dokumentiert, wenn es sich auch für die Deutschen um ungewöhnliche Ereignisse handelte. Ein solches beschreibt die Tagesmeldung der Feindlageabteilung (Ic) der 14. Armee vom 23.6.1944, als Sanitätspersonal unter Führung eines Arztes eine mörderische Vergeltungsaktion durchführte. In der Meldung heißt es: „Am Vormittag des 20.6. überfiel eine Bandengruppe ... einen PKW mit drei Soldaten: 1 Soldat gefangen, PKW ausgeraubt. Ein durch Stabsarzt Dr. Box sofort eingeleitetes Unternehmen stieß nördl. S. Martino auf Bandengruppe von etwa 200 Mann ... Bei diesem Gefecht machte die Kampfgruppe (34 Mann der Sanitätsabteilung 4) 38 Gefangene, erzielte 25 Feindtote bei nur einem eigenen Verwundeten. 18 Banditen wurden aufgehängt, 4 Banditenhäuser niedergebrannt. Zwei der Verurteilten riefen vor dem Tode Viva Russia."[63]

Wegen dieser Berichtsmethoden ist es kaum möglich, exakte Angaben darüber zu erhalten, wie viele Italiener im Verlauf des Kesselringschen Großkampfes gegen die Partisanen umgekommen sind. Nach italienischen Schätzungen sind zwischen dem 9. September 1943 und Ende April 1945 im Widerstand gegen die Deutschen etwa 72500 Italiener getötet und fast 40000 verwundet worden.[64] In diesen Zahlen sind die etwa 9000 ermordeten italienischen Juden[65] nicht enthalten. Am Prozeß der „Endlösung" in Italien war die Wehrmacht deutlich weniger beteiligt, als beispielsweise in Serbien oder Griechenland. Diese Seite des deutschen Terrors erledigten die Dienststellen der Sicherheitspolizei und des Sicherheitsdienstes der SS, wenngleich auch Erschießungen von Juden durch Wehrmachtsoldaten, meist im Zuge von Razzien bzw. Sühne- oder Vergeltungsmaßnahmen, erfolgten.[66] Doch selbst Außenstehende wußten im Fall der „Endlösung" zwischen Handlangern und politisch Verantwortlichen zu unterscheiden. Als der Vertreter Himmlers in Rom, Kappler, im Oktober 1943 die römischen Juden festnehmen und in die Todeslager deportieren ließ, wagte der Vatikan, weil die Menschenjagd gewissermaßen unter den Fenstern des Papstes stattfand, einen schwachen, von den Deutschen milde belächelten Einspruch. Zielsicher ging der päpstliche Einwand nicht, wie sonst üblich, an den deutschen Vertreter beim Vatikan, sondern an den Stadtkommandanten der Wehrmacht in Rom, Generalmajor Stahel.[67]

III

Nach dem 8. September 1943 wurden von deutschen Soldaten massenhaft Verbrechen an der italienischen Bevölkerung begangen, die sich in ihrer brutalen und vielfach bestialischen Begehungsweise nicht von jenen Mordaktionen unterschieden, die Deutsche auf dem Balkan oder in den Besetzten Gebieten der Sowjetunion durchführten. Außer der Frage, warum die deutsche Besatzungspolitik in Italien noch immer ein weitgehend weißer Fleck im öffentlichen Bewußtsein vornehmlich in den alten Bundesländern ist, wird neuerdings verstärkt die Frage diskutiert, worin die Ursachen für solche Untaten wie die oben beschriebenen in Caiazzo oder Civitella liegen.

Klare Befehle zum Mord

Für die Massenverbrechen in Italien gibt es viele Gründe. Wichtigste

Ursache war eine Befehlslage, die eine rücksichtslose, ungehemmte Kampfführung gegen die Widerstandsbewegung und dabei explizit auch gegen Frauen und Kinder zwingend forderte. Die deutschen Truppen in Italien waren in ein Befehls- und Weisungssystem eingebunden, das die Erfahrungen einer seit dem Überfall auf die Sowjetunion 1941 radikalisierten, äußerst brutalen Kriegführung gegen die Zivilbevölkerung der besetzten Gebieten widerspiegelte und diese Kampfführung zur Norm erklärte.

Die Befehle und Weisungen bestanden in der Regel aus zwei Komponenten:

1. Es wird (meist im überhöhten Superlativ) die schärfste, rücksichtsloseste, brutalste, ja grausamste Bekämpfung nicht nur der Partisanen, sondern auch jener Personen, die man für deren Helfer und Sympathisanten hielt, mit allen Mitteln gefordert.
2. Die deutsche Militärführung war sich klar darüber, daß bei einer solchen Kampfesweise massenhaft Kriegsverbrechen begangen werden, die in „normalen" Armeen kriegsgerichtlich oder zumindest disziplinarisch geahndet worden wären. Deshalb folgte der Aufforderung zum grausamen Töten als zweite Komponente solcher Befehle die Versicherung, daß kein Soldat oder Offizier wegen seines Verhaltens und Tuns „im Bandenkampf" juristisch oder disziplinarisch belangt werde.

Dieses Muster wurde für alle Wehrmachtteile und die Waffen-SS verbindlich in einem Befehl Keitels vom 16. Dezember 1942 festgelegt. Im Vorfeld gab es in Hitlers Hauptquartier Diskussionen darüber, den Befehl auch scharf genug und ohne Einschränkungen in der Kampfführung abzufassen. Der Chef des Wehrmachtführungsstabes, Jodl, versicherte, es gäbe für die Soldaten im Kampf gegen Partisanen keinerlei Einschränkungen. Sie könnten „machen, was sie wollen, sie dürfen sie (auch die Frauen – M.S.) aufhängen, verkehrt aufhängen oder vierteilen".[68] Im Keitel-Befehl heißt es, daß der Kampf gegen die Partisanen mit „den allerbrutalsten Mitteln" zu führen sei. „Die Truppe ist daher berechtigt und verpflichtet, in diesem Kampf ohne Einschränkung auch gegen Frauen und Kinder jedes Mittel anzuwenden, wenn es nur zum Erfolg führt. Rücksichten, gleich welcher Art, sind ein Verbrechen gegen das deutsche Volk und die Soldaten an der Front". Gegenüber den „Banden oder ihren Mitläufern" dürfe es keine Schonung geben. Im zweiten Teil folgt die Zusicherung von Straffreiheit. Keitel befahl: „ 2. Kein in der Bandenbekämpfung eingesetzter Deutscher darf wegen seines Verhaltens im Kampf gegen die Banden und ihre Mitläufer disziplinarisch oder kriegsgerichtlich zur Rechenschaft gezogen werden."[69] Dieser und nachfolgende Befehle waren für die deutschen Truppen in Italien normativ bindend. Der OB Südwest und die nachgeordneten Befehlshaber und Kommandeure hielten sich bei den von ihnen erlassenen Weisungen und Befehlen streng an die verbrecherische Linie und an das 2-Komponenten-Muster, wie – um ein frühes Beispiel zu nennen – der schon zitierte Befehl des Generalkommandos XIV. Panzerkorps zur Einnahme von Neapel zeigt.[70]

Am 24. Februar 1944 erließ der Befehlshaber „Adriatisches Küstenland", Kübler, einen Befehl zur Partisanenbekämpfung, der nicht nur Sinn und Form des Keitel-Befehls wiedergibt, sondern auch eine extreme Ausdehnung der zu tötenden Bevölkerungsgruppen enthält. Kübler schreibt: „Bei der Behandlung der Banditen und ihrer freiwilligen Helfer ist äußerste Härte geboten. Gefangene Banditen sind zu erhängen oder zu erschießen. Wer die Banden durch Gewährung von Unterschlupf oder Verpflegung, durch Verheimlichung ihres Aufenthalts oder durch irgend welche Maßnahmen freiwillig unterstützt, ist todeswürdig und zu erledigen." Auch Kübler will durch zugesicherte Straffreiheit die Hemmschwelle der Soldaten und Offiziere absenken und gibt damit einen Freibrief für alle Bestialitäten: „Im Kampf ist alles richtig, was zum Erfolg führt. Ich werde jede Maßnahme persönlich decken, die diesem Grundsatz entspricht."[71] Auch im Grundsatzbefehl Kesselrings vom 17. Juni 1944, der eine deutliche Verschärfung des deutschen Terrors in Italien bewirkte, wurde befohlen, den Kampf gegen die Partisanen, deren Helfer und Sympathisanten „mit allen zur Verfügung stehenden Mitteln und mit größter Schärfe" zu führen. Danach folgt wiederum die Versicherung, er „werde jeden Führer decken, der in der Wahl und Schärfe des Mittels ... über das bei uns übliche, zurückhaltende Maß hinaus geht."[72]

Vereinzelt wurde militärischen Führern bewußt, daß diese Kampfführung, bei der „große Teile unschuldiger Bevölkerung terrorisiert" wurden, militärisch kontraproduktiv war und die wirtschaftliche Ausnutzung des Landes und der Italiener (als Arbeitskräfte) behinderte.

Man wies an – wie der OB der 14. Armee, Lemelsen, am 11. Oktober 1944 –, eine gezieltere Kampfesweise gegen die Partisanen durchzuführen. Die bei solchen Unternehmungen „eingebrachten" Zivilisten, die nicht zum Partisanenverband gehörten, sollten nicht mehr generell ermordet, sondern zur Arbeit für die Deutschen gezwungen werden.[73] In seiner Weisung wies Lemelsen auf eine weitere Ursache der massenhaften Greueltaten an Italienern hin. Er meinte, daß bei der bis dahin praktizierten Kampfesweise die Hemmschwelle derart tief abgesenkt wurde, daß „die Truppe verroht und verwildert".[74] Tatsächlich war der Sittenverfall bei den deutschen Truppen in Italien unübersehbar. Die Unternehmungen gegen Partisanen und befreite Gebiete arteten zu persönlichen Beutezügen aus. Die Befehle zur rücksichtslosen Kampfführung mit der gleichzeitigen Zusicherung von Straffreiheit führten zu kaum beschreiblichen Bestialitäten durch deutsche Soldaten an Italienern,sie erlaubten, daß ohne Konsequenzen niedrigste Instinkte ausgelebt werden konnten. Ein Gerichtsoffizier der 16. Panzerdivision stellte fest, die Soldaten würden sich „gleich Marodeuren des dreißigjährigen Krieges" aufführen, „Plünderungen und Vergewaltigungen" seien „an der Tagesordnung".[75]

Eines der furchtbarsten Massaker geschah am 23.8.1944 im Sumpfgebiet Padule di Fucècchio südlich von Montecatini. Deutsche Feindlagebeobachter vermuteten dort einen Partisanenunterschlupf. Mit der Durchführung einer Aktion wurde die Panzer-Aufklärungsabteilung 26 der 26. Panzerdivision beauftragt. Der Divisionskommandeur, Oberst Crasemann, befahl, alle im Sumpfgebiet angetroffenen Personen zu vernichten. „ Auch Frauen und Kinder „ sind zu erschießen. Während der Aktion hatte die Abteilung keine „Feindberührung". Als die Soldaten nach sieben Stunden „die Aktion" beendeten, hatten sie 175 Italiener, darunter 27 Kinder und Kleinkinder sowie 63 Frauen, ermordet. Unbeschreib-liche Szenen müssen sich abgespielt haben. Selbst ein Fall von Nekrophilie an einer namentlich bekannten, noch warmen Frauenleiche ist vorgekommen.[76]

Nazi-faschistische Hetze

Eine weitere Ursache für die besonders brutale Form, in der die meisten Massenmordaktionen abliefen, vor allem für die Tatsache, daß keine Beispiele dafür überliefert sind, wonach sich Wehrmachtangehörige weigerten, an den offenkundigen Verbrechen teilzunehmen, war die fast hysterische Pogromhetze der deutschen Führung gegen „die Italiener" nach dem 8. September 1943. Mit massiver Propaganda sollte jene psychische Distanz zwischen Täter und Opfer geschaffen werden, die für das bedenkenlose Töten unbewaffneter Zivilisten, zumal von Frauen und Kindern, erforderlich ist. Die Opfer wurden kriminalisiert („Banditen") und rassistisch diskriminiert – Goebbels nannte die Italiener „ein Volk von Zigeunern",[77] nach dem faschistischen Selbstverständnis ein Volk von moralischer und rassischer Minderwertigkeit. Die Deutschen, der deutsche Soldat, verkörperten dagegen das Gute und Treue schlechthin, die von den „verräterischen Italienern" fortlaufend hintergangen und feige aus dem Hinterhalt bedroht wurden. Mit der Pogromhetze revitalisierten und potenzierten die Naziführer tiefsitzende Vorurteile der bürgerlichen deutschen Gesellschaft. Zum traditionellen Italienbild gehörten nach Jens Petersen die Vorstellung des „Welschen", das alle Eigenschaften des Machiavellisten in sich vereinigte: Falschheit, Bosheit, Tücke, Grausamkeit und Verrat.[78] Nach dem 8. September wurde dieses Italienbild mit der Formel vom zweifachen systematischen Verrat ergänzt und zur Grundlinie eines alles beherrschenden deutschen Propagandakrieges. In der Sondermeldung des OKW vom 10. September 1943 zur Entwaffnung der italienischen Streitkräfte fanden all diese Stereotype Verwendung:

„Damit ist ein Verrat, wie er größer und hinterhältiger in der Geschichte kaum zu finden ist, auf die Verräter selbst zurückgefallen. Die italienische Wehrmacht besteht nicht mehr. Was aber für ewige Zeiten bestehen bleiben wird, ist die Verachtung der Welt für die Verräter."[79] Der von „oben" gesteuerten, vom Offizierskorps verstärkten Propaganda, waren die Soldaten in Italien beständig ausgesetzt. Zusammen mit der zunehmenden militärischen Effizienz der Partisanen, die mehr und mehr zur realen Gefahr für die Wehrmacht wurde, entlud sich die propagandistische Hetze in mörderischen Akten gegen das „heimtückische

Verrätervolk". Die Feldpostprüfstelle der 14. Armee registrierte den Erfolg der deutschen Propaganda. Eine Welle der Abneigung, ja des Hasses auf „die Italiener" und alles Italienische spreche aus den Feldpostbriefen.[80] Ein Soldat beschreibt die Italiener als faul, uninteressiert, unordentlich („Lottelei") und fährt fort, daß es ihm „unmöglich ist, dieses Volk zu verstehen."[81] Ein anderer bezeugt, er „habe eine stille Wut auf dieses Volk, für das so viele, liebe Kameraden das Leben lassen müssen."[82]

„Die verraten uns alle mit Stumpf und Stiel!" artikuliert ein anderer Briefschreiber seine Meinung.[83]

Die deutschen Offiziere in Italien waren in der überwiegenden Mehrheit bei der Befolgung und Weitergabe der Mordbefehle willige Vollstrecker und wirkten auch ebenso willig als Mittler der Nazipropaganda. Oberst Almers beschimpfte im Juli 1944 die Italiener als das „feige Volk".[84] Almers war Kommandeur der Festungsbrigade 135, die wenig später eine befreite Zone bei La Spezia „säuberte" und dabei bei nur einem eigenen Toten etwa 650 tote Italiener zurückließ.[85]

Die Feldpostprüfstelle des Armeeoberkommando 14 weist in ihren Berichten auf eine weitere Wurzel des unmenschlichen Verhaltens deutscher Soldaten hin. Sie wird mit „deutschem Wesen" umschrieben. Erziehung von Kindheit an und Propaganda zu blindem Gehorsam, zu bedingungsloser Disziplin, die Ansicht, daß Probleme am besten durch möglichst entschlossene Gewaltanwendung zu lösen seien, die immer wieder verkündete Formel, daß Treue zum eigenen Volk auch unbedingte Staatstreue umfasse, erzeugten Unverständnis gegenüber den Befreiungskämpfern und Ablehnung jedweder Widerstandshandlung, aber auch Befehlstreue, selbst bei offenkundig verbrecherischen Anordnungen. Bei Berufsmilitärs kam hinzu, daß für sie der Partisanenkrieg ohnehin nur kriminelles Banditentum war und die Partisanen sowie deren Helfer zu Recht und ganz selbstverständlich „todeswürdig" seien. Die Feldpostprüfstelle resümierte: „Das ganze Leben und Treiben des Italieners und die ständig wachsende Bandengefahr sind dem deutschen Wesen derart fremd, daß man nur auf ablehnende Stellungnahmen stößt."[86] Die psychische Distanz zu den potentiellen Opfern war stabil aufgebaut. Verständnis für den Befreiungskampf der Italiener oder gar Solidarität, selbst nur ein Exzesse vielleicht verhinderndes

Mitgefühl mit den Opfern brauchten die deutsche Militärführung und das deutsche Offizierskorps in Italien nicht zu befürchten. Die Wehrmacht in Italien war bis Kriegsende ein williges und fügsames Instrument der Hitlerregierung.

Hauptstoß gegen Links

Der deutsche Terror gegen die Italiener erhielt auch deshalb so grausame Züge, weil die Mordbefehle in Verbindung mit der volkskulturellen und rassistischen Verteufelung, wie zuvor hauptsächlich in der UdSSR und auf dem Balkan, durch den Haß der Naziführer und der deutschen Militärs gegen alles Linke verstärkt wurden. Die Wehrmachtführung sah ihren extremen Antikommunismus durch die Tatsache bestätigt, daß zunächst im politischen Bereich der Resistenza, sehr bald auch bei den Partisanen, die Linkskräfte sich als die gefährlichsten Feinde deutscher Herrschaft erwiesen. Hinzu kam, daß in benachbarten okkupierten Gebieten, in Jugoslawien und Griechenland, unter Führung der Kommunisten Partisanenarmeen mit operativem Gewicht entstanden waren. Diese Erfahrung führte in der Wehrmacht zu der Auffassung, bei jedem Widerstand zunächst einen kommunistischen Hintergrund zu vermuten, und bewirkte, daß sich der Hauptstoß des Terrors gegen die linken Kräfte in Italien, die pauschal als Kommunisten stigmatisiert wurden, richtete.

Bereits am 13. September 1943 wurde aus Süditalien das „Auftreten von bewaffneten kommunistischen Banden" gemeldet.[87] Das OKW wertete den mehr spontanen, eruptiven Volksaufstand in Neapel als „kommunistische Unruhen".[88] Der große Einfluß der linken Kräfte auf den Widerstand wurde für die Wehrmacht schnell offenbar. In der ersten Analyse „Bandenlage" des OB Südwest vom November 1943 wird die Dominanz der „linksparteiliche(n) Elemente" zunächst im politischen Flügel der Resistenza festgestellt.[89] Im November 1943 stellte der Bevollmächtigte General auch für das Mussolini-Gebiet eine starke Zunahme des kommunistischen Einflusses, vor allem in Mailand, Turin und Bologna fest. „Andere Parteien treten weniger hervor", meinte der General. Die Kommunisten riefen „zum Streik und Kampf gegen Faschismus und Deutschtum" auf.[90]

Anfang 1944 führten deutsche Stellen auch die für die Wehrmacht militärisch gefährliche Stärke der Partisanenbewegung auf die Tätigkeit der Kommunisten zurück. Der Reichsbevollmächtigte Rahn telegrafierte nach Berlin, daß die Partisanenbewegung in den Alpen und im Apennin „in jüngster Zeit unter ... kommunistischer Einwirkung stark zugenommen und z.T. bedrohliche Formen angenommen" habe.[91] In einem Lagebericht des AOK 14/Ic wurde am 1. Juni 1944 die Prognose gewagt, daß die „sogenannten nationalen oder Badoglio-Banden" sich bald auflösen, die kommunistische Partisanentätigkeit dagegen aufleben werde.[92] Immer häufiger gingen die Deutschen mit militärischen Großunternehmen, vor allem gegen die Garibaldi- Formationen und gegen befreite Zonen, vor. Im April führte die Armeegruppe von Zangen im Raum Florenz ein Großunternehmen gegen ein „Bandengebiet" durch. Schon am ersten Tag wurde als vorläufiges Ergebnis gemeldet: „Feindverluste: 186 Tote (darunter sogenannte Führer mit roten Sternen als Abzeichen)." Am nächsten Tag kamen noch einmal über 100 Tote hinzu.[93] Da man der Partisanen trotz größtem Waffen- und Personaleinsatz nicht immer habhaft werden konnte, hielt man sich an die als „Bandenhelfer" bezeichnete Zivilbevölkerung. Am 2. Oktober 1944 berichtete das AOK 14/Ic über ein Großunternehmen gegen das Gebiet des kommunistisch geführten Partisanenverbandes „Stella Rossa" mit der 16. SS-Panzergrenadierdivision, Teilen eines Flak-Regiments und einem sogenannten Ost-Bataillon. Als Erfolg wurde gemeldet, daß etwa 1000 Italiener getötet worden seien, dabei, so wurde hervorgehoben, „211 Bandenhelfer". 456 Männer seien zum Zwangsarbeitseinsatz erfaßt worden. Als „eigene Verluste" wurden sieben Tote und 29 Verwundete angegeben.[94] Immer häufiger wurden nach Partisanenanschlägen völlig unbeteiligte Menschen erschossen, nur weil sie „sich als Kommunisten betätigt hatten", wie es in der Tagesmeldung des AOK 14/Ic vom 23. September 1944 über eine Massenerschießung in einem nichtgenannten Ort hieß.[95] In einem Befehl vom 8. Februar 1945 sanktionierte Kesselring die seit längerem gängige Praxis in der Partisanenbekämpfung. Unerbittlich sollte nicht nur gegen „organisierte Bandengruppen", sondern, da die Partisanen schwer zu fassen waren, „besonders gegen den Kreis der Bandenhelfer und der politisch mit den Banden Sympathisierenden" vorgegangen werden.[96] Kesselrings Absicht war, von dem Verfahren abzulassen, politisch undifferenziert ganze Landstriche zu entvölkern und zu verwüsten, um zu einem politisch gezielten Massenmord zu gelangen. Ähnliche Vorstellungen, gestützt auf einen Befehl Hitlers, entwickelte der OB der 14. Armee, Lemelsen, in seiner Weisung vom 11. Oktober 1944.[97] Es sollten nicht weniger, aber die politisch richtigen Italiener ermordet werden: Die Linken, ihre Sympathisanten und ihre Familienangehörigen. Während die nichtkommunistischen Kräfte geschont werden sollten, wurde mit diesen Befehlen die starke italienische Linksbewegung mit ihren Sympathisanten und Angehörigen zum Abschuß freigegeben. Die Deutschen konnten sich bei ihren antikommunistischen Spaltungsversuchen auf die Furcht einiger nicht so eng mit dem Mussolini-Regime liierter Gruppen der ökonomischen und politischen Eliten und des Vatikans vor einer antikapitalistischen Nachkriegsentwicklung Italiens stützen. Der Befehlshaber der Sicherheitspolizei berichtete im Januar 1944, daß „in Arbeiterkreisen" die „kommunistische Agitation immer weiter um sich" greife, „die besitzenden Kreise" dagegen „der drohenden Bolschewisierung" mit „großer Besorgnis" gegenüber stünden.[98] Ebenso signalisierte der Papst den Deutschen unmißverständlich, daß nach seiner Auffassung die Partisanen eine bolschewistische Gefahr für Italien heraufbeschwörten.[99] Auch die Alliierten wollten nach den Erfahrungen in Griechenland und Jugoslawien den linken Einfluß auf die Partisanen zurückdrängen. Nach einem Bericht der Abteilung Fremde Heere West vom 11. März 1945 wertete das Alliierte Oberkommando die politische Richtung der Partisanen als „extrem kommunistisch". Zwei Maßnahmen der Alliierten glaubte der deutsche Heeresgeheimdienst festgestellt zu haben:

– Die Versorgung der Partisanen durch alliierte Stellen sei stark gedrosselt worden.
– Man versuche, alle Partisaneneinheiten unter ein gemeinsames, von den Alliierten oder der italienischen Regierung kontrolliertes Oberkommando zu stellen und damit alliierter Disziplinargewalt zu unterwerfen.[100]

Bis Ende April 1945 hatten die Partisanen etwa 200 Städte in Norditalien befreit und Mussolini am 28. April 1945 hingerichtet. Die Alliierten und die Partisanenverbände drängten den OB Südwest mit sei-

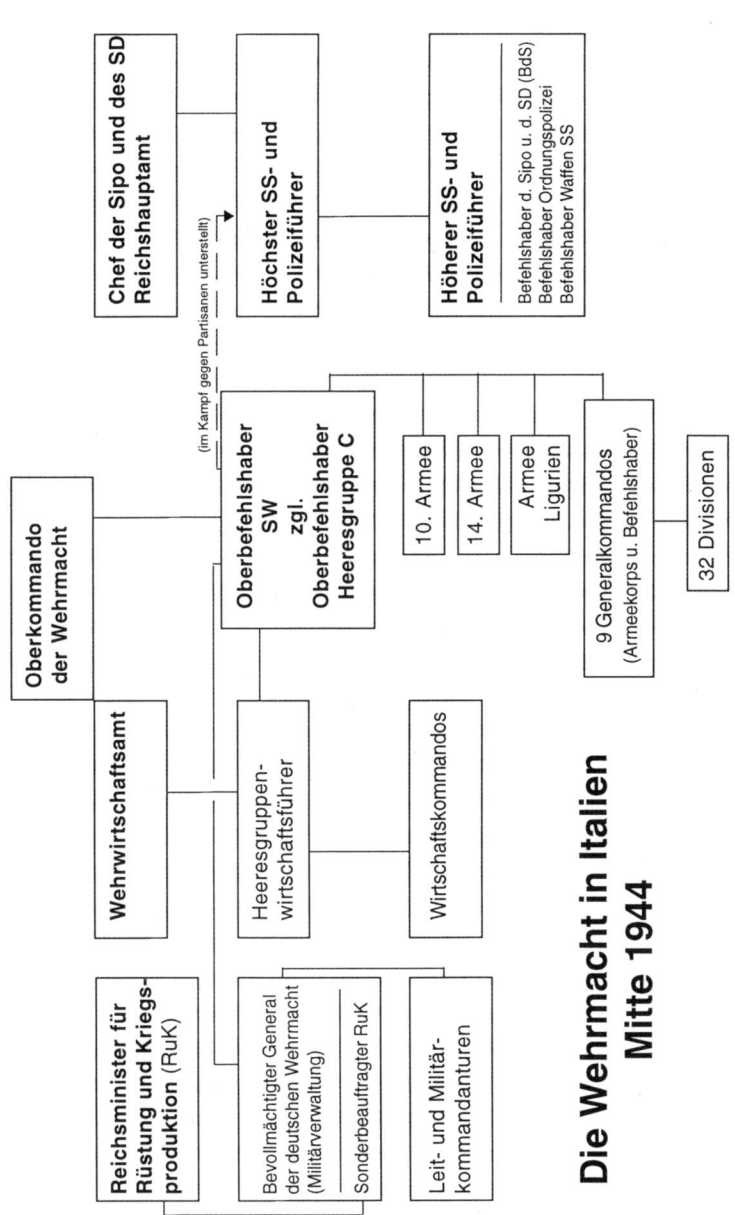

ner noch immer beachtlichen Streitmacht von 25 Divisionen gegen die Alpen. Angesichts der Kriegslage und auf gemeinsame antikommunistische Positionen hoffend, nahm die deutsche Führung in Italien im März 1945 geheime Verhandlungen mit den Alliierten auf, die am 2. Mai 1945 zur Kapitulation der deutschen Truppen führten.[101]

Kesselring, inzwischen OB West, wollte den Krieg auf andere Weise fortsetzen. In einem Schreiben an den Hitler-Nachfolger Dönitz forderte er am 2. Mai 1945 ähnliche Vereinbarungen wie für den OB Südwest, für die gesamte deutsche Westfront abzuschließen.

„Durch sofortige Verschiebung von Kräften aus diesen Fronten nach dem Osten könnte eine in größtmöglichem Umfang vorzunehmende Verstärkung der gegen den Bolschewismus eingesetzten Kräfte erreicht werden."[102]

Für die Italiener endete am 2. Mai 1945 die Schreckensherrschaft des deutschen und italienischen Faschismus. Riesige Zerstörungen und etwa 410000 Tote waren der hohe Preis der Befreiung.[103]

Anmerkungen:

1   Zur Bewertung des Bündnisses s. Jens Petersen, Deutschland und Italien 1939-1945, in: Der Zweite Weltkrieg. Analysen, Grundzüge, Forschungsbilanz, im Auftrag des Militärgeschichtlichen Forschungsamtes, hgg. v. Wolfgang Michalka, München-Zürich 1989, S. 108f

2   Enzo Collotti, Kollaboration in Italien während der deutschen Besatzung 1943-1945, in: Europa unterm Hakenkreuz. Okkupation und Kollaboration(1938-1945): Beiträge zu Konzepten und Praxis der Kollaboration in der deutschen Okkupationspolitik. Zusammengestellt und eingeleitet von Werner Röhr, Berlin-Heidelberg 1994, S. 415ff; sowie Jens Petersen, Italien, a.a.O., S. 113

3   Zu den Verhandlungen in Casablanca: Maurice Matloff, Strategic planing for coalition warfare 1943-1944, Washington 1959, S. 427

4   Ausführlich dazu: Europa unterm Hakenkreuz. Achtbändige Dokumentenedition, hgg. v. Bundesarchiv. Bd. 6: Die Okkupationspolitik des deutschen Faschismus in Jugoslawien, Griechenland, Albanien, Italien und Ungarn (1941-1945). Dokumentenauswahl und Einleitung v. Martin Seckendorf unter Mitarbeit v. Günter Keber; Jutta Komorowski; Horst Muder; Herbert Stöcking und Karl Übel, Berlin-Heidelberg 1992, S. 80ff (im Folg.: Europa unterm Hakenkreuz, Bd. 6)

5 s. Richtlinie des OKW/Keitel v. 30.8.1943, auszugsw. abgedr. in: Ebenda, Dokument 160, S. 247f
6 Ebenda, S. 83f
7 Friedrich Andrae, Auch gegen Frauen und Kinder. Der Krieg der deutschen Wehrmacht gegen die Zivilbevölkerung in Italien 1943-1945, München-Zürich 1995, S. 49
8 Bundesarchiv (BA), RH 24-14/81
9 Manachem Shelah, Die Ermordung italienischer Kriegsgefangener, September – November 1943, in: Hannes Heer/Klaus Naumann (Hg.) Vernichtungskrieg. Verbrechen der Wehrmacht 1941-1945, Hamburg 1995, S. 191-207 sowie Czeslaw Madajczyk, Die Okkupationspolitik Nazideutschlands in Polen 1939-1945, Berlin 1987, S. 386
10 Notiz des Generalstabs des Heeres vom 10. Dezember 1943, in: BA Potsdam, Film 10510
11 Rundschreiben der Parteikanzlei vom 28.9.1943, in: BA Potsdam, Film 14647, Ulrich Herbert, Fremdarbeiter. Politik und Praxis des „Ausländer-Einsatzes" in der Kriegswirtschaft des Dritten Reiches, Berlin-Bonn, 1985, S. 261f; zu den Militärinternierten insgesamt Gerhard Schreiber, Die italienischen Militärinternierten im deutschen Machtbereich 1943-1945. Verraten verachtet vergessen, München 1990
12 Rede von Generaloberst Jodl vor den Reichs- und Gauleitern am 7.11.1943, zit. in: Europa unterm Hakenkreuz, Bd. 6, S. 84
13 Ausführlich dazu Friedrich Andrae, Auch gegen Frauen und Kinder, a.a.O., S. 57ff
14 auszugsw. abgedr. in: Europa unterm Hakenkreuz, Bd. 6, Dokument 232, S. 300f
15 Ebenda, Dokument 211, S. 285ff
16 Enzo Collotti, Kollaboration in Italien während der deutschen Besatzung 1943-1945, a.a.O., S. 420
17 Walter Baum/Eberhard Weichold, Der Krieg der „Achsenmächte" im Mittelmeer-Raum. Die „Strategie" der Diktatoren, Göttingen- Zürich- Frankfurt 1973, S. 352 (im Folg.: Baum/Weichold, Der Krieg der „Achsenmächte")
18 Kriegstagebuch des Oberkommandos der Wehrmacht (Wehrmachtführungsstab), Bd. III, zusammengestellt und erläutert v. Walther Hubatsch, Frankfurt am Main 1963, S. 1465 (im Folg.: OKW/KTB)
19 Kriegstagebuch der Seekriegsleitung 1939-1945, Teil A, Bd. 53: Januar 1944. Im Auftrag des Militärgeschichtlichen Forschungsamtes in Verbindung mit dem Bundesarchiv – Militärarchiv und der Marine-Offizier-Vereinigung hrsg.v. Werner Rahn und Gerhard Schreiber unter Mitwirkung von Hansjoseph Maierhöfer, Berlin, Bonn, Hamburg 1995, S. 330
20 OKW/KTB, Bd. IV, S. 1892
21 Karl Stuhlpfarrer, Die Operationszonen „Alpenvorland" und „Adriatisches Küstenland" 1943-1945, Wien 1969
22 s. Anordnung Hitlers v. 10.9.1943 über die verwaltungsmäßige Gliederung des

besetzten Italien, auszugsw. abgedr. in: Europa unterm Hakenkreuz, Bd. 6, Dokument 170, S. 254f

23 Europa unterm Hakenkreuz, Bd. 6, Dokument 199, S. 275
24 Befehl des OKW an Kesselring v. 20.12.1943, BA Potsdam, Film 1832
25 Vgl. Telegramm v. Rudolf Rahn v. 13.12.1944, in: BA Potsdam, R 70 Ital. 5
26 Anordnung Hitlers v. 10.9.1943, auszugsw. abgedr. in: Europa unterm Hakenkreuz, Bd. 6, Dokument 170, S. 253f sowie Goebbels Tagebücher aus den Jahren 1942-1943, hrsg. v. Louis P. Lochner, Zürich 1948, S. 413
27 Telegramm v. Rahn an AA v. 13.10.1943, auszugsw. abgedr. in: Europa unterm Hakenkreuz, Bd. 6, Dokument 189, S. 268f
28 OKW/KTB, Bd. IV, S. 486
29 Leon Poliakov/Josef Wulf, Das Dritte Reich und seine Diener. Dokumente, Berlin 1956, S. 464
30 Protokoll der 11. Sitzung des Interministeriellen Ausschusses v. 21.2.1944, auszugsw. abgedr. in: Europa unterm Hakenkreuz, Bd. 6, Dokument 234, S. 305
31 Schreiben des Feldwirtschaftsamts des OKW v. 11.7.1944, auszugsw. abgedr. in: Europa unterm Hakenkreuz, Bd. 6, Dokument 287, S. 339f
32 Europa unterm Hakenkreuz, Bd. 6, S. 86
33 Errechnet nach BA Potsdam, Film 13378 u. 42997, Monats- und Sammelmeldungen v. RuK. Italien
34 Errechnet nach „Überweisungen aus Kriegslastenbeitrag an die einzelnen Bedarfträger", in: BA Potsdam, Rechnungshof des Deutschen Reichs, Nr. 71/3, Bl. 9
35 Telegramm v. Rahn an das AA v. 11.10.1943 über die finanziellen Leistungen Italiens, auszugsw. abgedr. in: Europa unterm Hakenkreuz, Bd. 6, Dokument 191, S. 269f
36 Protokoll der 11. Sitzung des Interministeriellen Ausschusses für italienische Angelegenheiten v. 21.2.1944 in: BA Potsdam, Film 14227
37 Bericht v. Oberst Allmendinger v. 1.12.1943 in: Europa unterm Hakenkreuz, Bd. 6, Dokument 211, S. 285ff
38 BA Potsdam, Film 40307
39 Ebenda
40 Europa unterm Hakenkreuz, Bd. 6, S. 87
41 Zit. nach Ulrich Herbert, Fremdarbeiter. Politik und Praxis des „Ausländer-Einsatzes" in der Kriegswirtschaft des Dritten Reichs, Berlin-Bonn 1985, S. 261
42 Bericht v. Gen. d. Inf. Toussaint v. 11.5.1944, abgedr. bei Enzo Collotti, L'amministrazione tedesca dell'Italia occupata 1943-1945. Studio e documenti, Milano 1963, S. 509ff
43 Schreiben v. Fritz Sauckel an Hitler v. 2.7.1944, in: BA R 43 II 651
44 Enzo Collotti, L'amministratione ... a.a.O., S. 509
45 Weisung v. General der Panzertruppe Lemelsen v. 11,10,1944, auszugsw. abgedr. in: Europa unterm Hakenkreuz, Bd. 6, Dokument 336, S. 376f

46 Werner Haupt, Kriegsschauplatz Italien 1943-1945, Stuttgart 1977, S. 154
47 Zur Resistenza vor allem Luigi Longo, Viva L'Italia libera. Der Kampf des italienischen Volkes für seine Befreiung vom Joch des italienischen und deutschen Faschismus, Berlin 1963
48 s. dazu die ausführl. Berichterstattung der deutschen Tagespresse, u.a. „Berliner Zeitung" v. 24.7.1997, S. 25
49 Kriegstagebuch der Seekriegsleitung 1939-1945, Teil A, Bd. 53, a.a.O., S. 330,
50 Baum/ Weichold, Der Krieg der „Achsenmächte" im Mittelmeerraum, a.a.O., S. 383
51 U.a. Tätigkeitsbericht Ic/AO der Armeegruppe v. Zangen über die Streiks im Januar und Februar 1944, in: BA Potsdam, Film 13938
52 Ausführl. dazu Europa unterm Hakenkreuz, Bd. 6, S. 89f
53 Baum/Weichold, Der Krieg der „Achsenmächte" im Mittelmeer-Raum, a.a.O., S. 383 sowie Korpsbefehl von General Kübler v. 24.2.1944, auszugsw. abgedr. in: Europa unterm Hakenkreuz, Bd. 6, Dokument 235, S. 305f
54 Klaus Scheel, „Es lebe das freie Italien". Das Massaker in den Ardeatinischen Höhlen bei Rom, in: Der antifaschistische Widerstandskämpfer, Berlin, Nr. 3/1984, S. 18f
55 Telegramme v. Rahn v. 24.3.1944 an AA, auszugsw. abgedr. in: Europa unterm Hakenkreuz, Bd. 6, Dokument 252, S. 315f
56 Ebenda
57 Ebenda sowie Friedrich Andrae, Auch gegen Frauen und Kinder, a.a.O., S. 117
58 Gerhard Schreiber, Partisanenkrieg und Kriegsverbrechen der Wehrmacht in Italien 1943 bis 1945 in: Repression und Kriegsverbrechen. Die Bekämpfung von Widerstands- und Partisanenbewegungen gegen die deutsche Besatzung in West- und Südeuropa (Beiträge zur nationalsozialistischen Gesundheits- und Sozialpolitik 14), Berlin-Göttingen 1997, S. 123, FN 46 (im Folg.: Gerhard Schreiber, Partisanenkrieg und Kriegsverbrechen)
59 auszugsw. abgedr. in: Europa unterm Hakenkreuz, Bd. 6, Dokument 281, S. 335f
60 auszugsw. abgedr. in: Ebenda, Bd. 6, Dokument 277, S. 333
61 BA Potsdam, Film 11284 (BA RH 20-14 116)
62 Michael Geyer, „Es muß daher mit schnellen und drakonischen Maßnahmen durchgegriffen werden". Civitella in Val di Chiana am 29. Juni 1944, in: Hannes Heer/Klaus Naumann (Hg.), Vernichtungskrieg. Verbrechen der Wehrmacht 1941-1944, a.a.O., S. 208-238
63 BA – MA RH 20-14/106
64 Baum/Weichold, Der Krieg der „Achsenmächte" im Mittelmeer-Raum, a.a.O., S. 383
65 Gerald Reitlinger, Endlösung. Hitlers Versuch der Ausrottung der Juden Europas 1939-1945, Berlin 1979, S. 565f
66 Liliana Picciotto Fargion, Italien, in: Dimension des Völkermords. Die Zahl der jüdischen Opfer des Nationalsozialismus, hgg. v. Wolfgang Benz, München 1996, S. 225

67 Leon Poliakov/Josef Wulf, Das Dritte Reich und seine Diener. Dokumente, Berlin 1956, S. 83ff
68 Walter Warlimont, Im Hauptquartier der deutschen Wehrmacht 39-45. Grundlagen, Formen, Gestalten, München 1978, S. 330
69 Vollständig abgedr. in: Verbrecherische Ziele – Verbrecherische Mittel! Dokumente der Okkupationspolitik des faschistischen Deutschlands auf dem Territorium der UdSSR (1941-1944), Moskau 1963, Dokument II/45, S. 153f. Neuerschienen unter dem Titel: Wehrmachtsverbrechen. Dokumente aus sowjetischen Archiven. Mit einem Vorwort von Lew Besymenski und einer Einleitung von Gert Meyer, Köln 1997, S. 116f.
70 s. FN 8
71 auszugsw. abgedr. in: Europa unterm Hakenkreuz, Bd. 6, Dokument 235, S. 305f
72 auszugsw, abgedr. in: Ebenda, Dokument 277, S. 333
73 auszugsw. abgedr. in: Ebenda, Dokument 336, S. 376
74 Ebenda
75 Gerhard Schreiber, Partisanenkrieg und Kriegsverbrechen, a.a.O., S. 109f
76 Ebenda, S. 111f
77 Goebbels Tagebücher aus den Jahren 1942-1943, a.a.O., S. 400
78 Jens Petersen, Italien und Deutschland 1939 bis 1945, a.a.O., S. 115f
79 Das Oberkommando der Wehrmacht gibt bekannt ..." Der deutsche Wehrmachtbericht , Bd. 2, Osnabrück 1982, S. 558
80 Michael Geyer, „Es muß daher mit schnellen und drakonischen Maßnahmen durchgegriffen werden", a.a.O., S. 227
81 Zit. nach Ebenda, S. 228
82 Ebenda
83 Ebenda
84 Zit. n. Michael Geyer, „Es muß daher mit schnellen und drakonischen Maßnahmen durchgegriffen werden", a.a.O., S. 215
85 s. FN 61
86 Zit. n. Michael Geyer, „Es muß daher mit schnellen und drakonischen Maßnahmen durchgefriffen werden", a.a.O., S. 228
87 Gerhard Schreiber, Partisanenkrieg und Kriegsverbrechen, a.a.O., S. 114
88 OKW/KTB, Bd. III, S. 1152
89 Gerhard Schreiber, Partisanenkrieg und Kriegsverbrechen, a.a.O., S. 115
90 BA, RH 20-14 15
91 Rahn an AA v. 26.3.1944, auszugsw. abgedr. in: Europa unterm Hakenkreuz, Bd. 6, Dokument 253, S. 316
92 MA Potsdam, WF-0433761
93 KTB Armeegruppe v. Zangen, auszugsw. abgedr. in: Europa unterm Hakenkreuz, Bd. 6, Dokument 267, S. 326
94 auszugsw. abgedr. in: Ebenda, Dokument 343, S. 384

95 Ebenda, S. 383
96 zit. n. Gerhard Schreiber, Partisanenkrieg und Kriegsverbrechen, a.a.O., S. 117
97 s. FN 73
98 auszugsw. abgedr. in: Europa unterm Hakenkreuz, Bd. 6, Dokument 357, S. 395
99 Enzo Collotti, Kollaboration in Italien während der deutschen Besatzung 1943-1945, a.a.O., S. 425
100 auszugsw. abgedr. in: Europa unterm Hakenkreuz, Bd. 6, Dokument 361, S. 398
101 Europa unterm Hakenkreuz, Bd. 6, S. 93
102 auszugsw. abgedr. in: Europa unterm Hakenkreuz, Dokument 365, S. 403
103 Deutschland im zweiten Weltkrieg, v. einem Autorenkollektiv unter Leitung v. Wolfgang Schumann, Band 6: Die Zerschlagung des Hitlerfaschismus und die Befreiung des deutschen Volkes (Juni 1944 bis zum 8. Mai 1945), Leitung: Wolfgang Schumann und Olaf Groehler unter Mitarbeit v. Wolfgang Bleyer, Berlin 1985, S. 783.

Martin Seckendorf
Ein einmaliger Raubzug
Die Wehrmacht in Griechenland – 1941 bis 1944

Am Sonntag, dem 6. April 1941 fiel die Wehrmacht von Bulgarien aus in Griechenland ein. Bereits am 27. April war Athen gefallen; am 30. April standen die deutschen Truppen an der Südspitze der Peloponnes. Zwischen dem 20. Mai und dem 1. Juni wurde gegen unerwartet hartnäckigen, für die Deutschen verlustreichen Widerstand die Insel Kreta erobert.[1] Für die Griechen begann die leidvolle Besatzungszeit, die auf dem Festland bis zum 2. November 1944, auf einigen Inseln bis zum Mai 1945 dauerte. Der unprovozierte Überfall und die militärische Unterwerfung waren das erste Verbrechen der Wehrmacht gegen die Griechen, die Ursache und Voraussetzung für alle weiteren dem griechischen Volk während der Besatzungszeit aufgebürdeten Lasten und zugefügten Leiden.

I

Seit dem deutschen Sieg über Frankreich im Sommer 1940 war Griechenland in das Blickfeld der politischen und militärischen Führung in Deutschland gerückt. Durch die Unterwerfung Griechenlands sollten das bislang unbesiegte Großbritannien aus dem östlichen Mittelmeer vertrieben und der deutsch-italienische Feldzug in Nordafrika unterstützt werden. Griechenland fungierte in den deutschen Absichten als Nachschub- und Absprungbasis für offensive militärische Operationen in Nordafrika und gegen Nahost.[2]

Als am 28. Oktober 1940 Italien von Albanien aus in Griechenland einfiel und die Aggression wegen der tapfer kämpfenden Griechen zu einem Desaster für das faschistische Bündnissystem zu werden drohte, wurden die deutschen Kriegsplanungen intensiviert. Man beschloß,

Griechenland, dem inzwischen vertragsgemäß britische Truppen zu Hilfe geeilt waren, im Frühjahr 1941 mit überlegenen Kräften niederzuwerfen.[3]

Die Besatzungsorganisation[4]

Der Besatzungsapparat in den deutschen Zonen Griechenlands war von der Wehrmacht dominiert. Die Militärs waren mit der rechtsetzenden und vollziehenden Gewalt ausgestattet. Alle für die Griechen und die deutsche Herrschaft in Griechenland wichtigen Fragen wurden von der Wehrmacht entschieden.

Bis Juni 1941 war ganz Griechenland provisorischen Besatzungsorganen der Wehrmacht unterstellt, die große Vollmachten besaßen. Oberstes Besatzungsorgan war das Armeeoberkommando 12. Die „Befriedung" und Verwaltung des Landes hatte die 12. Armee dem „Kommandanten des rückwärtigen Armeegebietes 560" übertragen. Für die schnellstmögliche Sicherung aller deutschen Wirtschaftsinteressen war die bei der 12. Armee seit Januar 1941 eingerichtete Wehrwirtschaftsorganisation zuständig. Die sofortige Aufnahme des geheimpolizeilichen Kampfes gegen „Kommunisten und Juden" sowie andere „Reichsfeinde" oblag der Einsatzgruppe Griechenland der Sicherheitspolizei und des Sicherheitsdienstes. Die Aufgaben dieser Gruppe im Verband der 12. Armee waren vor dem Überfall zwischen dem Generalquartiermeister des Heeres und dem Chef der Sicherheitspolizei und des SD festgelegt worden.[5] Nach Abschluß der militärischen Operationen wurde Griechenland – wie vor der Aggression festgelegt – in drei Besatzungszonen geteilt.[6] Als Lohn für die Mitwirkung am Überfall erhielt Bulgarien landwirtschaftlich wertvolle Gebiete in Nordgriechenland, die etwa 15% der Gesamtfläche Griechenlands ausmachten. Diese Gebiete wurden annektiert und bulgarisiert. Zuvor hatte sich Deutschland die rohstoffwirtschaftliche Nutzung dieser Zone vertraglich gesichert. Die deutschen Truppen zogen sich in zwei kleinere, für die Nachschub- und Absprungfunktion politisch und militärgeografisch wichtige Zonen zurück. Das Gebiet um Saloniki, ein Streifen an der türkischen Grenze sowie einige Inseln in der Nordägäis wurden zum Befehlsbereich Saloniki-Ägäis zusammengefaßt. Der Landstreifen Athen-Piräus mit Hafen, zwei Drittel Kretas sowie einige Inseln unterstanden dem Befehlshaber Südgriechenland. Die beiden Befehlshaber waren dem „Wehrmachtsbefehlshaber im Südosten" in Saloniki untergeordnet, der alle deutschen Streitkräfte auf dem Balkan befehligte, „in den von deutschen Truppen besetzten Gebieten vollziehende Gewalt" ausübte und die zentrale deutsche Besatzungsbehörde auf dem Balkan darstellte.[7] Der größte Teil Griechenlands – etwa 70% – wurde dem italienischen Armeeoberkommando 11 zur polizeilichen und militärischen Sicherung übergeben. Auf deutschen Druck verzichtete Italien auf eine Militärverwaltung. Die Verwaltungsfunktionen sollten von einer macht- und einflußlosen Kollaborationsregierung in Athen wahrgenommen werden. Um die deutschen Interessen in der italienischen Zone gegenüber Italien und der griechischen „Regierung" zu sichern, wurde ein „Bevollmächtigter des Reichs für Griechenland" eingesetzt, der bis 1943 als oberste zivile deutsche Besatzungsinstanz fungierte.[8]

Mit der Kriegswende 1943 im Mittelmeerraum wurde der Besatzungsapparat stark verändert. Die deutsche Führung rechnete mit einer alliierten Großlandung auf dem Balkan und damit, daß die Landung von der inzwischen enorm gewachsenen Partisanenbewegung unterstützt werden würde.[9] Aus der Nachschub- und Absprungbasis war eine Festung geworden.[10] Außerdem war die deutsche Herrschaft nach dem Ausscheiden Italiens aus dem Achsenbündnis auf die italienische Zone ausgedehnt worden. Die Veränderungen beinhalteten zunächst eine Aufstockung der deutschen Truppen. Acht Divisionen und ebenso viele Spezialeinheiten wurden nach Griechenland verlegt. Die Truppenstärke hatte sich von 75000 Anfang 1942 auf fast 250000 Mann Anfang 1944 erhöht.[11] Der Besatzungsapparat wurde stark umgebaut. Es wurde ein Oberbefehlshaber Südost als höchste Kommandoebene auf dem Balkan eingerichtet. Diesem war die Heeresgruppe E unterstellt, die über alle bewaffneten Kräfte in Griechenland befahl. Oberste Verwaltungsinstanz war der Militärbefehlshaber Griechenland. Diesem waren erstmals ein Höherer SS- und Polizeiführer und ein Wehrwirtschaftsstab zugeordnet.[12] Die Dienststelle Athen des Sonderbevollmächtigten des Auswärtigen Amtes für den Südosten wurde neue zivile Spitzenbehörde in Griechenland. Sie sollte durch verstärkte politische Propaganda und eine Ausdehnung der Kollaboration das für Deutschland zunehmend ungünstigere Kräfteverhältnis mit politischen Mitteln ausgleichen. Die Umsetzung dieses Konzepts der politisch gezielteren Besatzung begann mit der Installation einer neuen griechischen „Regierung" im April 1943, die über erheblich größere Machtmittel verfügte als ihre Vorgänger.[13]

Mit den Veränderungen wurde die Dominanz der Wehrmacht in allen Besatzungsfragen unterstrichen.[14] Die Generalität war sich ihrer überragenden Stellung im deutschen Besatzungsregime durchaus bewußt. Der Kommandant des rückwärtigen Armeegebietes 560, von Krenzki, bezeichnete sich als „Herr über Leben und Tod" aller Griechen.[15] Der Kommandant Ost-Ägäis eröffnete die Verordnung Nr. 30 vom 13.7.1944 über die Meldepflicht und Gettoisierung der Juden auf Rhodos mit dem Satz: „In Ausübung der vollziehnden Gewalt wird folgendes angeordnet:..."[16] Der gleiche Generalleutnant Kleemann teilte am 16.7.1944 in einem Befehl an die Soldaten der Sturmdivision Rhodos mit, daß er die „allein für die Politik gegenüber der Bevölkerung verantwortliche Persönlichkeit" sei.[17]

Wirtschaftliche Nutzung und Befriedung

Ein Schwerpunkt deutscher Besatzungspolitik in Griechenland war das Streben nach größtmöglicher wirtschaftlicher Nutzung des Landes und der Griechen. Im Vordergrund standen die Gewinnung und der Abtransport von Chrom, Zink, Blei, Nickel, Schwefelkies und Bauxit sowie Baumwolle, Seidenkokons, Tabak, Häuten und Olivenöl. Chrom und Bauxit aus Griechenland deckten zu je etwa 20 % den deutschen Gesamtbedarf an diesen für die Rüstung so wichtigen Rohstoffen.[18] Ein zweiter Schwerpunkt der wirtschaftlichen Nutzung war der Unterhalt der anspruchsvollen deutschen Truppen, die Nutzung der griechischen Eisenbahn und Flotte sowie die Finanzierung militärischer Bauten. Die Kosten für die Leistungen wurden den Griechen als Besatzungskosten auferlegt. Anfang 1943 betrug die monatliche Prokopfbelastung durch die Besatzungskosten 78,00 Reichsmark und war damit die höchste Rate in allen von Deutschland besetzten Gebieten.[19] Im Verlauf der Umwandlung Griechenlands in eine Festung ab Anfang

1943 erhöhten sich die Besatzungskosten sprunghaft. Die Kosten für das riesige Festungsbauprogramm, für die Verstärkung der deutschen Truppen und für die Aufstellung von Kollaborationseinheiten führten u.a. zur völligen Zerrüttung der Währung mit der höchsten Inflationsrate in allen besetzten Ländern. Der Geldumlauf stieg von 19 Mrd. Drachmen im März 1941 auf 2.300.000 Mrd. Drachmen im September 1944. Anfang 1944 erhielt die Wehrmacht monatliche Geldzuwendungen, die zwei Drittel des gesamten Drachmenumlaufes ausmachten. Die Wirtschaft verfiel. Die Verelendung nahm ungeahnte Ausmaße an.[20] Ab Juli 1941 nutzte die Wehrmacht zunehmend auch Produktions- und Reparaturkapazitäten der griechischen Industrie. Ungefähr 335 Betriebe arbeiteten für die Besatzungstruppen.[21]

Die wichtigste Aufgabe der Besatzungsbehörden war jedoch die Sicherung der eroberten Gebiete „gegen Angriffe und Unruhen", wie Hitler dem Wehrmachtsbefehlshaber im Südosten befahl.[22] Die einzig erfolgversprechende Methode zur Unterbindung aller Auflehnung und Bekämpfung jeden Widerstands erschien den Deutschen ein exzessiver Terror. Differenziertere Herrschaftsformen wurden, zumal in der Anfangszeit der Besetzung, bewußt ausgeschlossen. Schon „beim ersten Anlaß" seien „unverzüglich die schärfsten Mittel anzuwenden, um die Autorität der Besatzungsmacht durchzusetzen", befahl das Oberkommando der Wehrmacht (OKW) am 16. September 1941.[23] Nur diese Sprache verstünden die Einwohner, denen ein Menschenleben nichts gelte. Alles andere würde den Deutschen als Schwäche ausgelegt. Schon bald nach Beginn der Besetzung wurden massenhaft Grausamkeiten begangen. Auf Kreta begann der große Terror noch während der Kampfhandlungen. Da sich die Bevölkerung heldenhaft an der Verteidigung der Insel gegen die deutschen Invasoren beteiligte, wurde befohlen, für jeden von Zivilisten getöteten oder verwundeten Deutschen 10 Kreter oder die gesamte männliche Bevölkerung einer Gemeinde zu erschießen, die Orte zu zerstören sowie Frauen und Kinder umzusiedeln.[24] Auf diese Weise wollte sich die Wehrmacht auch für die ihrem Nimbus als Blitzkriegstruppe schädliche hartnäckige Verteidigung der Insel und die dabei erlittenen unerwartet hohen Verluste rächen. Der ersten Terrorwelle auf Kreta fielen bis Oktober 1941 etwa 2000 Kreter zum Opfer.[25]

Auf dem Festland gab es vor allem in Nordgriechenland frühzeitig Massenmorde an Zivilisten. Ende Oktober 1941 wurden von der 164. Infanteriedivision bei einer Aktion gegen Dörfer, die verdächtigt wurden, als „Bandenrückhalt" zu dienen, einige Hundert Griechen erschossen oder erhängt, mehrere Ortschaften niedergebrannt und die überlebenden Frauen und Kinder umgesiedelt.[26] In Saloniki errichtete die Wehrmacht auch das erste „klassische" Nazi-Konzentrationslager auf griechischem Boden. Das Lager diente daneben als Geiselreservoir für Massenerschießungen und als Richtstätte zur Vollstreckung von Urteilen der Kriegsgerichte. Im Oktober 1941 wurden im Lager 426 Griechen erschossen und 10 gehängt.[27]

Nach der Kriegswende 1943, der Erklärung Griechenlands zur Festung und der Ausdehnung der deutschen Besatzung auf ganz Griechenland, nahm die Unterdrückung des Widerstandes durch massenhafte Mordaktionen deutlich zu. Die Veränderungen in der Gesamtlage hatten eine verhängnisvolle Spirale in Gang gesetzt. Durch die ungünstige Lage insgesamt erhöhten die Deutschen den Druck auf die Griechen, noch mehr Erze, Arbeitskräfte und Lebensmittel zu liefern, eine noch größere Anzahl deutscher (und einheimischer Kollaborations-)Soldaten zu unterhalten sowie Material und Dienstleistungen für ein gigantisches Festungsbauprogramm – aus dessen Werken letztlich nie ein Schuß auf die Alliierten abgefeuert wurde – bereit zu stellen. Die erfolgreiche Abwehr einer Invasion der Alliierten verlangte zudem die „Befriedung" des inneren Festungsraums. Die ELAS, die Griechische Volksbefreiungsarmee, aber war inzwischen zu einer militärischen und von den Alliierten anerkannten politischen Größe herangewachsen. Die Griechen wehrten sich gegen die existentiell bedrohliche Erhöhung der Lasten mit Protesten, Streiks und verstärktem bewaffneten Kampf. Die Wehrmacht reagierte mit eskalierendem Terror, der wiederum viele Griechen zur ELAS führte, die inzwischen den Deutschen nach einem Bericht des Militärbefehlshabers Griechenland „erhebliche Verluste an Menschen und Material" zufügte.[28] Der massenhafte Terror blieb Hauptinstrument und Ultima ratio der Deutschen; trotz aller antikommunistisch motivierten Bemühungen nach politischer Differenzierung eskalierten die Mordaktionen. Die Zahl der Toten stieg sprunghaft. Mordaktionen mit 100 und mehr Toten waren fast alltäglich. Ganze

Landstriche wurden entvölkert und verwüstet. Selbst routinemäßige Razzien in den Großstädten entarteten zu Blutbädern unter der Bevölkerung.[29] Auch das Methodeninventar der Mörder wurde erweitert. Am 15. Juli 1943 befahl der erste Generalstabsoffizier der Heeresgruppe E, Foertsch, die Einführung von Geiselwagen bei Eisenbahntransporten.[30] Bei einem Angriff sollten durch vorsorglich angebrachte geballte Ladungen und durch zusammengefaßtes Feuer aller Waffen der Begleitmannschaften die Geiseln auf grauenvolle Art getötet werden. Bei einer Besprechung bei der Heeresgruppe E berichtete am 2.5.1944 der „Feingeist" unter den deutschen Militärs in Griechenland, der für Südgriechenland zuständige Kommandierende General Felmy, über die erfolgreiche Anwendung der Geiselwagen auf der Peloponnes.[31] Am 10.2.1944 befahl der Kommandant der Festung Kreta, Breuer, in Anlehnung an den Foertsch-Befehl, die Mitführung junger Mädchen als Geiseln bei LKW-Konvois, die bei Anschlägen ebenfalls sofort zu töten seien.[32] Aus Furcht vor der ELAS setzte die Wehrmacht Flugzeuge[33] und weitreichende Artillerie gegen „bandenverdächtige" und gegen solche Angriffe ungeschützte Dörfer ein, wobei meist alle Bewohner getötet wurden. Der Kommandant der Festung Kreta, Müller, forderte, die Ortschaften, in deren Nähe(!) deutsche Soldaten angegriffen wurden, „durch zusammengefaßte Feuerschläge der Artillerie" zu beschießen.[34] Trotz aller Bemühungen, nach April 1943 nur noch die im antikommunistischen Sinne „richtigen" Griechen zu töten, stieg die Zahl der Opfer derart, daß selbst die Kollaborationsregierung in Athen aus Furcht vor einem weiteren Verlust ihres ohnehin geringen Ansehens Beschwerde bei den Deutschen führte.[35] In der Beschwerde wird neben Kalavrita auch zum erstenmal das Massaker in Kommäno bei Arta in Westgriechenland erwähnt, das erst viel später als eines der furchtbarsten Verbrechen der Wehrmacht in der Literatur beschrieben wurde. Soldaten der 1. Gebirgsdivision hatten dort am 16.8.1943 insgesamt 317 von etwa 600 Einwohnern, meist Frauen und Kinder, auf besonders grausame Weise ohne konkreten Anlaß umgebracht (Ministerpräsident Rallis bezifferte in seiner Beschwerde an den Militärbefehlshaber Speidel die Anzahl der Getöteten auf 750 von knapp 1000 Einwohnern).[36]

Während der gesamten Besatzungszeit wurden etwa 90000 Griechen durch Sühne- und Geiselerschießungen ermordet.[37]

II

Allenthalben wird in Deutschland (erst) neuerdings zur Kenntnis genommen, daß im besetzten Griechenland Verbrechen verübt wurden, die sich höchstens in der Zahl der Opfer, aber nicht in der – juristisch gesehen – Begehungsweise von den beispielsweise in den besetzten Gebieten der UdSSR begangenen Untaten unterscheiden. Man wirft die Frage auf, wie es zu den Massenverbrechen kommen konnte und registriert erstaunt, daß die Bestialitäten in Griechenland (und in Jugoslawien) nicht von speziellen „killing units", sondern von regulären, meist wehrpflichtigen Soldaten verübt wurden, deren Auftrag zwar auch der Mord, aber wohl doch nur an ausländischen Militärpersonen im Kampf und nicht vorrangig an waffen- und wehrlosen Zivilisten, darunter in großem Umfang an Frauen, Kindern und Greisen, war.

Massenmord auf Befehl

Eine wesentliche Ursache für den exzessiven Terror war der auch zeitlich enge Zusammenhang des Überfalls auf Griechenland mit der deutschen Aggression gegen die Sowjetunion. Die Planungen für beide Überfälle begannen etwa zur gleichen Zeit. Da sich die deutsche Führung trotz der Blitzkriegseuphorie darüber im klaren war, daß die Ostfront höchsten Einsatz erfordern werde, gingen die Vorstellungen für Griechenland davon aus, nach Abschluß der militärischen Operationen alle frontfähigen Heeres- und Luftwaffenverbände abzuziehen und in den Aufmarsch Ost einzugliedern. Nur eine Heeresdivision sollte in Griechenland verbleiben.[38] Diese Forderung wurde konsequent und zügig umgesetzt. Hauptsächlich Spezialkräfte, die mit dem Nachschub, der Luft- und Seeüberwachung im Mittelmeer ostwärts Sizilien sowie der ökonomischen, vor allem rüstungswirtschaftlichen Ausnutzung des Landes beschäftigt waren, blieben in Griechenland. Die geringe Truppenstärke glaubte die deutsche Führung aus zwei Gründen hinnehmen zu können. Einmal waren 70% Griechenlands von Italien besetzt. Zum anderen nahm man im OKW an, daß nach Entwaffnung der griechischen Armee „eine militärische Gefahr, die den erneuten Einsatz deutscher Truppen zur Folge haben könnte", nicht mehr bestehe [39] – eine gravierende Fehleinschätzung, wie sich schnell zeigen sollte. Bald setzten sich die Griechen gegen die Besetzung und die ungeheure wirtschaftliche Ausbeutung zur Wehr. Schon im Mai 1941 fällte das Feldkriegsgericht der Feldkommandantur 808 Saloniki die ersten Todesurteile wegen „Freischärlerei".[40] Am 16. Juni 1941 notierte der Generalstabschef der 12. Armee, Hermann Foertsch, daß die Unruhen in den deutschen Besatzungszonen deutlich zunahmen. Zwar seien in Athen und Piräus bislang nur kommunistische Plakate aufgetaucht, aber in Nordgriechenland sei es „des öfteren zu Überfällen" gekommen. Schon jetzt reiche die Polizeigewalt nicht mehr aus, „solche Unruhen zu verhindern".[41] Um dem Aufruhr trotz der als zu gering angesehenen Truppenstärke Herr zu werden, befahl das OKW den Besatzungsorganen, einen schrankenlosen Kampf gegen tatsächliche oder vermeintliche Partisanen, deren Sympathisanten und Familienangehörige sowie zunehmend gegen ganze Dörfer und Landstriche zu führen. Das OKW befahl, im Zusammenhang mit der Aufstandsbewegung in Südosteuropa „mit den schärfsten Mitteln"[42], vorzugehen. Von den „harten Maßnahmen" sollten explizit Frauen und Kinder nicht ausgenommen werden. So ordnete das OKW am 16. Dezember 1942 an, den „Kampf gegen die Banden ... mit den allerbrutalsten Mitteln" zu führen. „Die Truppe ist daher berechtigt und verpflichtet, in diesem Kampf ohne Einschränkungen auch gegen Frauen und Kinder jedes Mittel anzuwenden ...". Im Punkt 2 des Befehls wird darauf hingewiesen, daß kein Deutscher „wegen seines Verhaltens im Kampf gegen die Banden und ihre Mitläufer disziplinarisch oder kriegsgerichtlich zur Rechenschaft gezogen" werden dürfe.[43] Die in Griechenland vielfach praktizierten Tötungen von Frauen und Kindern, etwa wie jene in der Gemeinde Viannos auf Kreta, als am 14.9.1943 fast 500 Einwohner, meist Frauen und Kinder, umgebracht wurden,[44] waren in der Regel keine „Ausschreitungen" der Soldaten und Offiziere, sondern entsprachen einer klaren Befehlslage. Diese Befehle wurden ohne überlieferte Einsprüche oder Bedenken des Offizierskorps sofort und extensiv durchgesetzt.[45] Der Befehlshaber Saloniki-Ägäis berichtete für Oktober 1941: „Durch entschiedenen Einsatz schneller Truppenstreifen wurden die Unruheherde im Keim erstickt. Hierbei wurde mit ausgesprochener Schärfe vorgegangen, um eine abschreckende Wirkung zu erzielen."[46] Der Bericht benennt Ziel und Mittel der Wehrmacht im besetzten Griechenland: Mit hemmungslosem, oft undifferenziertem Massenmord, vielfach in aller Öffentlichkeit vollzogen, wollte man lähmendes Entsetzen, Friedhofsruhe erzeugen, um die Griechen zur Duldung der Besatzung und der wirtschaftlichen Ausbeutung zu zwingen und von Widerstandsaktionen abzuhalten.

Die ab Mitte 1943 zu beobachtende Eskalation des Terrors geht im Grunde auf die gleichen Ursachen zurück. Trotz der Zuführung einer beachtlichen Zahl von Kampfverbänden und Spezialeinheiten, darunter Teile der Ranger-Division „Brandenburg", wurde angesichts der enorm gestärkten Befreiungsbewegung und der erwarteten alliierten Großlandung in Griechenland die deutsche Truppenstärke noch immer als zu gering angesehen. So war für den Wehrmachtführungsstab Ende 1942 die rigorose Befriedung Griechenlands die entscheidende Voraussetzung für die erfolgreiche Abwehr der alliierten Großlandung durch die Linie Peloponnes-Kreta-Dodekanes. Die dortigen Verhältnisse seien „mit starker Hand zu ordnen".[47] Diese Lagebeurteilung floß in Befehle und Kampfanweisungen ein, die ein noch rücksichtsloseres Vorgehen gegen die in ihrer Mehrheit als „feindlich" eingeschätzte Zivilbevölkerung verlangten. Am 14. Juli 1943 befahl der Oberbefehlshaber der Heeresgruppe E, Löhr, daß bei Landungsunternehmen „mit weitestgehender Beteiligung aufsässiger Bevölkerungsteile" auf Seiten der Alliierten zu rechnen sei. Er verpflichtete alle Kommandeure, „schärfste Maßnahmen" zu ergreifen. Diese seien ihm zu melden und würden von ihm gedeckt werden. „Kommandeure hingegen, die aus Nachlässigkeit oder Weichheit Vergeltungsmaßnahmen unterlassen, werden zur Verantwortung gezogen." Nach Möglichkeit seien „rücksichtsloser Kampf und Vergeltung ... nur gegen die feindselig eingestellte Zivilbevölkerung zu richten. Durch einwandfreie Behandlung der freundlich eingestellten Bevölkerung (in Griechenland nur zu einem ganz geringen Prozentsatz vorhanden) muß der Zulauf der Bevölkerung zu den Banden vermieden werden... In den meisten Fällen steht die Bevölkerung auf Seiten der Banden."[48] Ab Ende 1941/Anfang 1942 breitete sich die Partisanentätigkeit in den oft schwer zugänglichen Gebieten der italienischen Zone, durch die die wichtigsten deutschen Nachschub-

und Verbindungslinien nach Kreta und Nordafrika liefen und in der die maßgebenden deutschen Wirtschaftsinteressen auf dem Rohstoffsektor lagen, deutlich aus. Die deutschen Militärs forderten von den italienischen Truppen, mit den Griechen nach deutschem Vorbild zu verfahren. Auch der oberste zivile Repräsentant Deutschlands in Griechenland, Altenburg, drängte die Italiener „zu scharfen Maßnahmen".[49] Der Oberbefehlshaber der 11. italienischen Armee in Griechenland, General Carlo Geloso, lehnte es ab, seinen Soldaten entsprechende Befehle zu erteilen.[50]

Unter italienischer Besatzung sind ebenfalls furchtbare Mordaktionen durchgeführt worden, auch wenn die Zahl der Opfer in keinem Verhältnis zu dem von Deutschen getöteten Griechen steht. Bei den italienischen Repressionen handelte es sich jedoch tatsächlich meist um Ausschreitungen bzw. um Entscheidungen unterer Instanzen oder niederrangiger Einzelpersonen, aber nicht, wie bei den Deutschen, um die Ergebnisse klarer Befehle der Militärführung zur Durchsetzung eines strategischen Konzepts der Machterhaltung. Nach dem Ausscheiden Italiens aus dem Achsenbündnis wurden die deutschen Besatzungsmethoden auf das italienische Gebiet ausgedehnt. Zunächst jedoch richtete sich der deutsche Terror mit bis dahin kaum bekannter Brutalität gegen den ehemaligen Verbündeten. Die Erschießung von 4000 italienischen Soldaten auf Kefalonia durch Angehörige des XXII. Gebirgsarmeekorps war dabei sicher ein grausiger Höhepunkt, aber nicht das einzige Verbrechen der Wehrmacht an Italienern in Griechenland.[51] Auch diesen Aktionen lagen klare Befehle und „Führerweisungen" zu Grunde. Im Kriegstagebuch des OKW heißt es lakonisch: „Auf Kefalonia sind der italienische Befehlshaber und 4000 Mann gemäß Befehl des Führers behandelt worden."[52] Vom deutschen Offizierskorps wurden unter den Soldaten massiv Rachegefühle gegen die „italienischen Verräter" geschürt. Sie sollten dazu beitragen, daß keiner der beteiligten deutschen Landser sich dem massenhaften Töten von wehrlosen Gefangenen widersetzte und die für den Massenmord und das offensichtliche Kriegsverbrechen notwendige psychische Distanz geschaffen wurde. So nahm der Oberbefehlshaber der Heeresgruppe E, Löhr, die Erläuterung des „Führerbefehls" vom 11.9.1943 zum Mord an Italienern zum Anlaß, um in einer Chefbesprechung „auf den in der Geschichte einzig dastehenden Verrat Italiens hinzuweisen, der uns berechtigt, alle Hemmungen fallen zu lassen und mit allerschärfsten Mitteln durchzugreifen."[53]

Vernichtungskrieg gegen Links

Ein weiterer Grund für den ungeheuerlichen Umfang der Repressionen, aber vor allem für die vielfach ausgesprochen grausame Begehungsweise lag im politischen Profil des griechischen Widerstandes. Während der Okkupation formierten sich im wesentlichen zwei Widerstandsbewegungen in Griechenland:
- Die linksorientierte „Nationale Befreiungsfront" (EAM) und deren bewaffneter Flügel, die „Griechische Volksbefreiungsarmee" (ELAS).
- Die bürgerliche „Nationale Republikanische Griechische Liga" (EDES).

Die Wehrmachtführung erkannte sehr bald, daß EAM/ELAS, in denen die kleine Kommunistische Partei eine führende Rolle spielte, die konsequentesten und militärisch gefährlichsten Gegner waren. Deshalb und wegen der grundsätzlichen Todfeindschaft des Nazi-Regimes zum Kommunismus als alternativem Gesellschaftsmodell richtete sich der Hauptstoß des Terrors der deutschen Besatzung gegen alle linken Kräfte, die pauschal als Kommunisten bezeichnet wurden. „Kommunistische Einflüsse nehmen zu", schrieb schon am 16. Juli 1941 der Wehrmachtsbefehlshaber Südost an das OKW und wies darauf hin, „daß bei einer Fortdauer dieser Zustände der deutschen Wehmacht" die Aufgabe zufallen werde, „die griechische Bevölkerung durch Anwendung von Waffengewalt zu befrieden".[54] Am 16. September 1941 erließ Hitler den Befehl zur „Niederschlagung der Aufstandsbewegung im Südostraum", der davon ausging, daß „kommunistische Leitstellen" hinter dem Widerstand stünden.[55] In der Praxis führten diese Befehle und Lagebeurteilungen zu einer gnadenlosen Jagd auf alle Kommunisten, deren Sympathisanten oder auf solche Griechen, die man dafür hielt, und auf deren Familienangehörigen. Die 164 ID meldete in einem Lagebericht, daß im Raum der Gemeinde Nigrita in Nordostgriechenland 97 Personen festgenommen wurden, weil „sie sich kommunistisch betätigt hatten".[56] Der Verwaltungsbericht des Befehlshabers Saloniki – Ägäis für November 1941 meldet „die Verhaftung und Einlieferung aller bekannten Kommunisten in der Stadt Saloniki" in das von der Wehrmacht eingerichtete Konzentrationslager als „vorbeugende Maßnahme".[57] Nur wenige Tage nach Einlieferung der neuen Häftlinge wurden „als Vergeltungsmaßnahme 12 dem Konzentrationslager entnommene Kommunisten standrechtlich erschossen".[58] Nach der Kriegswende im Sommer 1943 trat die antikommunistische Stoßrichtung der deutschen Terroraktionen noch deutlicher hervor. Griechenland, bislang Basis für eine offensive Kriegsführung östlich von Sizilien, wurde zur Festung, die den „weichen Unterleib" des Nazi-Imperiums gegen bald erwartete alliierte Großlandungen zu decken hatte. Am 27. Juni 1943 schrieb Generaloberst Löhr, „daß in kurzer Zeit mit dem Beginn eines Angriffs auf den Südostraum gerechnet werden kann".[59] In der Festung aber hatte der griechische Widerstand große zusammenhängende Gebiete befreit. Entscheidenden Anteil an der dramatischen Lageveränderung in Griechenland hatten das Linksbündnis EAM und seine Partisanenarmee ELAS. Der Chef der Militärverwaltung beim Militärbefehlshaber Griechenland schrieb im Lagebericht für November 1943: „Die kommunistischen Banden, denen gegenüber die nationale Bewegung immer mehr an Bedeutung verliert, beherrschen weite Gebiete des Landes".[60] Der Befehlshaber Südgriechenland gab am 28.4.1943 folgende Einschätzung über das politische und militärische Kräfteverhältnis im griechischen Widerstand: „90 Prozent rein kommunistisch, 10 Prozent nationalistisch".[61]

Auf diese für die Besatzungsmacht militärisch schon nicht mehr lösbare Zwangslage reagierte die deutsche Führung am 29. Oktober 1943 mit der Proklamierung des totalen Vernichtungskrieges gegen den „Kommunismus", gegen die Mitglieder von EAM/ELAS, deren Sympathisanten und Familienangehörigen. Am 22.12.1943 dekretierte der Oberbefehlshaber der Heeresgruppe E, Löhr: „Der Führer hat eine einheitliche Gegenaktion gegen die kommunistische Gefahr im Südosten befohlen. Die bisher üblichen Sühne-, Straf- und Vergeltungsmaßnahmen müssen in Zukunft der neuen politischen Zielsetzung Rechnung tragen." Vor allem müsse von wahllosen und politisch undifferenzierten

Massenrepressalien zu gezielteren Aktionen übergegangen werden, die die politisch richtigen Griechen treffen sollten. Unter der Überschrift „Welche Personen sind zu Sühneexekutionen zu verwenden?" befahl Löhr, zunächst die direkt Verantwortlichen für eine Partisanenaktion und deren Helfer zu ermorden. „Lassen sich derartige Mitschuldige nicht finden" – was meist der Fall war – „so muß auf Personen zurückgegriffen werden, die, ohne mit der einzelnen Tat in Verbindung zu stehen, trotzdem als mitverantwortlich anzusehen sind. Mitverantwortlich sind in erster Linie solche Personen, die sich zum Kommunismus bekennen."[62] Auf einer Chefbesprechung am 9. und 10. Dezember 1943, erläuterte der Generalstabschef der Heeresgruppe E, August Winter, Sinn und Ziel des antikommunistischen Vernichtungskampfes. Es gehe „leider (sic!) nicht an, alle Leute zu köpfen" und „völlig unbeteiligte Ortschaften dem Erdboden gleichzumachen", da dies „nur zur Vermehrung des Bandenunwesens" führe. Deshalb seien nicht weniger, aber politisch gesehen, die richtigen Griechen zu töten, „die wahrhaft Schuldigen".[63] Die Dimension des Mordprogramms war damit abgesteckt: Im November 1944 waren bei 7 Millionen Einwohnern etwa 1,6 Millionen Griechen Mitglieder von EAM, ELAS oder deren Unterorganisationen [64] – also die nach dem neuen Befehl politisch „richtigen" Todeskandidaten. Hinzu kam, daß die Wehrmacht einschätzte, in vielen Gebieten sei die überwiegende Mehrheit der Bevölkerung „kommunistisch verseucht" und/oder „deutschfeindlich".[65] Große Gebiete Griechenlands, vor allem die Peloponnes, Thessalien und Euböa wurden damit zu Massenexekutionen freigegeben. So kam es auch noch nach den neuen Antikommunismusbefehlen zu scheinbar politisch undifferenzierten Massenhinrichtungen. Ein Beispiel dafür ist die Aktion „Kalavrita", in deren Verlauf im Dezember 1943 von Soldaten der 117. Jägerdivision mindestens 1300 Griechen ermordet, die Stadt Kalavrita sowie 20 Dörfer und zwei Klöster zerstört wurden. Anlaß war die Gefangennahme einer großen Zahl von deutschen Soldaten durch Partisanen, die gegen griechische Gefangene ausgetauscht werden sollten. Als die Deutschen auf das Austauschverlangen der Partisanen nicht eingingen und die 117. Jägerdivision zur Verfolgung der Partisanen ansetzte, wurden 78 deutsche Soldaten erschossen.[66] Die hemmungslose Brutalität der deutschen Gegenaktion ist auch damit zu erklären, daß die Peloponnes seit einiger Zeit als „kommunistisch verseuchtes Bandengebiet" galt , in dem die EAM sogar schon eine linksorientierte Staatlichkeit aufgebaut hatte und die Bevölkerung zu mehr als 80 % als „deutschfeindlich" beurteilt wurde.

Die antikommunistische Stoßrichtung widerspiegelt sich auch im Berichtswesen der Wehrmacht. Die Meldungen aller Befehlsebenen wiesen ab November 1943 nicht mehr nur die Zahl der Opfer aus. Meistens wurde seitdem hervorgehoben, daß es sich bei den Getöteten um „Kommunisten" handelte als Beleg dafür, daß man die im Sinne der neuen Befehlslage politisch richtigen Griechen ermordet hatte. Alter und Geschlecht der Opfer blieben weiterhin weitgehend unerwähnt. Einige Beispiele aus dem Befehlsbereich Südgriechenland (LXVIII.AK) belegen die neue Berichtsform:

10.2.1944 „Als Sühnemaßnahme ... wurden 159 Kommunisten erschossen und 3 Dörfer niedergebrannt."[67]
13.3.1944 „Als Sühne ... Ausnahmezustand für Süd-Peleponnes ... Erschießung von 200 kommunistischen Geiseln."[68]
30.3.1944 „Als Sühne ... 160 Kommunisten erschossen ... Weitere 200 sollen am 1.5. (!) erschossen werden."[69]
3.5.1944 „Als Sühne ... 325 Kommunisten erschossen."[70]

Eine zweite Komponente des antikommunistischen Vernichtungskrieges war das Bestreben der Deutschen, möglichst viele Griechen in den bewaffneten Kampf gegen Mitglieder und Sympathisanten von EAM/ELAS zu führen und einen Bürgerkrieg zu organisieren. Den Auftakt zu der in den deutschen Plänen ursprünglich nicht vorgesehenen Ausdehnung der Kollaboration bildete die Installation einer griechischen Marionetten-Regierung unter Rallis im April 1943. Sie sollte im Auftrag der Besatzer die „rücksichtslose Bekämpfung der kommunistischen Organisationen und der EAM" sowie die „Niederwerfung der Aufständischen" als vorrangige Aufgabe betreiben.[71] In der Folgezeit wurden, formal von der griechischen Regierung, tatsächlich unter deutscher Leitung die griechische Polizei und Gendarmerie erheblich verstärkt und erstmals nach der Besetzung bewaffnet sowie „Sicherheitsbataillone" in Stärke von mindestens drei Regimentern aufgestellt und gegen das Linksbündnis eingesetzt. Die Wehrmacht stellte ab 1943 zusätzlich mehr als 20 griechische Freiwilligenverbände auf.[72]

Die deutsche Politik zur Organisierung eines Bürgerkrieges wurde entscheidend von der griechischen Oberschicht unterstützt. Diese Kräfte sahen spätestens ab Sommer 1943 nicht mehr in den Deutschen, sondern in dem Linksbündnis den Hauptfeind. Im Hinblick auf die Sicherung einer bürgerlichen Nachkriegsentwicklung Griechenlands sollten EAM und ELAS in einem Klassenkrieg mit deutscher Unterstützung ausgelöscht werden.[73] In einem Bericht der Abteilung Ic der Heeresgruppe E vom 15. Juli 1944 heißt es: „Die führende griechische Oberschicht (Vertreter der Industrie, des Handels, Bankwesens, der hohen Geistlichkeit, Spitzen der Beamtenschaft und des ehem. Offz.-Korps)" sehe in dem „immer mehr anwachsenden Kommunismus die einzige ihre Interessen und besitzbedrohende Gefahr." Sie sei „gewillt, eine nationale Organisation mit militanten Formationen aufzubauen". „In Nordgriechenland", so wird mitgeteilt, arbeite „seit ca. 1 Jahr eine Art nationales Verteidigungskomitee, das sich aus Vertretern der griechischen Oberschicht zusammensetzt". Die unter Führung der Wehrmacht in Nordgriechenland aufgestellten griechischen Verbände würden „von diesem Komitee in jeder Hinsicht unterstützt."[74] Von besonderem Gewicht für die deutsche Bürgerkriegsstrategie war, daß die bedeutendste bürgerliche Widerstandsgruppe, EDES, die eine kleine, aber von Briten und griechischer Exilregierung exzellent ausgerüstete Partisanenarmee aufgebaut hatte, ab Herbst 1943 den Kampf gegen die Wehrmacht einstellte und Anfang Februar mit den Deutschen ein Beistandsabkommen gegen EAM/ELAS abschloß.[75]

In einem Lagebericht der Heeresgruppe E vom 13. August 1944 wird die allenthalben verwirklichte Absicht der Besatzer artikuliert, die „Bildung einer nationalen Einheitsfront unter Einbeziehung aller antikommunistischen Elemente zu betreiben" und „für den Kampf gegen den Kommunismus auszunutzen".[76]

Nazi-Propaganda

Die kaum zu beschreibende Art, in der viele der Massaker abliefen und die Tatsache, daß keine Beispiele überliefert sind, wonach sich Wehrmachtsangehörige weigerten, an den offenkundigen Verbrechen teilzunehmen, ist wesentlich auf eine starke propagandistische Beeinflussung der Soldaten zurückzuführen.[77] Die Wehrmacht in Griechenland war ein gefügiges Werkzeug in den Händen der Offiziere und der politischen Führung in Deutschland. Die Erziehung zu blinder Disziplin und bedingungsloser Befehlstreue von Kindheit an wirkte zusammen mit den Befehlen aller Kommandoebenen zur grausamsten Durchführung von Strafaktionen verheerend.[78] Im März 1942 befahl der Wehrmachtbefehlshaber Südost, „schon bei den geringsten Anmaßungen ... sofort mit den abschreckendsten Mitteln zu strafen." General Kuntze forderte: „Die Truppe muß hierzu zu unbedingter Härte erzogen sein." Der Befehl gipfelte in dem Aufruf: „Keine Gefühlsduselei!"[79] Damit bei den Soldaten „keine Gefühlsduselei" aufkam und sie in angemessener psychischer Distanz die Griechen ohne Skrupel massakrieren konnten, wurde über viele Kanäle ein entsprechendes Feindbild aufgebaut, wobei die Offiziere auftragsgemäß als Multiplikatoren nazistischer Propagandathesen wirkten. Oberst Foertsch, 1941 Generalstabschef der 12. Armee, forderte von jedem Offizier eine uneingeschränkte innere Zustimmung zur nazistischen Weltanschauung. In einem Lehrbuch für Offiziere schrieb er 1941: „Wer diesen nationalsozialistischen Staat nicht aus der Fülle seines Herzens heraus bejaht, wer diesem Staat und der Weltanschauung, die ihn geformt hat und nun trägt, gleichgültig oder gar ablehnend gegenüber steht, hat als Offizier in der neuen deutschen Wehrmacht nichts zu suchen."[80] Die Griechen wurden in Anlehnung an die Arbeiten des faschistischen Chefideologen Rosenberg als „levantinische" Untermenschen, als „rassisch minderwertig" diffamiert.[81] Griechenland sei ein „Land der Nichtstuer, Schieber und Korrupteure" schrieb am 23. September 1943 der Kommandeur der 117. Jägerdivision in einem Tätigkeitsbericht an das vorgesetzte LXVIII. Armeekorps in Athen.[82] Wenn diese „rassisch minderwertigen Levantiner" auch noch „kommunistisch verseucht" waren, dazu als „schmutzig, verschlagen und hinterhältig" eingeschätzt wurden, mußten diese Griechen für Deutschland, die Großdeutsche Wehrmacht, ja für jeden Soldaten, die bislang ohnehin zu vertrauensselig und gutmütig gewesen seien, eine tödliche Bedrohung sein. Wenige Tage vor dem Massaker im Gebiet Kalavrita forderte der Kommandeur der das Verbrechen ausführenden 117. Jägerdivision, „die Vertrauensseligkeit unserer Soldaten gegen das griechische Dreckvolk" müsse „von allen immer wieder bekämpft werden."[83] Als die Soldaten der Division nach dem Einsatz in ihre Unterkünfte zurückkehrten, um wenige Tage später eine deutsche Weihnacht zu feiern, hatten sie 1300 Griechen in der Umgebung von Kalavrita umgebracht.

III.

Die ausufernde Terrorpraxis war sicher die herausragende, jedoch nicht die einzige Seite des unheilvollen Wirkens der Wehrmacht in Griechenland.

Wehrmacht und Judenvernichtung

Die Wehrmacht war unter anderem auch wegen ihrer rechtlichen Stellung in der Besatzungsorganisation an der Judenverfolgung und -vernichtung in Griechenland stärker als in vielen anderen besetzten Gebieten beteiligt.

Wenige Tage vor dem Überfall kamen der Generalquartiermeister des Heeres, Wagner, und der Chef des Reichssicherheitshauptamtes, Heydrich, überein, erstmals im Verband der Wehrmacht eine Einsatzgruppe der Sicherheitspolizei und des Sicherheitsdienstes in Griechenland einmarschieren zu lassen. Wagner und Heydrich legten fest, daß die Einsatzgruppe vorrangig „Kommunisten und Juden" zu bekämpfen habe. Die Wehrmacht vor Ort sollte größtmögliche Amtshilfe und logistische Unterstützung gewähren.[84]

Direkt der 12. Armee war ein Sonderkommando (Rosenberg) unterstellt, das in Archiven, Bibliotheken, Kirchenbehörden, Bankschließfächern, Krankenhäusern und Wohnungen Dokumente, Bücher und Zeitschriften in großem Umfang beschlagnahmte. Dabei ging es sowohl um Argumente für die antijüdische Propaganda als auch um Angaben über die Zahl und Wohnorte der Juden. Für die zahlreichen Verhaftungen, Durchsuchungen, Beschlagnahmen und Verhöre hatten laut

Befehl des Kommandanten rückwärtiges Armeegebiet 560 „die Feld- und Ortskommandanturen ... jede mögliche Unterstützung zu gewähren." Insbesondere seien dem Sonderkommando „Beamte der Geheimen Feldpolizei zuzuteilen."[85] In der deutschen Besatzungszone Saloniki, in der fast drei Viertel der griechischen Juden lebten, wurde im Juni 1942 von der Militärverwaltung die Zwangsarbeit für Juden eingeführt, die alle Merkmale einer „Vernichtung durch Arbeit" trug. Über 1200 Juden wurden im Straßenbau eingesetzt. Die dortigen Arbeits- und Lebensverhältnisse waren derart miserabel, daß schon nach kurzer Zeit etwa 400 der Arbeiter gestorben waren.[86] Wenige Monate später trat in der Salonikizone der Holocaust in das entscheidende Stadium. Am 6.2.1943 ordnete der Befehlshaber Saloniki-Ägäis die Kennzeichnung aller Juden und deren Umsiedlung in ein Getto an.[87] Bereits im Januar 1943 waren zwischen dem „Judenreferat" des Reichssicherheitshauptamtes und den deutschen Besatzungsbehörden, insbesondere mit der Heeresgruppe E und dem Befehlshaber Saloniki-Ägäis, die Einzelheiten für die Deportation der Juden in die Vernichtungslager des Ostens (Auschwitz, Treblinka) festgelegt worden.[88] Weiterhin großzügig unterstützt von der Militärverwaltung vor Ort, waren die unmittelbaren Vorbereitungen des Sonderkommandos der SS(SD) bald abgeschlossen.[89] Am 15.3.1943 fuhr der erste Transport mit 2600 Juden nach Auschwitz.[90] Nach der Kapitulation Italiens machten Wehrmacht und Sicherheitsdienst Jagd auf die restlichen Juden Griechenlands. Auf dem Festland konnten viele Juden untertauchen oder sich durch Flucht zu ELAS-Einheiten retten. Auf den Inseln jedoch fielen fast alle Juden in deutsche Hand. Die Wehrmacht erließ die Befehle zur Erfassung, Sammlung und Enteignung der Juden, stellte die Transportmittel und vielfach das Bewachungspersonal für die Deportationen.[91] Während gegen die Teilnahme am Holocaust im Offizierskorps kaum Bedenken auftraten, ging in einigen Fällen sogar die Initiative zur Deportation von der Wehrmacht aus. Am 28.4.1944 bat der Abwehroffizier (Ic) der Korpsgruppe Joannina die vorgesetzte Heeresgruppe E, beim Sicherheitsdienst der SS darauf zu drängen, daß die 2000 Juden auf Korfu bald deportiert würden. Der SD und die GFP der Wehrmacht seien vor Ort schon dabei, „Vorbereitungen für einen Abtransport der Juden zu treffen." Die schnelle Deportation werde auch „eine nicht unerhebliche

Erleichterung der Ernährungslage darstellen."[92] Nur drei Monate vor dem Rückzug der Wehrmacht aus Griechenland ging Ende Juli 1944 der letzte Transport mit Juden von Rhodos unter maßgeblicher Mitwirkung der „Sturmdivision Rhodos" in die Gaskammern des dreitausend Kilometer entfernten Auschwitz.

Fast 85% der griechischen Juden, etwa 58900 Menschen, wurden ermordet.[93]

Hungersnöte

Erhebliche Opfer unter der Bevölkerung verursachten Hungersnöte als Folge wirtschaftlicher Ausbeutung. Im besetzten Griechenland spielten die militärischen Besatzungsorgane auch bei der wirtschaftlichen Ausbeutung eine überragende Rolle.

Dabei traten die Wehrmachtdienststellen häufig unmittelbar als Instrumente der deutschen Wirtschaft auf.[94] Bereits mehrere Monate vor dem Überfall entstanden militärische Wirtschaftsstäbe, in die führende Vertreter der deutschen Wirtschaft integriert wurden.[95] Diese der 12. Armee zugeordneten Stäbe hatten zunächst die Aufgabe, in der Zeit bis zum Eintreffen der Italiener (und der Bulgaren) alles Brauchbare zu erfassen, sicherzustellen, zu beschlagnahmen, manches auch zu kaufen, abzutransportieren oder sofort dem Truppenbedarf zuzuführen. Dazu gehörten neben den Waren, die unter den weit ausgelegten Begriff Beute fielen, vor allem Erze und andere Rohstoffe, Felle, Häute, Seidenkokons, Treibstoffe, wertvolle Maschinen sowie Lebens-, Transport- und Zugmittel.[96] Alle bedeutenden Betriebe und Minen, deren Produktion und Vorräte wurden beschlagnahmt und zum größten Teil „in deutsche Hände überführt".[97] Am 2. Oktober 1941 berichtete der Wehrwirtschaftsoffizier bei der 12. Armee, daß binnen weniger Wochen Waren im Wert von mehr als 70 Millionen Reichsmark abtransportiert worden seien. Darunter befanden sich auch 10500 Tonnen (!) Olivenöl.[98] Neben dem Abtransport der Lebensmittel (und der Abtretung landwirtschaftlich bedeutender Gebiete an Bulgarien) wirkte sich auch der Raub der Erze und des Tabaks für die Lebensmittelversorgung verheerend aus. Es fehlten die Tauschwaren zum Import von Getreide, das Griechenland auch vor dem Krieg im Ausland hatte kaufen müssen.

Schon am 9. Juni 1941 konnte der deutsche Handelsattaché in Athen resümieren, die vordringlichste Aufgabe der Wehrwirtschaftsorgane, die „Sicherstellung aller uns interessierenden Rohstoffe und Wirtschaftsbetriebe", könne „als gelöst betrachtet werden".[99]

Der in der Kriegsgeschichte einmalige Raubzug der Wehrmacht veranlaßte Mussolini zu der sarkastischen Bemerkung, daß „die Deutschen den Griechen selbst die Schnürsenkel davongetragen „ hätten.[100]

Die Ausbeutung unter Regie der Wehrmacht war eine wesentliche Ursache für die permanente Hungersnot, insbesondere für die Katastrophe im Winter 1941/42. Damals lag die Säuglingssterblichkeit bei 80%.[101] Allein im Großraum Athen sind 100000 Menschen verhungert.[102] „Unvorstellbar ist die Ernährungslage auf den Inseln Lesbos und Chios", berichtete am 3.12.1941 die Militärverwaltung Saloniki. Während dort „seit 40 Tagen kein Brot mehr ausgegeben" worden sei, entnehme „die Truppe" in Nordgriechenland weiterhin große Mengen an Lebensmitteln aus dem Land.[103] Am 14.2.1942 berichtete der Wehrwirtschaftsoffizier Athen, daß die „außergewöhnlich hohe Sterblichkeitsziffer" besonders „ auf das Fehlen von Fett" zurückzuführen sei. Auch Fleisch fehle „vollkommen". Gleichzeitig berichtete er über Forderungen „Berliner Stellen", weiterhin Olivenöl nach Deutschland zu schicken. „Gefordert werden mindestens 1000 Tonnen pro Monat".[104]

Trotz zeitweiliger Besserung u.a. durch das Internationale Rote Kreuz, blieb es bis zum Rückzug Grundlinie der Wehrmacht, ohne Rücksicht auf die Bevölkerung „aus dem Lande noch heraus zu holen, was möglich ist", wie Generaloberst Löhr am 4.8.1944 auf einer Besprechung betonte.[105]

Die im Verlauf der Besetzung zerrüttete Wirtschaft wurde beim Rückzug der Deutschen durch eine Politik der verbrannten Erde noch einmal nachhaltig geschädigt mit den entsprechenden Folgen für die Bevölkerung. Sprengkommandos der Wehrmacht zerstörten das griechische Verkehrswesen fast vollständig. In 5 mehrseitigen Meldungen listete der General der Pioniere bei der Heeresgruppe E die größten „Sprengerfolge" auf.[106] Darunter befand sich auch der Kanal von Korinth. Für den Erhalt des bedeutsamen Industriedenkmals setzten sich

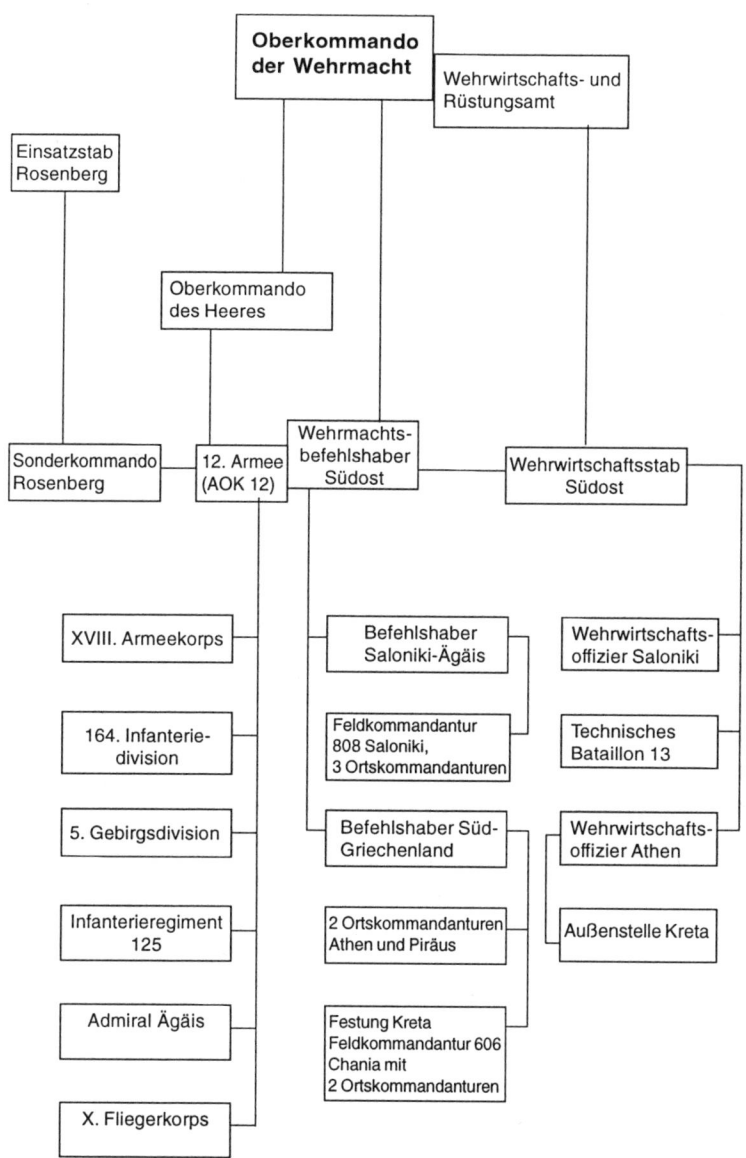

**Die Wehrmacht in Griechenland
Herbst 1941**

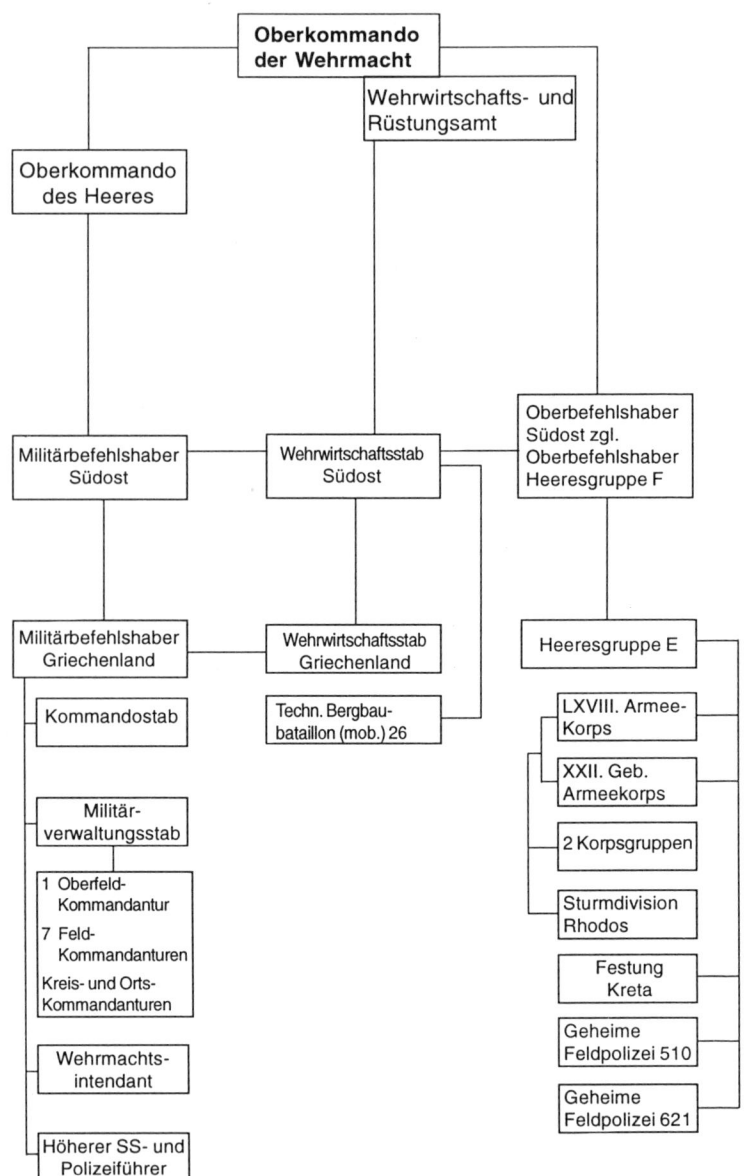

**Die Wehrmacht in Griechenland
Ende 1943 / Anfang 1944**

führende griechische Politiker und Militärs, die auf deutscher Seite gekämpft hatten, vergeblich bei General der Flieger Felmy ein.[107] Die Zerstörungen der Hafen- und Bahnanlagen in Saloniki waren nach Einschätzung damaliger Sachverständiger und der Geheimen Feldpolizei derart, daß man für einen Wiederaufbau zehn Jahre brauchen würde.[108] Das für Griechenland lebenswichtige Eisenbahnwesen war durch Sprengungen nur noch zu etwa einem Viertel betriebsfähig, das rollende Material entweder abtransportiert oder zerstört.[109]

Die deutsche Aggression und die Besetzung kosteten etwa 520000 Griechen das Leben.

Das waren 7,2 % der Gesamtbevölkerung.[110]

Anmerkungen

1 Zum Verlauf der militärischen Operationen u.a.: Das Deutsche Reich und der Zweite Weltkrieg, hgg. vom Militärgeschichtlichen Forschungsamt. Bd. 3: Der Mittelmeerraum und Südosteuropa. Von der „non belligeranza" Italiens bis zum Kriegseintritt der Vereinigten Staaten/Von Gerhard Schreiber; Bernd Stegemann; Detlef Vogel, Stuttgart 1984, S. 488 ff
2 Generaloberst Halder, Kriegstagebuch, Bd. II, bearbeitet von Hans-Adolf Jacobsen, Stuttgart 1963, S. 21 (Eintragung vom 13.7.1940), S.160 (Eintragung vom 2.11.1940)
3 Kriegstagebuch des Oberkommandos der Wehrmacht (Wehrmachtführungsstab), Bd. I, zusammengestellt und erläutert von Hans-Adolf Jacobsen, Frankfurt am Main 1965, S. 150 und S.150E (im Folg. OKW/KTB)
4 Ausführlich dazu mit zahlreichen Dokumenten: Europa unterm Hakenkreuz. Achtbändige Dokumentenedition, hgg. vom Bundesarchiv. Bd. 6: Die Okkupationspolitik des deutschen Faschismus in Jugoslawien, Griechenland, Albanien, Italien und Ungarn (1941 – 1945). Dokumentenauswahl und Einleitung von Martin Seckendorf unter Mitarbeit von Günter Keber; Jutta Komorowski; Horst Muder; Herbert Stöcking und Karl Übel, Berlin – Heidelberg 1992, ab S. 60 (im Folg. Europa unterm Hakenkreuz, Bd. 6)
5 Generaloberst Halder, Kriegstagebuch, Bd.II, a.a.O., S.341 (Eintragung v. 2.4.1941) sowie Helmut Krausnick/Hans-Heinrich Wilhelm, Die Truppe des Weltanschauungskrieges. Die Einsatzgruppen der Sicherheitspolizei und des SD 1938-1942, Stuttgart 1981, S.137.
6 Martin Seckendorf: Nach dem Endsieg. Deutsche Nachkriegsplanungen für Griechenland 1940/1941, in: Werner Röhr/Brigitte Berlekamp (Hg.): „Neuordnung Europas". Vorträge vor der Berliner Gesellschaft für Faschismus- und Weltkriegsforschung 1992-1996, Berlin 1996, S.49, S.54ff

7 „Weisung Nr.31" vom 9.6.1941, in: Hitlers Weisungen für die Kriegsführung 1939-1945. Dokumente des Oberkommandos der Wehrmacht. Hgg. v. Walther Hubatsch, Frankfurt am Main 1962, S.123 (im Folg. Hubatsch, Weisungen).
8 „Führererlaß vom 28.4.1941" in: Hubatsch, Weisungen, S.126.
9 „Weisung Nr. 48", in: Hubatsch, Weisungen, S. 219.
10 Telegramm des Sonderbeauftragten Neubacher v. 2.12.1942 an das Auswärtige Amt, auszugsweise abgedruckt in: Europa unterm Hakenkreuz, Bd. 6, Dokument 111, S. 217f.
11 Kriegsgliederung der HGr. E v. 30.5.1944, in: Bundesarchiv Potsdam(BAP), Film 43597 sowie Aktennotiz des WBSO/Ia v. 27.4.1942, in: Ebenda, Film 43605
12 „Weisung Nr. 47" und „Weisung Nr. 48", in: Hubatsch, Weisungen, S.209ff.
13 Anordnung über „Die einheitliche Führung des Kampfes gegen den Kommunismus im Südosten" v. 29.10.1943, in: Griff nach Südosteuropa. Neue Dokumente über die Politik des deutschen Imperialismus und Militarismus gegenüber Südosteuropa im zweiten Weltkrieg. Hgg. und eingel. v. Wolfgang Schumann, Berlin 1973, Dokument 116, S. 228ff (im Folg.: Griff nach Südosteuropa) sowie Telegramm des „Reichsbevollmächtigten" Altenburg v. 22.3.1943 an das Auswärtige Amt, auszugsweise abgedruckt in: Europa unterm Hakenkreuz, Bd.6, Dokument 129, S. 228f
14 „Besondere Anordnungen Nr. 2 zur Weisung Nr. 48" v. 3.8.1943 und „Nr. 3 zur Weisung Nr.48" v. 7.8.1943, in: Hubatsch, Weisungen, S. 223ff.
15 Zit. n. Georg Vogel, Diplomat unter Hitler und Adenauer, Düsseldorf-Wien 1969, S. 9
16 Leon Poliakov/Josef Wulf, Das Dritte Reich und seine Diener. Dokumente, Berlin 1956, S. 356.
17 Ebenda, S. 357.
18 „Rohstoffübersicht 1943" in: BAP, Film 5386 sowie Aufzeichnung des Wehrwirtschaftsamtes im OKW v. 8.10.1942 sowie „Denkschrift des Reichsministers für Rüstung und Kriegsproduktion v. 12.11.1943, beide auszugsweise abgedruckt in: Europa unterm Hakenkreuz, Bd.6, Dokument 103, S. 210ff und Dokument 203, S. 279f
19 Übersicht der Reichsbank v. 9.4.1943, in: BAP, Film 2308
20 Dazu ausführlich mit zahlreichen Dokumenten, Europa unterm Hakenkreuz, Bd.6, S. 69ff
21 Ebenda, S. 65
22 „Weisung Nr. 31", in: Hubatsch, Weisungen, S. 123
23 Die Weisung ist auszugsweise abgedruckt in: Europa unterm Hakenkreuz, Bd. 6, Dokument 42, S. 167ff
24 „Gefechtsbericht" des Kommandeurs der 5. Gebirgsdivision, Ringel, v. 4.6.1941, auszugsweise abgedruckt in: Europa unterm Hakenkreuz, Bd. 6, Dokument 21, S. 157
25 Giorgi Zoidis u.a., Istoria tis Ethnikis Antistasis 1940-1945. Dokimio, Athen 1983, S. 51ff

26 Tagesmeldung des Befehlshabers Saloniki-Ägäis v. 18.10.1941, in: BAP, Film 43600 sowie Tagesmeldung der 164. ID v. 28.10.1941, in: Ebenda, Film 40708
27 Verwaltungsbericht des Befehlshabers Saloniki-Ägäis für Oktober 1941, auszugsweise abgedruckt in: Griff nach Südosteuropa, Dokument 59, S. 152f
28 Dazu ausführlich: Europa unterm Hakenkreuz, Bd.6., S. 68ff sowie „Lagebeurteilung" für die Zeit vo, 15.9.-15.10.1943, in: BAP, Film 18735
29 Fernschreiben v. Graevenitz an Neubacher v. 25.8.1944, in: Politisches Archiv des Auswärtigen Amtes, Bonn, Sonderbev. SO, Bd. 1, Bl. 60
30 BAP, Film 18736
31 BAP, Film 18453
32 BAP, Film 3379, auszugsweise abgedruckt in: Europa unterm Hakenkreuz, Bd. 6, Dokument 231, S. 300
33 Tagesmeldung des Deutschen Generalstabs beim ital. AOK 11 v.29.8.1943, in: BAP, Film WF-03/7713, AN. 242
34 Abgedruckt in: Griff nach Südpostoeuropa, Dokument 131, S. 248
35 Schreiben des Ministerpräsidenten der Kollaborationsregierung vom19.12.1943 an den Militärbefehlshaber Griechenland, auszugsweise abgedruckt in: Europa unterm Hakenkreuz, Bd. 6, Dokument 219, S.292f
36 Ausführlich zu diesem Massaker: Mark Mazower, Militärische Gewalt und nationalsozialistische Werte. Die Wehrmacht in Griechenland 1941 bis 1944, in: Hannes Heer/Klaus Naumann(Hg), Vernichtungskrieg. Verbrechen der Wehrmacht 1941-1945, Hamburg 1995, S. 157ff
37 Bericht der Griechischen Regierung an den Internationalen Militärgerichtshof in Nürnberg, IMG, Bd. VII, S. 580
38 „Weisung Nr.20. Unternehmen Marita" v. 13.12.1940 sowie „Weisung Nr.29" v. 17.5.1941, in: Hubatsch, Weisungen, S.81ff und S 117ff
39 Aufzeichnung des Botschafters Ritter (AA) v. 13.5.1941, in: BAP, Film 15368
40 KTB der Abt.III (Gericht) der 12. Armee 1939-1942, in: BAP, MA Film 11642-48
41 BAP, Film 40772, auszugsweise abgedruckt in: Europa unterm Hakenkreuz, Bd.6, Dokument 22, S.157
42 Griff nach Südosteuropa, Dokument 49, S.140f
43 BAP, Film 5461
44 Eberhard Rondholz, „Schärfste Maßnahmen gegen die Banden sind notwendig ...". Partisanenbekämpfung und Kriegsverbrechen in Griechenland. Aspekte der deutschen Okkupationspolitik 1941-1944, in: Repression und Kriegsverbrechen. Die Bekämpfung von Widerstands- und Partisanenbewegungen gegen die deutsche Besatzung in West- und Südeuropa (Beiträge zur nationalsozialistischen Gesundheits- und Sozialpolitik 14), Berlin-Göttingen 1997, S. 169, FN. 139 (im Folg. Rondholz, Kriegsverbrechen)
45 Zur Verschärfung der OKW-Befehle auf den nachgeordneten Kommandoebenen s.u.a. F.H.Meyer, Vermißt in Griechenland. Schicksale im griechischem Freiheitskampf 1941-1944, Berlin 1992, S.117ff

46 Auszugsweise abgedruckt in: Griff nach Südosteuropa, Dokument 59, S.152f
47 Jürgen Förster, Strategische Überlegungen des Wehrmachtführungsstabes für das Jahr 1943, in: Militärgeschichtliche Mitteilungen, Freiburg/Br., Heft 1/1973, S.100ff
48 Auszugsweise abgedruckt in: Griff nach Südosteuropa, Dokument 112, S.223f
49 Rondholz, Kriegsverbrechen, S.134
50 Ebenda, S.134f
51 Gert Fricke, Das Unternehmen des XXII. Gebirgsarmeekorps gegen die Inseln Kefalonia und Korfu im Rahmen des Falles „Achse", September 1943, in: Militärgeschichtliche Mitteilungen, Freiburg/Br. Heft 1/1967, S.31ff
52 OKW/KTB, Bd.III/2, S.1134
53 Manachem Shelah, Die Ermordung italienischer Kriegsgefangener, September-November 1943, in: Hannes Heer/Klaus Naumann (Hg.), Vernichtungskrieg. Verbrechen der Wehrmacht 1941-1944, a.a.O., S.195
54 BAP, Film 43170
55 Vollständig abgedruckt als „Weisung 31a", in: Hubatsch, Weisungen, S.128f
56 BAP, Film 53307
57 BA Koblenz, RW 40 – 160
58 Ebenda, RW 40 – 89
59 Ebenda, RH 2 – 684
60 Auszugsweise abgedruckt in: Griff nach Südosteuropa, Dokument 118, S. 231
61 BAP, Film 42176
62 Auszugsweise abgedruckt in: Europa unterm Hakenkreuz, Bd. 6, Dokument 221, S. 293ff
63 BAP, Film 18451
64 Vasilis Venetsanopulos, Alle Patrioten zusammenschließen, in: Probleme des Friedens und des Sozialismus, Prag 1985, S. 657
65 S. dazu Befehl Löhrs v. 14.7.1943, auszugsweise abgedruckt in: Griff nach Südosteuropa, Dokument 112, S. 223f sowie Lagebericht des Militärbefehlshabers Griechenland für November 1943, in: Ebenda, Dokument 118, S. 231
66 Zu Kalavrita und der 117. Jg.Division u.a: Walter Manoschek/Hans Safrian, 717./117. ID. Eine Infanteriedivision auf dem Balkan, in: Hannes Heer/Klaus Naumann (Hg), Vernichtungskrieg. Verbrechen der Wehrmacht 1941-1944, a.a.O., S.359ff
67 Aus den Tagesmaldungen des OKH für Februar 1944, in: Griff nach Südosteuropa, Dokument 124,S. 240
68 Tagesmeldung des Militärbefehlshabers Südost, in: BAP, Film 18739
69 Tagesmeldung des OBSO, in: BAP, Film 18739
70 Lageorientierung des Generalstabs des Heeres, in: BAP; Film 17838
71 Telegramm des Reichsbevollmächtigten Altenburg v. 22.3.1943 an das AA, in: BAP, Film 5422
72 Dazu: Europa unterm Hakenkreuz, Bd. 6, S.72f

73 Lagebericht der Heeresgruppe E/Ia(Winter) für November 1943, in: BA Koblenz, RH 19 VII-53
74 Ebenda, RH 19 XI
75 Dazu: Europa unterm Hakenkreuz, Bd. 6, S. 73 sowie Hagen Fleischer, Griechenland, in: Dimension des Völkermords. Die Zahl der jüdischen Opfer des Nationalsozialismus. Hgg. v. Wolfgang Benz, München 1991, S. 263 (im Folg. Fleischer, Dimension)
76 Ic-Lagebericht der Heeresgruppe E v. 13.8.1943, in: BA Koblenz, RH 19 VII-31
77 Zur Nazi-Propaganda in der Wehrmacht s. u.a.: Leon Poliakov/Josef Wulf, Das Dritte Reich und seine Diener. Dokumente, a.a.O., S. 398ff
78 Für die Forderung der Wehrmachtführung zur grausamsten Durchführung von Strafaktionen s.u.a.: Weisung des OKW v. 16.9.1941, auszugsweise abgedruckt in: Europa unterm Hakenkreuz, Bd. 6, Dokument 42, S. 167f
79 Zit. n. F. H. Meyer, Vermißt in Griechenland, a.a.O., S. 122
80 Zit. n. Leon Poliakov/Josef Wulf, Das Dritte Reich und seine Diener. Dokumente, a.a.O., S. 484
81 Dazu ausführlich: Rondholz, Kriegsverbrechen, S. 137
82 BA Koblenz, RH 26-117/15
83 BA Koblenz, RH 26-117/16
84 Helmut Krausnick/Hans-Heinrich Wilhelm, Die Truppe des Weltanschauungskrieges,. a.a.O., S.137
85 Griff nach Südosteuropa, Dokument 40, S. 130
86 Bericht des WO Saloniki v. 30.10.1942, in: BAP, Film 43105 sowie Fleischer, Dimension, S. 250f
87 Ebenda, S. 252
88 Schreiben des RSHA (Günther) v. 25..1.1943 an AA; auszugsweise abgedruckt in: Die Ermordung der europäischen Juden. Eine umfassende Dokumentation des Holocaust 19411-1945, hgg. v. Peter Longerich unter Mitarbeit v. Dieter Pohl, München-Zürich 1989, Dokument 125, S. 295
89 Dazu u.a. Fleischer, Dimension, S. 252
90 Schreiben des Generalkonsuls in Saloniki (Schönberg) v. 15.3.1943 an AA, in: Politisches Archiv des AA Bonn, Inl.II Geh., Juden in Griechenland, Heft 1, 1942-1943
91 Bericht der GFP v. 27.3.1944 „Betr.: Evakuierung der Juden aus Joannina", vollständig abgedruckt in: Leon Poliakov/Josef Wulf, Das Dritte Reich und seine Diener, a.a.O., S. 362
92 Auszugsweise abgedruckt in: Die Ermordung der europäischen Juden, a.a.O., Dokument 127,S. 296f
93 Fleischer,Dimension, S. 271
94 Vortragsnotiz v. Generalleutnant Thomas v. 3.5.1941 für Göring, auszugsweise abgedruckt in: Europa unterm Hakenkreuz, Bd.6, S. 142f
95 Klaus Olshausen, Zwischenspiel auf dem Balkan. Die deutsche Politik gegen-

über Jugoslawien und Griechenland von März bis Juli 1941, Stuttgart 1973, S. 265, FN. 45, S. 299f

96 Aufzeichnung des deutschen Handelsattaches in Athen v. 12.10.1941, in: BAP, AA, Nr. 68721, Bl. 68

97 Tätigkeitsbericht der Wirtschaftsabteilung beim Bevollmächtigten des Reiches v. 30.5.1941, in: BAP, Film 4545

98 Ebenda, Film 43108

99 Ebenda, Film 14203

100 Galeazzo Ciano, Tagebücher 1939-1943, Bern 1946, S. 353

101 Lagebericht des WBSO v. 1.12.1941, in: BAP, Film 43601

102 Fleischer, Dimension, S. 250

103 Aus dem Verwaltungsbericht des Befehlshabers Saloniki-Ägäis für November 1941, in: BAP, Film 18190

104 Lagebericht des WO Athen für Januar 1942, auszugsweise abgedruckt in: Europa unterm Hakenkreuz, Bd. 6, S. 189f

105 BAP, Film 18454

106 BAP, Film 18460

107 Telegramm der Dienststelle Athen (Graevenitz) v. 10.9.1944 an Dienststelle Belgrad (Neubacher) und AA Berlin, in: Politisches Archiv des AA Bonn, Sonderbevollmächtigter SO, Bd. 1, Bl. 6

108 Tätigkeitsbericht der Gruppe GFP 621 für die Zeit bis 29.10.1944, in: BAP, Film 18654

109 Zur Zerstörungsbilanz: Europa unterm Hakenkreuz, Bd. 6, S. 76

110 Deutschland im zweiten Weltkrieg, v. einem Autorenkollektiv unter Leitung v. Wolfgang Schumann, Bd. 6: Die Zerschlagung des Hitlerfaschismus und die Befreiung des deutschen Volkes (Juni 1944 bis zum 8. Mai 1945), Leitung Wolfgang Schumann und Olaf Groehler unter Mitarbeit v. Wolfgang Bleyer, Berlin 1985, S. 783.

Wehrmachtstraditionen, Rechtsextremismus und Bundeswehr

Wolfram Wette
Wehrmachtstraditionen und Bundeswehr
Deutsche Machtphantasien im Zeichen der Neuen Militärpolitik und des Rechtsradikalismus[1]

Nein, von rechtsradikalen Machenschaften dieser Qualität hat man in der „alten" Bundesrepublik nichts gehört. Gewiß, eine rechtsradikale Minderheit, die von einem größeren nationalkonservativen Umfeld augenzwinkernd geduldet wurde, hat es auch in der Bundeswehr früherer Jahrzehnte gegeben. Aber das Ausmaß und die Dreistigkeit der rechtsradikalen Aktivitäten von heute sind neu. Wir haben es mit einem Tabubruch zu tun. Eine Reihe von Soldaten testet offenbar aus, wie weit sie heute im Milieu der Bundeswehr gehen kann.

„Alles, was nicht arisch ist und in Deutschland lebt, gehört erschossen oder in die Gaskammer." Es war ein Kapitänleutnant der Reserve der Bundeswehr, der diesen rassistischen Mordphantasien vor seinen Untergebenen freien Lauf ließ. Geschehen vor ein paar Jahren auf einem Schiff der Bundesmarine. Der Mann wurde erwartungsgemäß hart bestraft.[2] Was dem Fall über den Tag hinaus jedoch eine beklemmende Bedeutung verleiht, ist der Tatbestand, daß dieser Reserveoffizier, der sich seit 1975 der Bundeswehr wiederholt für freiwillige Wehrübungen zur Verfügung stellte, offenbar der Ansicht war, im Milieu einer Marinebesatzung könne er sich skandalöse Sprüche dieser Art leisten.

Bei den Fallschirmjägern im bayerischen Altenstadt wurde jahrelang „Führers Geburtstag" gefeiert, mit Nazi-Fahnen, Hitler-Bildern, dem Horst-Wessel-Lied und NS-Propagandafilmen. Man feierte auch den 1. September als Beginn des Zweiten Weltkriegs im Jahre 1939 sowie den 20. Mai als den Tag, an dem deutsche Fallschirmjäger im Jahre 1941 auf Kreta landeten.[3] Ob sie wissen, daß die Wehrmachttruppen auf Kreta eine wahre Schreckensherrschaft aufrichteten, daß sie brennend, mordend und plündernd über zahllose Dörfer der griechischen Insel herfielen und Tausende von Zivilisten unter dem Vorwand von

„Sühnemaßnahmen" als „Banditen" töteten? Ob sie nicht mehr feiern würden, wenn sie es wüßten? Jedenfalls glaubten auch besagte Fallschirmjäger der Bundeswehr, sich Führer-Andachten und Wehrmacht-Nostalgien leisten zu können. Sie versteckten ihr Tun nicht einmal sonderlich.

Dem Auftritt des schwerkriminellen Neonazis Roeder in der renommierten Führungsakademie der Bundeswehr in Hamburg[4] liegt ein ähnliches Verhaltensmuster zugrunde. Der einladende Oberst und die etwa dreißig Offiziere des Stammpersonals dieser Generalsschmiede, die den Vortrag Roeders hörten, vermuteten ebenfalls, sie könnten sich diesen Besucher leisten. Sie dinierten und parlierten mit ihm, hofierten ihn gar als Ehrengast. Den Bericht des Neonazis über die neueste Variante des „deutschen Drangs nach Osten", nämlich eine privat organisierte Regermanisierung der russischen Region Kaliningrad, ehemals Ostpreußen, fanden sie informativ und lobten anscheinend sogar den Idealismus des rechtsradikalen Redners.

Diese und die vielen anderen Fälle haben einen gemeinsamen Nenner: Etliche Soldaten verstehen die von politischer Seite seit 1990 verkündete „Neue Normalität" als Erlaubnis zum Rückgriff auf Traditionen aus der Zeit des deutschen Sonderwegs vor 1945, besonders auf Traditionen der Wehrmacht des NS-Staates. Beginnend mit dem Historikerstreit von 1986/87, verstärkt seit der deutschen Einigung von 1989, häufen sich in der deutschen Öffentlichkeit die Relativierungen und Beschönigungen der Untaten des NS-Gewaltregimes. Daran beteiligen sich nicht nur die alten Rechtsextremisten, sondern auch Publizisten, Hochschullehrer und Militärhistoriker, die man bislang noch zum demokratisch-konservativen Lager rechnete. Der Geschichtsrevisionismus blieb im militärischen Milieu nicht folgenlos. Für rechtsextremistisches Denken anfällige Soldaten, die bislang wußten, daß sie sich zurückhalten mußten, wollten sie ihre Karriere nicht gefährden, sahen sich nun ermutigt. Die Vielzahl der „Besonderen Vorkommnisse mit rechtsradikalem Hintergrund" aus den letzten Jahren ist insoweit auch zu lesen als ein Verwischen der Grenzen zwischen konservativen und rechtsradikalen Positionen. Manche sehen sich legitimiert, nun wieder braunes Theater spielen zu dürfen.

Was die Bundeswehr angeht, so wird im Zeichen der „Neuen Normalität" mit der Perspektive weltweiter Militäreinsätze das Traditionsproblem neu vermessen. Damit aber kommt die Wehrmacht der NS-Zeit in einer ganz anderen Weise ins Spiel, als dies aufgrund der Traditionserlasse und Ministerreden eigentlich sein sollte. In welchem Ausmaß hat die Wehrmacht allen anderslautenden politischen Vorgaben zum Trotz den Truppenalltag geprägt? Wer die Frage ausleuchten möchte, wie es die Bundeswehr mit der Wehrmacht hält, tut gut daran, auf die Geschichte der 1955 gegründeten Streitkräfte der Bundesrepublik und ihr Traditionsverständnis zurückzublicken.

1. Die Bedeutung der Geschichte für die Legitimation des Militärs

Die Wehrmacht als Institution ist – rein chronologisch betrachtet und unter Ausklammerung aller politischen Implikationen – die unmittelbare Vorläuferin der Bundeswehr. Es gab und gibt in der Bundesrepublik keine zweite staatliche Institution, die sich von der Wehrmachtgeschichte so hautnah betroffen fühlte wie die Bundeswehr. Am Tatbestand der weitgehenden personellen Kontinuität kam niemand vorbei: Naturgemäß stammten auch diejenigen Offiziere, die Mitte der fünfziger Jahre den Personalgutachterausschuß passierten, dann reaktiviert wurden und den Aufbau der Bundeswehr leiteten, aus der Wehrmacht.[5] Diese personelle Kontinuität auf der einen Seite und die gleichzeitig von einigen Repräsentanten der zweiten deutschen Republik gewünschte politische Distanz zur Wehrmacht als einer Institution des nationalsozialistischen Unrechtsstaats auf der anderen konstituierte einen jahrzehntelangen Streit um die militärische Traditionsbildung.[6] Die Wehrmacht war für die Offiziersgeneration, welche die Bundeswehr aufbaute, nicht ein beliebiges Thema, das man gelassen so oder so betrachten konnte. Das war ein Stück der eigenen Biographie, ein Stück der eigenen Mentalität.

Das Festhalten am Bild von der „sauberen Wehrmacht", in der tapfer und effizient gekämpft worden sei, hatte auch unmittelbar etwas mit dem Selbstwertgefühl deutscher Berufsmilitärs zu tun. Denn weit mehr, als dies in anderen Berufen der Fall ist, neigen Militärs dazu, ihre Legitimation aus einem bestimmten Verständnis der Geschichte abzuleiten. Nicht selten begründen sie die gleichsam „ewige" Notwendigkeit ihres Berufsstandes mit dem Hinweis auf historische Erfahrungen, etwa die, daß es „schon immer" Kriege gegeben habe und daß deshalb kein Staat auf Soldaten und auf Kriegsvorbereitung verzichten könne. So dachten nicht nur die deutschen Generäle zwischen Kaiserreich und NS-Zeit. Es gibt Generäle der Bundeswehr, die auch heute noch Denkmustern dieser Art verpflichtet sind.[7] Der Orientierung an der Vergangenheit, die durch Traditionsbildung vermittelt werden soll, wird im militärischen Milieu auch deshalb so große Bedeutung beigemessen, weil sie, wie gesagt wird, zur „Verhaltenssicherheit" der Soldaten beitragen kann.[8] So erklärt sich demnach die enorme emotionale und intellektuelle Brisanz der Geschichte für die Militärs. Anders gewendet: Wer ihnen wesentliche Teile ihrer Geschichte nimmt – zum Beispiel durch die Zerstörung beschönigender Wehrmacht-Legenden –, zieht ihnen gleichsam ein Stück Fundament unter ihren Füßen weg. Das zähe Festhalten der Mehrheit unter den bundesdeutschen Berufsmilitärs an einem positiven, zumindest nicht grundsätzlich kritischen Bild von der Wehrmacht erklärt sich nicht zuletzt aus diesen Zusammenhängen.

2. Das Wehrmacht-Bild in der Aufbauphase der Bundeswehr

Als die Bundeswehr 1955 gegründet wurde, war – dieses Umfeld muß man berücksichtigen – in der Gesellschaft der Bundesrepublik Deutschland insgesamt ein weithin positives Bild der Wehrmacht bereits fest verankert. Der Aufbau der Wehrmacht-Legende hatte bereits wichtige Etappen durchlaufen. Zu erinnern ist an die Wehrmachtpropaganda vor dem 8. Mai 1945; an die Generals-Denkschrift vom Herbst 1945, in welcher erstmals eine kompakte Entschuldungsstrategie entworfen wurde; an die zukunftsorientierte Verteidigung der Wehrmacht-Generäle und ihrer Anwälte während der Nürnberger Prozesse und in einer Reihe anderer Kriegsverbrecherprozesse; an die „Himmeroder Denkschrift" vom Oktober 1950, in welcher ehemalige Wehrmacht-Generäle die Forderung fixierten, die Soldaten der Wehrmacht öffentlich zu rehabilitieren; an die mit dem Kalten Krieg und der angestrebten Wiederaufrüstung gesteigerten Chancen, sich mit Forderungen dieser Art auch politisch durchzusetzen; schließlich an die dann auch tatsächlich erfolgten Ehrenerklärungen des US-amerikanischen Generals und NATO-Oberbefehlshaber Dwight D. Eisenhower sowie des deutschen Bundeskanzlers Konrad Adenauer aus den Jahren 1951 und 1952. Berücksichtigt werden muß weiterhin der Tatbestand, daß die öffentliche Meinung in der Bundesrepublik mit den Wünschen der ehemaligen Wehrmacht-Offiziere weithin korrespondierte. Längst hatte man sich angewöhnt, in Bezug auf die Nürnberger Kriegsverbrecherprozesse von „Siegerjustiz" zu sprechen und die verurteilten Wehrmacht-Generäle als „so genannte Kriegsverbrecher" zu bezeichnen. Die Mehrheit der Bevölkerung wollte einen Schlußstrich unter die belastende Vergangenheit gezogen sehen und sich im übrigen an den materiellen Segnungen des „Wirtschaftswunders" erfreuen können.

In diesem geistigen Klima wurde die Bundeswehr aufgebaut. Für die Soldaten gab es damals einige zentrale historisch-politische Orientierungen, die gleichsam das ideologische Grundgerüst der Bundeswehr in ihrer Aufbauphase bildeten. Dazu gehörte zum einen das traditionelle Feindbild Sowjetunion bzw. der Kommunismus und zum anderen ein positives – zumindest nicht grundsätzlich negatives – Wehrmachtbild. Seit den sechziger Jahren wurden die Anhänger der – an der Vergangenheit und damit auch am Vorbild der Wehrmacht orientierten – Mehrheit innerhalb der Bundeswehr-Führungsschicht als „Traditionalisten"[9] bezeichnet. Damit sollten sie unterschieden werden von der kleinen Gruppe der militärpolitischen „Reformer" um den Grafen Baudissin, der es darauf ankam, einen Neuanfang durchzusetzen. Die „Traditionalisten" aus der älteren Offiziersgeneration, die noch selbst in der Wehrmacht gedient hatten, übermittelten ihr überwiegend positives Bild von der Wehrmacht an die nachfolgenden Generationen.

Ihre Vorstellung, daß es einen ungebrochenen Traditionszusammenhang zwischen Wehrmacht und Bundeswehr geben solle, führte damals zu – aus politischer Sicht höchst problematischen – Entscheidungen, an deren Folgen die Bundeswehr zum Teil bis zum heutigen Tage zu tragen hat. Das läßt sich unter anderem an der Namensgebung für Bundeswehr-Kasernen zeigen. Die militärische Führung der Bundeswehr griff in der Aufbauphase auf Namensvorschläge zurück, die in den Jahren 1937/38 in der Wehrmacht auf Weisung Hitlers zusammengestellt worden waren. Aufgrund der damaligen „Traditionsoffensive" Hitlers [10], die einen Bestandteil der ideologischen Mobilmachung für den geplanten Krieg darstellte, erhielten seinerzeit – Ende der dreißiger Jahre – an die 200 neu gebaute Kasernen die Namen von Schlachten und Helden des „Großen Krieges" 1914-1918. Eben diese Namen wurden nun ab 1956 von der Bundeswehr übernommen. [11]

War der Bezug zur Wehrmacht in diesem Falle noch eher indirekt, so hatten die Truppenkommandeure in der Aufbauphase der Bundeswehr auch keinerlei Bedenken, eine größere Anzahl von Kasernen mit den Namen von Generalen der Wehrmacht zu schmücken. Festzuhalten ist, daß diese Ankoppelung an die Wehrmacht nicht auf Weisung des Bundesministers der Verteidigung geschah, sondern aufgrund von Initiativen der Truppe, der das Ministerium anfangs in diesen Fragen freie Hand gelassen hatte und die nun demonstrierte, wie sie es mit der Wehrmacht hielt. So kamen nun etliche Offiziere der Wehrmacht, die Hitler treu gedient hatten, in der Bundeswehr zu herausgehobenen Ehren, zum Beispiel General Werner Frhr. v. Fritsch, Oberst Werner Mölders, Generalfeldmarschall Erwin Rommel, Generalmajor Adalbert Schulz, General Hasso von Manteuffel, Generaloberst Eduard Dietl und General Ludwig Kübler. [12] Ob der Tatbestand, daß unter diesen Offizieren Antisemiten, bekennende Nationalsozialisten der ersten Stunde und Kriegsverbrecher waren, den verantwortlichen Truppenkommandeuren nicht hinreichend bekannt war oder, was eher zu vermuten ist, er für sie kein großes Gewicht besaß, verdiente eine nähere Untersuchung. Das zähe Festhalten an diesen Namen auch noch Jahrzehnte später, nachdem längst belastende Informationen vorlagen – man denke etwa an den „siebenjährigen Krieg" um die Dietl-Kaserne in Füssen [13] –, läßt den enormen Einfluß der Traditionalisten innerhalb der Bundeswehrführung erkennen. Daß sich die Verantwortlichen auf der Bonner Hardthöhe in diesen Auseinandersetzungen gelegentlich hinter den Rücken von historisch wenig kundigen, aber offenbar militärisch imprägnierten Kommunalpolitikern zu verstecken suchten, zeigte nur, daß die gebotene historische Sensibilität auch dort nicht in hinreichendem Maße vorhanden war.

3. Die Reformer

Den Militärreformern um den Grafen Baudissin ging es darum, mit der Bundeswehr einen wirklichen Neubeginn zu wagen und Streitkräfte aufzubauen, die sich der Demokratie verpflichtet fühlten. Die deutsche Militärgeschichte seit der Reichsgründung 1871 im allgemeinen und die Geschichte der Wehrmacht im besonderen boten dazu naturgemäß wenig Anknüpfungspunkte. Die Reformer hatten in allgemeinen Zügen eine Vorstellung davon, daß die Wehrmacht als eine Militärorganisation betrachtet werden mußte, die dem Nationalsozialismus als einem verbrecherischen Regime gedient hatte und die dadurch schuldig geworden war. Es ist zu vermuten – eine genaue Analyse auch dieses Problems steht noch aus –, daß Baudissin und seine Mitarbeiter im Amt Blank und später im Verteidigungsministerium von einem Bild der Wehrmacht ausgingen, das in deutlichem Kontrast zu dem der Traditionalisten stand. Allerdings scheinen sich die Reformer in dieser Frage nicht sehr exponiert zu haben, möglicherweise, um die ohnehin sehr schwierige Durchsetzung des Konzepts der Inneren Führung nicht zusätzlich zu erschweren.

Die Reformer stellten die Wehrmacht jedenfalls in den Kontext der militaristischen und obrigkeitsstaatlichen Traditionen sowie der nationalsozialistischen Diktatur. Aber sie scheinen wenig von den – in den großen Prozessen Ende der vierziger und Anfang der fünfziger Jahre bewiesenen – Kriegsverbrechen gesprochen zu haben, schon gar nicht vom Thema Wehrmacht und Judenvernichtung. Sie scheinen eher indirekt vorgegangen zu sein. Statt eine frontale Kritik an der Wehrmacht zu formulieren, forcierten sie den – für traditionalistische militärische Anschauungen brisanten – Denkansatz, daß in erster Linie jene kleine Minderheit der Wehrmacht-Offiziere, die den Widerstand des 20. Juli 1944 getragen hatte, als Vorbild und damit als traditionswürdig angesehen werden sollte. Mit der Legende von der „sauberen Wehrmacht" war dieser Ansatz naturgemäß nicht zu vereinbaren. Bei der Mehrheit der ehemaligen Wehrmacht-Offiziere stieß er daher auf scharfe Ablehnung. Die Traditionalisten sahen in den Offizieren, die Hitler durch ein Attentat beseitigen wollten, in der Regel verabscheuenswürdige „Eidbrecher", die quer zur preußisch-deutschen Gehorsamstradition standen. Diesbezüglich tat sich insbesondere der – in den fünfziger Jahren schon wieder politisch einflußreiche – frühere Generalfeldmarschall der Wehrmacht Erich von Manstein in besonderer Weise hervor. Er urteilte, die Tat des 20. Juli sei „eines Offiziers nicht würdig"[14]. So nimmt es nicht wunder, daß es jahrzehntelanger Auseinandersetzungen und eines Generationswechsels bedurfte, bis die Reformer ihr positives Bild des militärischen Widerstandes in der Bundeswehr durchsetzen konnten. Lange dauerte es auch, bis sich diese Erkenntnis symbolisch in der Weise niederschlug, daß einige Kasernen der Bundeswehr nun auch die Namen von Wehrmacht-Offizieren wie Beck, Fellgiebel, Hoepner, Kranzfelder, Stauffenberg, Tresckow erhielten, die als Widerstandkämpfer gegen das nationalsozialistische Unrechtsregime ihr Leben eingesetzt und verloren hatten.[15]

Ihr positives Wehrmachtbild verteidigten die Traditionalisten, indem sie auf die hohe militärische Professionalität und Effektivität der Wehrmacht verwiesen, die auch von ehemaligen Kriegsgegnern gerühmt werde.[16] Außerdem verwiesen sie auf ihren Eid, auf das Prinzip von Befehl und Gehorsam, auf das sich daraus angeblich ergebende Problem des „Befehlsnotstands" sowie auf den entbehrungsreichen und tapferen Kampf der Wehrmacht. Dagegen argumentierten die Reformer, man könne militärtechnische und operative Leistungen nicht von dem verbrecherischen Regime trennen, für das sie erbracht worden waren.

4. Der erste Traditionserlaß aus dem Jahre 1965

Kann man sagen, daß in den Aufbaujahren der Bundeswehr zwei gegensätzliche Bilder von der Wehrmacht miteinander konkurrierten? Es gab unterschiedliche Einschätzungen, gewiß. Aber die kritischere der beiden hatte eigentlich nie eine Chance, sich gegen die Übermacht der militärischen Traditionalisten durchsetzen. In der Literatur über das erste Jahrzehnt der Bundeswehr ist gelegentlich vom „Traditions-Wildwuchs" die Rede[17], der sich von unten, von der Truppe her, ausgebreitet und in unkritischer Aneignung von Wehrmachtstraditionen niedergeschlagen habe. Tatsächlich handelte es sich dabei weniger um eine

Orientierungslosigkeit, der nun von oben gesteuert werden mußte, sondern um eine allgemeine, reaktionäre Ausrichtung der Truppe auf das Modell Wehrmacht.

Das Verteidigungsministerium sah sich schon früh genötigt, Wege zu einer gangbaren – d. h. demokratieverträglichen – Traditionsbildung zu suchen, die in der Gesellschaft der Bundesrepublik wie auch im verbündeten westlichen Ausland akzeptabel erschien. Als das sperrigste Streitobjekt erwies sich dabei immer wieder die Wehrmacht. So dauerte es volle zehn Jahre, bis der damalige Bundesminister der Verteidigung, der CDU-Politiker Kai-Uwe von Hassel, am 1. Juli 1965 einen ersten Traditionserlaß herausgeben konnte.[18] Welches Bild von der Wehrmacht wurde in diesem Erlaß gezeichnet? Die Antwort lautet: eigentlich gar keines. Das Wort „Wehrmacht" wurde in dem Schriftsatz überhaupt nicht erwähnt. Die ungelösten Kontroversen zwischen Traditionalisten und Reformern kamen in der Weise zum Ausdruck, daß so wortreiche Gemeinplätze verkündet wurden wie dieser: „In der Geschichte nehmen alle Menschen teil an Glück und Verdienst wie an Verhängnis und Schuld."[19] In Anknüpfung an die „qualifizierten" Ehrenerklärungen Adenauers von 1951 und 1952 wurde in allgemeinen Wendungen nahegelegt, man müsse die wenigen Wehrmachtsangehörigen, die Verbrechen begangen hätten, abheben von den vielen braven Soldaten und heldenhaften Kämpfern. Über die Wehrmacht als Institution wurde eine Aussage vermieden. Immerhin lobte der Erlaß die Widerstandskämpfer des 20. Juli 1944[20], was bei der Mehrheit der ehemaligen Wehrmachtssoldaten keineswegs auf offene Ohren stieß.

Wenn sich die Reformoffiziere Ende der sechziger Jahre die Frage vorlegten, ob sich ihre Ideen – und damit auch ihre kritische Einschätzung der Wehrmacht – nicht nur in der Gesetzgebung und in den Lehrbüchern der Bundeswehr durchgesetzt hatten, sondern auch im militärischen Alltag, so mußten sie zu dem Eingeständnis gelangen, daß die Reform gescheitert war und sich die am Modell Wehrmacht ausgerichtete Restauration in beträchtlichem Maße durchgesetzt hatte.[21] Die Wehrmacht wurde immer weniger kritisch gesehen, ja sie wurde geradezu verklärt. So wird man den Vorgang als symptomatisch werten müssen, daß ein Kommandeur der höchsten Schule der Bundeswehr, nämlich der Führungsakademie, es im Jahre 1965 öffentlich als seine

Leistung reklamierte, „das Wehrmachtsmodell von 1939 realisiert zu haben"[22].

5. Ergebnisse der kritischen Militärgeschichtsforschung

In den fünfziger Jahren beschäftigte sich die Geschichtswissenschaft in der Bundesrepublik, zumal die an den Universitäten betriebene, kaum mit der Geschichte des Zweiten Weltkrieges und noch weniger mit der Geschichte der Wehrmacht. Daher konnten jene ehemaligen Wehrmachtsgeneräle, die unter dem Dach der US-amerikanischen „Historical Division" ihre Version von der Geschichte der Wehrmacht zu Papier brachten, maßgeblichen Einfluß gewinnen. Einige von ihnen veröffentlichten auch Memoirenwerke, die geprägt waren vom Bestreben nach Selbstrechtfertigung und Reinwaschung der Wehrmacht.

Mit der Rückkehr der Wehrmachtsakten aus den USA und Großbritannien seit Anfang der sechziger Jahre und ihrer Vereinnahmung durch das deutsche Bundesarchiv-Militärarchiv wurden dann die Voraussetzungen dafür geschaffen, daß sich die wissenschaftliche historische Forschung in die Geschichte der Wehrmacht vertiefen konnte. Wichtige Erkenntnisfortschritte brachten in den sechziger Jahren Andreas Hillgrubers Werk „Hitlers Strategie", die Gutachten von Helmut Krausnick und Hans-Adolf Jacobsen über den Kommissarbefehl und das KZ-System sowie die Bücher von Manfred Messerschmidt und Klaus-Jürgen Müller über die Wehrmacht, publiziert im Jahre 1969. In den siebziger und achtziger Jahren folgten die Studien von Christian Streit und Alfred Streim über das Schicksal der sowjetischen Kriegsgefangenen in deutschem Gewahrsam sowie die – in einer ganzen Reihe von Buchpublikationen niedergelegten – Forschungsergebnisse von Historikern des Militärgeschichtlichen Forschungsamtes[23]. Sie handelten vom Vernichtungskrieg im Osten, aber auch von deutschen Kriegsverbrechen in Jugoslawien, Griechenland und in Italien. Die Forschungen des Wiener Historikers Walter Manoschek legten Wehrmachtsverbrechen in Serbien offen.

Der Leitende Historiker des vom Verteidigungsministerium unterhaltenen Militärgeschichtlichen Forschungamtes, Manfred Messerschmidt, faßte Anfang der achtziger Jahre die bis dahin gewonnenen Erkenntnisse über die Wehrmacht zusammen und beurteilte dabei auch die – sich aus dem aktuellen Wissen ergebenden – Probleme der Traditionsbildung.[24] Sein Fazit: „So muß der Krieg gegen die Sowjetunion, ein Angriffskrieg, wie alle anderen deutschen kriegerischen Unternehmungen seit 1939, über den allgemeinen Unrechtsgehalt des Angriffskrieges hinaus als ein von der Wehrmacht-, Heeres-, Luftwaffen- und Marineführung mitgeplantes kriminelles Ereignis gewertet werden, das den absoluten Tiefpunkt der deutschen Militärgeschichte darstellt."[25] Den verbrecherischen Befehlen der Wehrmachtführung sowie den antisemitischen Bekenntnissen führender Soldaten kämen im Kontext der Frage nach dem Traditionszusammenhang von Wehrmacht und Bundeswehr zentrale Bedeutung zu: „Sie reflektieren den Zenit einer Entwicklung, die der deutsche Nationalstaat im Zeichen nationalkonservativer, militärstaatlicher Traditionen in Verbindung mit völkischen und rassenideologischen Komponenten genommen hat."[26]

Hier wurde also auf der Basis geschichtswissenschaftlicher Forschungen ein Bild von der Wehrmacht gezeichnet, das der tradierten Wehrmachtlegende gründlich widersprach. Konnte man angesichts der neuen Erkenntnisse an dem geschönten Wehrmachtbild noch festhalten oder war kritische Revision angesagt? Messerschmidts – damals wohl auch politisch folgenreiche – Antwort lautete: „Möglichkeiten zur Anknüpfung an ihre (der Wehrmacht) Haltung, ihre Existenz und ihre Kriegführung sollten vom Standpunkt der Bundeswehr nicht vorstellbar sein. Der Primat der Politik in einem parlamentarisch-demokratischen Staatswesen läßt sich nicht mit der Einbettung der Wehrmacht in die 'Volksgemeinschaft' vergleichen. Die Anknüpfung an soldatische Tugenden der Wehrmacht oder einzelner Soldaten kann nicht absehen von der Frage, ob diese Tugenden bewußt oder blind dem Nationalsozialismus und Hitler gewidmet waren."[27]

6. Der zweite Traditionserlaß von 1982

Die Auseinandersetzungen über die atomare Rüstungspolitik sensibilisierten Anfang der achtziger Jahre große Teile der deutschen Öffentlichkeit gegenüber militärpolitischen Fragen. Es entstand zu dieser Zeit auch eine breite Welle der Kritik gegen das noch immer unklare – in Teilen der Gesellschaft als reaktionär wahrgenommene – Traditionsverständnis der Bundeswehr. Diese Kritik machte sich unter anderem in lautstarken Protesten gegen das militärische Zeremoniell bei öffentlichen Vereidigungen von Bundeswehrrekruten Luft. In dieser Situation war es ein wichtiger Schritt, daß der sozialdemokratische Bundesverteidigungsminister Hans Apel am 20. September 1982, wenige Wochen vor dem absehbaren Sturz der sozial-liberalen Bundesregierung Schmidt/Genscher, einen zweiten Traditionserlaß [28] in Kraft setzte, der erstmals eine unzweideutige Absage an die Traditionsfähigkeit der Wehrmacht enthielt. Auf der Basis des inzwischen gesicherten Wissens über die Rolle der Wehrmacht im Zweiten Weltkrieg hieß es in den neuen Richtlinien nun immerhin: „In den Nationalsozialismus waren Streitkräfte teils schuldhaft verstrickt, teils wurden sie schuldlos mißbraucht. Ein Unrechtsregime wie das Dritte Reich kann Tradition nicht begründen." [29] Wohl aus taktischen Gründen vermied es auch dieser Erlaß, wie zuvor die Richtlinien von Hassels, das Wort „Wehrmacht" zu erwähnen. Gleichwohl: In der Sache gab es nun keinen Zweifel mehr.

Obwohl Apels Nachfolger, der CDU-Politiker Manfred Wörner, bereits in seiner Rede zum Amtsantritt verkündete, er wolle den Traditionserlaß so bald wie möglich kippen, geschah in der Folgezeit nichts dergleichen. Das dürfte kaum an einem Nachlassen des Drucks der Traditionalisten und der Soldatenverbände gelegen haben. Statt dessen ist zu vermuten, daß die zwischenzeitlich gewonnenen wissenschaftlichen Erkenntnisse, die nicht zuletzt im Freiburger Militärgeschichtlichen Forschungsamt beziehungsweise von Mitarbeitern dieser Forschungsinstitution zutage gefördert und publiziert worden waren, auch dem neuen Minister, der durchaus bereit war, den Traditionalisten entgegenzukommen, keinen großen Spielraum ließen. Man dürfte auf der Bonner Hardthöhe erkannt haben, daß sich das Bild vom angeblich „unbefleckten Schild" der Wehrmacht gegen die zunehmende Zahl wissenschaftlicher Veröffentlichungen, die dieses Bild immer mehr ins Wanken brachte, nicht mehr aufrecht erhalten ließ. So ist dieser Erlaß bis zum heutigen Tage in Kraft und dient als die offizielle Richtschnur für die Traditionsbildung in der Bundeswehr.

7. Die Gegenwehr der Soldatenverbände

Während den Traditionalisten unter den aktiven Militärs durch den ministeriellen Traditionserlaß von 1982 die Hände gebunden waren, liefen nun insbesondere die Soldatenverbände gegen die neue Interpretation der Wehrmacht Sturm.[30] Denn sie fürchteten, das von ihnen jahrzehntelang gepflegte positive Bild von der „sauberen Wehrmacht" würde nun endgültig bröckeln. Sie bekämpften die Ergebnisse der seriösen militärgeschichtlichen Forschung als politisch unerwünscht, schreckten vor Diffamierungen der Historiker nicht zurück und forderten gar die Amtsenthebung Messerschmidts[31], der sich in dieser Frage mehrfach öffentlich exponiert hatte.[32] Der Vorwurf an die Forschung lautete, hier werde „das deutsche Militär diffamiert" und „das Ansehen des deutschen Soldaten ... böswillig und diffamierend angegriffen"[33]. Millionen von Wehrmachtssoldaten und „das deutsche Soldatentum" insgesamt würden verleumdet.[34] Die rechtsextremistische „Deutsche Wochen-Zeitung" verkündete ihren Lesern, im Militärgeschichtlichen Forschungsamt werde mit den Mitteln der Steuerzahler „deutsche Geschichte 'amtlich' gefälscht".[35]

Der Generalsekretär des „Rings Deutscher Soldatenverbände", Körber, ging mit einer charakteristischen Argumentation an die Öffentlichkeit. Er negierte den Tatbestand des Vernichtungskrieges und siedelte das Verbrechen an den kriminellen Rändern der Wehrmacht an: „Daß während des Zweiten Weltkrieges auch von Soldaten der Wehrmacht Verbrechen begangen wurden, wird nicht bestritten. Meist erfolgte bei Bekanntwerden solcher Tatsachen auch eine gerichtliche Verurteilung. Werden derartige, bedauerliche, kriminelle Fakten verallgemeinert und 'der Wehrmacht' insgesamt angelastet, wie es Dr. Messerschmidt getan hat, handelt es sich um eine Diskriminierung... Eine generelle Verleumdung deutscher Soldaten bedeutet die Verleumdung von über 11 Millionen deutschen Männern, von denen viele Leben oder Gesundheit für unser Vaterland geopfert haben..."[36].

Der zeitweise für das Bildungswesen in der Bundeswehr zuständige Brigadegeneral Heinz Karst, ein Exponent der Traditionalisten, der mit seinem Buch „Das Bild des Soldaten"[37] erheblichen Einfluß auszuüben vermocht hatte, mutmaßte 1985 in der rechten Zeitschrift „Criticon", die Militärhistoriker – so weit sie sich kritisch mit der Wehrmacht beschäftigen –, wollten offensichtlich eine „zweite Welle der 'Entmilitarisierung' "[38]. Parallel mit der Friedensbewegung gegen den Nachrüstungsbeschluß, so wollte Karst es sehen, „begann der Angriff gegen die Wehrmacht und jene Kriegsgeneration, die diese neue Demokratie der Deutschen aufgebaut hat. Fast alle bedeutenden Politiker der Gründungszeit, sieht man von Adenauer und Ollenhauer ab, waren als Soldaten in der Wehrmacht, die meisten Offiziere, so Karl Carstens, Alfred Dregger, F. J. Strauss, Helmut Schmidt, Wilhelm Berkhan, 'Ben Wisch'[39]; andere, wie Carlo Schmid, waren Kriegsverwaltungsräte gewesen im Dienste der Wehrmacht. Die Bundeswehr wurde fast durchweg von Offizieren und Unteroffizieren der Wehrmacht aufgebaut." Karst sprach von einem „Pressefeldzug" gegen die Wehrmacht, von der deutschen „Bewältigungsmentalität" und von einem neuerlichen „Hang der Deutschen zur Selbstzerstörung" (Theodor Heuss), um dann den bisherigen Weg der Wehrmacht-Legende in der für die Traditionalisten typischen Weise zu beleuchten: „Galt die Wehrmacht, die sogar in den fatalen Nürnberger Prozessen der Siegermächte freigesprochen wurde, bis vor einigen Jahren immerhin als eine Streitmacht, die zwar Einbrüche des Unrechts, der ideologischen Anpassung an Hitlersche Vorstellungen, Verbrechen und Duldung von Verbrechen an ihren Rändern nicht ableugnete, aber als Ganzes doch der Achtung wert sei..., so begann jetzt eifrige Forschung nach Untaten des 'Feindbildes' Wehrmacht. Keine andere Nation dieser Erde", so politisierte Karst sogleich die wehrmachtkritische Historiographie, „würde ihren Millionen Toten an den Fronten und in den Gefangenenlagern diese Art 'Forschung' angedeihen lassen." Während das Ausland die überragenden militärischen Leistungen der Wehrmacht bewundere, würden im eigenen Land die Soldaten, die doch dem Primat der Politik unterworfen gewesen seien, „erneut diffamiert in einer zweiten Welle, die seit 1979 über Medien und 'Wissenschaft' rollt."[40] So war es nur konsequent, wenn der Ex-General Karst den Traditionserlaß Apels aus dem Jahre 1982 als „unselig" bezeichnete. Das rechtslastige „Deutschland magazin" widmete im Mai 1988 seine Titelgeschichte dem Thema „Wie führende Historiker des Militärgeschichtlichen Forschungsamtes die Soldaten diffamieren und die Geschichte verfälschen" und ließ bei dieser Gelegenheit wiederum Heinz Karst zu Worte kommen.[41]

8. Wehrmachtbilder in der Bundeswehr von heute

Im Zuge der breiten öffentlichen Debatte über die Rolle der Wehrmacht im Vernichtungskrieg, die seit 1995 von der Hamburger Ausstellung „Vernichtungskrieg. Verbrechen der Wehrmacht 1941-1944" ihren Ausgang nahm, wurde natürlich auch im Führungsstab der Streitkräfte auf der Bonner Hardthöhe darüber nachgedacht, ob an der Interpretation der Wehrmacht, die seit den Apelschen Traditionsrichtlinien von 1982 als offizielle Richtschnur galt, festgehalten werden konnte oder ob Korrekturen nötig sein würden. In einer internen Expertise des Ministeriums über die „Wehrmacht im Dritten Reich"[42] erfuhr die Entwicklung der historischen Forschung die folgende Bewertung: „Die Wehrmacht war partiell an der nationalsozialistischen Gewaltpolitik beteiligt, je länger desto nachdrücklicher. Sie war mit Fortschreiten des Krieges zunehmend auch in die Verbrechen Hitlers und seines Regimes verstrickt. Der Umfang der Beteiligung und der Verstrickung stellt noch immer ein Problem der Forschung dar und bedarf weiterer wissenschaftlicher Aufklärung."[43] Die politische Schlußfolgerung wurde folgendermaßen formuliert: „Die Einbindung der Wehrmacht in den nationalsozialistischen Staat, ihre – wenn auch mißbräuchliche – Instrumentalisierung für die verbrecherische Politik des Regimes sowie schuldhafte Verstrickung von militärischen Führern und Soldaten aller Dienstgrade in dessen Untaten lassen die Wehrmacht als Ganzes keine Tradition für die Bundeswehr begründen."[44]

Zu hinterfragen und zu problematisieren wäre an dieser Schlußfolgerung allenfalls der verschleiernde Begriff 'Verstrickung'. Er geistert seit Jahrzehnten durch die Debatten über die Rolle der Wehrmacht in der NS-Zeit. Mit ihm soll anscheinend zum Ausdruck gebracht werden, daß die Wehrmacht während des Zweiten Weltkrieges in etwas für sie Unangenehmes hineingezogen wurde, oder daß sie durch ihr eigenes Verhalten in eine mißliche Lage gebracht wurde.[45] In dem Begriff schwingt die Vorstellung vom Fremdverschulden mit: Hitler und die anderen „NS-Bösewichte" hätten die Wehrmacht in einen verbrecherischen Krieg hineingezogen. Stattdessen sollte in Anbetracht des heutigen Forschungsstandes genauer von Mittäterschaft und Mitwisserschaft gesprochen und die Mitverantwortung der Wehrmacht damit angemessen herausgestellt werden.

Diese Analyse des Forschungsstandes über die Geschichte der Wehrmacht bestätigte also noch einmal die Traditionsrichtlinien von Verteidigungsminister Hans Apel von 1982. Minister Volker Rühe hielt im Oktober 1996 in München vor Kommandeuren der Bundeswehr eine Rede, in welcher er einmal mehr klarstellte, daß die Wehrmacht als Institution „keine Tradition begründen"[46] könne. Damit wurde auf der offiziellen Ebene Klarheit geschaffen – so weit Ministerworte dies überhaupt vermögen. Denn auch in einem hierarchisch strukturierten Apparat können Reden und Erlasse auf der einen Seite und die Truppenpraxis auf der anderen erheblich auseinanderklaffen. Einen Eindruck davon vermochte eine 1990/91 in der Bundeswehr-Zeitschrift „Truppenpraxis" geführte Leserbrief-Diskussion zu vermitteln. Ausgelöst durch einen mutigen Beitrag des Brigadegenerals Winfried Vogel, der auf der Höhe der wissenschaftlichen Forschung argumentierte, meldeten sich zahllose Offiziere und Soldaten im Sinne der alten Wehrmachtlegende zu Wort. Hier konnte man sehen, wie die Mehrheit der Offiziere – allen Vorgaben „von oben" zum Trotz – wirklich denkt. Wer verhindert, daß die Diskussion über die Wehrmacht in der Bundeswehr endlich auch inhaltlich geführt wird und wer sie gegenüber dem öffentlichen Diskurs abschottet, trägt dazu bei, daß die alte Legende unterschwellig fortwirkt und ihre unsäglichen Blüten treibt, indem sie sich erneut mit *Machtphantasien* verbindet: der Militärpolitik weltweiter Kampfeinsätze, die als Ausdruck *„Neuer Normalität"* des souveränen, wiedervereinigten Deutschlands firmieren.

9. Die *„Neue Normalität"*: Deutschlands neue Machtphantasien

Niemand mag derzeit in Deutschland aktuelle Gefährdungen des Friedens erkennen. Kritische Wachsamkeit scheint dennoch am Platze zu sein. Denn es ist unverkennbar, daß einflußreiche Kräfte seit 1989 gezielt und mit großem Erfolg auf eine Militarisierung der Außenpolitik hinarbeiten; oder vielleicht sollte man genauer von einer militärisch gestützten, machtorientierten Außenpolitik sprechen. Die Gewöhnung an diese Politik schreitet rasch und weithin unbemerkt voran: Des Übermaßes an Rüstungsgütern, das sich nach der Wiedervereinigung und der Auflösung der „Nationalen Volksarmee" der DDR ergeben hatte, entledigte man sich durch einen massiven staatlichen Waffenexport. Das Waffenarsenal der NVA wurde weltweit angeboten. Die deutschen Rüstungsexporte verdoppelten sich 1994 gegenüber dem Vorjahr. Im Ergebnis landete Deutschland 1994 mit einem Rüstungsexportvolumen von 4,5 Mrd. DM auf der Hitliste der Rüstungsexporteure plötzlich auf einem schändlichen Platz 2, direkt hinter den USA und noch vor Rußland. Das Problem des Rüstungsexports ist bis heute nicht gelöst. Zwar schrumpft die Rüstungsindustrie und vereinzelt gibt es positive Konversionsprojekte. Auf der anderen Seite hilft die Bundesregierung der Rüstungsindustrie durch Lockerung der restriktiven Exportbestimmungen. Der „Export des Todes" ist also keineswegs unterbunden. Wird man den Verteidigungsetat umtaufen müssen? Oder findet die Verteidigung Deutschlands neuerdings in Somalia – und damit potentiell überall – statt? Was von der zwischen 1990 und 1994 personell verkleinerten Bundeswehr geblieben ist, kostet den deutschen Steuerzahler noch immer etwa 48 Mrd. DM jährlich. Das sind rund 10 Prozent des Bundeshaushalts. Wie konnte man diese Summe angesichts der günstigen sicherheitspolitischen Lage rechtfertigen? Diese Frage stellten sich nicht zuletzt die Militärs. Denn die Bundeswehr hat selbst das stärkste Interesse am Erhalt ihrer Existenz und an geeigneten Rechtfertigungen.

Insofern kann es nicht verwundern, daß es ein politisierender General war, der die Bundeswehr in den entscheidenden Jahren 1991 bis 1995 – unter stillschweigender Zustimmung der Bundesregierung und unter den staunenden Augen der Opposition – zu neuen Ufern führte. Er genoß das Vertrauen von Bundeskanzler Kohl, der ihn 1992 zum Generalinspekteur der Bundeswehr machte. Was General Klaus Naumann und seine Mitarbeiter auf der Hardthöhe an neuen militärischen Aufgaben erdachten, wurde zunächst im sogenannten „Naumann-Papier" niedergeschrieben und dann in den „Verteidigungspolitischen Richtlinien" verbindlich gemacht.

Rein sprachlich betrachtet, zollte die neue Politik dem Zeitgeist insoweit Tribut, als die neuen Aufgaben der Bundeswehr jeweils mit dem Begriff „Frieden" verknüpft wurden. „Das Militär als Friedensbringer" –

so könnte man die aus einer tiefen Legitimationskrise der Bundeswehr geborene Botschaft der Hardthöhe beschreiben. Tatsächlich jedoch ging es in den vergangenen Jahren keineswegs um die Steigerung der Friedensfähigkeit der Bundeswehr, sondern um ihre planmäßige Herauslösung aus den bis dahin gültigen territorialen und rechtlichen Beschränkungen. Das Ziel: weltweite Einsatzmöglichkeit.

In der Bundeswehr konnte man in den letzten Jahren, wenn man die Fachzeitschriften verfolgte, geradezu eine Renaissance der „Kämpfer"-Mentalität feststellen. Die neuen Aufgaben und das neue Denken haben auch bereits personalpolitische Spuren hinterlassen: Soldaten, die mit den veränderten Perspektiven nicht einverstanden waren und sie nicht von ihrer Eidesformel gedeckt sahen, haben die Streitkräfte sang- und klanglos verlassen. Wer blieb, ist vermutlich angepaßt und befürwortet den weltweiten Militärinterventionismus. Kritische Soldaten wie die des „Darmstädter Signals" sind einem Konformitätsdruck ausgesetzt wie nie zuvor.

Zur Selbstberuhigung reden sich viele ein, die „Out of area"-Politik führe höchstens zu „kleinen Kriegen", weitab von Deutschland, in irgendeinem fernen Winkel der Welt. Sie würden ausgefochten nicht von wehrpflichtigen Soldaten, sondern von Angehörigen der „Krisenreaktionskräfte", also professionellen Militärs. Diese muß man sich als High-Tech-Kriegsingenieure vorstellen, von deren Praktiken man im Zweiten Golfkrieg von 1991 einen Eindruck gewinnen konnte. Kritiker geben allerdings zu bedenken, niemand könne garantieren, daß ein Militäreinsatz irgendwo auf der Welt tatsächlich regional isoliert bliebe. Er könne beispielsweise in der Form von organisiertem Terror, gegen den kaum ein Mittel gewachsen ist, ins eigene Land zurückschlagen.

Derzeit findet, abgeschirmt durch die Debatte über den Sozialabbau und über die Zukunft des Wohlfahrtsstaates, eine grundlegende Umstrukturierung der Bundeswehr statt. Der Schwerpunkt verlagert sich von der Verteidigungs- zur Interventionsarmee. Nahezu unbemerkt von der Öffentlichkeit wird beispielsweise ein Fallschirmjägerverband in neuen Kriegstechniken ausgebildet: im Dschungelkampf, im Wüstenkampf und im Polarkampf.

Man könnte von einer ambivalenten, janusköpfigen Lage sprechen: Auf der einen Seite gibt sich die Gesellschaft nach wie vor ungemein friedlich. Auf der anderen Seite betreiben die Protagonisten der neuen Außen- und Militärpolitik das konsequente Einrammen dicker Pflöcke für eine neue Militärstruktur, national wie international. Dabei ist es kaum abwegig, zu vermuten, daß sich die Strukturen als beständig und folgenreich erweisen werden.

Den Planern der Out-of-area-Politik war klar, daß sie die deutsche Bevölkerung erst langsam an ihre Vorstellungen gewöhnen mußten. Das geschah durch eine „Salamitaktik", wie es bezeichnenderweise schon Anfang der 90er Jahre hieß. Man redete von „gewachsener Verantwortung" Deutschlands und meinte nationales Prestige sowie militärisch gestütze Weltmachtambitionen.

Es begann vergleichsweise sanft mit einem humanitären Bundeswehreinsatz in Kambodscha (1991-94). Sanitätssoldaten wurden entsandt. Die Propaganda des deutschen Bundesministeriums für Verteidigung pries sie zu Werbezwecken in Zeitungsanzeigen als „Engel von Pnom Penh".

Es folgte der Somalia-Einsatz Oktober 1993 bis März 1994 mit 1 700 Bundeswehrsoldaten. Wie bekannt, erschien der von der Bundeswehr zu schützende indische Verband einfach nicht in Afrika. Die deutschen Soldaten blieben ohne Aufgabe. Die humanitäre Hilfe – Brunnen- und Schulbau – war ein Randprodukt und hatte eher den Charakter von Beschäftigungstherapie. Über 500 Mio. DM wurden damals buchstäblich „in den Sand gesetzt", bei knapper Bundeskasse und angespannter sozialer Lage durchaus bemerkenswert. Als die deutschen Soldaten dann unverrichteter Dinge wieder abgezogen wurden, ließen sie ein ungelöstes Problem in Afrika zurück: Der Bürgerkrieg wurde nicht beendet. Der Westen hat das Land Somalia nie verstanden und so zeigte sich auch hier, daß man mit Kanonen keinen Frieden stiften kann.

Die deutschen Militärplaner waren mit dem Somalia-Unternehmen dennoch nicht unzufrieden. Zwar gab es bei der Rückkehr der Bundeswehrsoldaten keine Konfettiparade wie einst bei jener der amerikanischen Soldaten aus dem Golfkrieg 1991. Die deutsche Bevölkerung reagierte eher verhalten. Einen Sinn hatte das teure Auslandsunternehmen wohl in erster Linie im Hinblick auf die deutsche Innenpolitik, und darum ging es den Protagonisten der neuen Militärpolitik auch hauptsächlich.

Unter dem Dach der UNO folgten sodann die Awacs-Einsätze über Jugoslawien, mit denen der Kriegsverlauf beobachtet wurde. Schiffe der Bundesmarine halfen im Mittelmeer das Handels- und Waffenembargo überwachen.

Die verfassungsrechtlichen Auseinandersetzungen um die Rechtmäßigkeit der neuen Militärpolitik wurden schließlich durch das Urteil des Bundesverfassungsgerichts vom 12. Juli 1994 – also nach dem Somalia-Einsatz! – entschieden. Es machte von der rechtlichen Seite her den Weg frei für Out-of-area-Einsätze der Bundeswehr. Insoweit markiert dieses Urteil eine historische Zäsur der deutschen Sicherheits- und Außenpolitik. Die juristische Diskussion war mit dem höchstrichterlichen Urteil weitgehend abgeschlossen, nicht aber die politische.

Zu den Stationen der Gewöhnung an die Out-of-area-Militärpolitik wird man auch eine Rede von Bundespräsident Roman Herzog rechnen müssen, gehalten vor der Deutschen Gesellschaft für Auswärtige Politik am 13. März 1995. In dieser Rede wurde gesagt: „Das Ende des Trittbrettfahrens ist erreicht", und dann folgten jene Passagen, die merkwürdigerweise kaum jemand alarmierten: Für deutsche Interessen „wie Sicherheit und Bewahrung von Wohlstand" sei „möglicherweise auch einmal der Einsatz von Leib und Leben gefordert". Was wir brauchten, sei „eine Außenpolitik ohne Zähnefletschen und Tschingdarassabum, aber auch ohne Verkrampfungen". Diese Passage der Rede stimmte überein mit dem Konzept des Militärinterventionismus, das von der Bonner Hardthöhe mit den „Verteidigungspolitischen Richtlinien" vom November 1992 für die Bundeswehr verbindlich gemacht wurde.

Währenddessen eskalierte der jugoslawische Bürgerkrieg und es zeigte sich immer deutlicher, daß die Europäer nicht willens und daher auch nicht in der Lage waren, eine gemeinsame Politik zur Beendigung dieses Krieges zu entwickeln. Im Sommer 1995 fand die Tragödie von Srebrenica statt, das wohl größte Kriegsverbrechen in Europa seit dem Zweiten Weltkrieg – eine Schande für die bosnischen Serben, aber auch für ganz Europa. Zwischen 5000 und 8000 moslemische Männer sollen durch die bosnisch-serbische Armee unter dem Befehl des Generals Mladic in der eingeschlossenen Enklave Srebrenica, einer Schutzzone der UNO, ermordet worden sein. Aufgrund der Nachrichten über dieses Kriegsverbrechen fielen in den internationalen Entscheidungsgremien wie auch in der deutschen Öffentlichkeit die letzten Vorbehalte gegen einen wirkungsvollen Militäreinsatz im ehemaligen Jugoslawiwn.

Für Deutschland erfolgte im September 1995 – also nach Srebrenica – der eigentliche „Schritt über die Schwelle". Gemeint ist der erste Kriegseinsatz der Bundeswehr seit 1945, der Einsatz in Bosnien. Das Wort „Kriegseinsatz" war die Schlagzeile in mehreren großen Zeitungen. Konkret handelte es sich um eine logistische Unterstützung der NATO-Truppen in Bosnien, die nun die UN-Einheiten ablösten, durch ein bewaffnetes Bundeswehr-Kontingent von 1500 Soldaten. Typisch für die Situation war, daß der Generalinspekteur Naumann von einem „Kampfauftrag" sprach, d.h. einem Kriegseinsatz ohne Einschränkungen, während die Politiker Begriffe wie „Unterstützung" oder „peacekeeping" benutzten. Immer wieder der gleiche Vorgang: Sprachlich wie tatsächlich sollte alles weggeräumt werden, was künftige Militäreinsätze behindern könnte. Man wollte und will über den Rubikon, um wieder stark und mächtig dazustehen.

Wenn man den deutschen Jugoslawien-Einsatz angemessen beurteilen will, wird man folgenden widersinnigen Tatbestand berücksichtigen müssen: Der Auftrag für die NATO-Truppen war nach dem Dayton-Abkommen viel leichter als der vormalige Einsatz der UNO-Blauhelme mitten in einer Kriegssituation. Während die UNO-Truppen ihre Aufgaben keineswegs im Konsens mit allen Konfliktparteien zu erfüllen hatten – was eigentlich zwingende Voraussetzung für einen Blauhelm-Einsatz ist –, fanden die NATO-Truppen nach dem Friedensvertrag von Dayton genau diese Situation vor. Die Protagonisten der Out-of-area- Politik wissen genau, was die Niederlage der UNO und der Erfolg der NATO für die Zukunft ihres Politikprojekts bedeuten.

Auf der Bonner Hardthöhe sieht man inzwischen die Phase der Gewöhnung als erfolgreich bestanden an. Jedenfalls gab Verteidigungsminister Volker Rühe am 21. Juli 1996, fünf Jahre nach Verkündigung der „neuen Aufgaben", öffentlich bekannt: „Die Zeit des Grundsatzstreits ist vorbei. In Deutschland herrscht jetzt ein völlig neuer Konsens." Mit anderen Worten: Die Öffentlichkeit sei jetzt mit den Auslandseinsätzen der Bundeswehr als neuer Aufgabe im Prinzip einverstanden. Das Ziel der Gewöhnung der Deutschen an die Vorstellung, daß Uniformen der Bundeswehr überall auf der Welt zur „neuen Normalität" gehörten, sei erreicht.

Vor diesem Hintergrund werden auch die großen Entwicklungen auf dem Felde der Außenpolitik verständlich: Die UNO ist in ihrem Ansehen und damit in ihrer Zukunftsfähigkeit nachhaltig geschwächt; die NATO – ursprünglich eine Institution aus der Zeit des Ost-West-Konflikts – triumphiert; die UNO ist pleite, die NATO hat volle Taschen. General Naumann dirigiert seine Politik inzwischen von Brüssel aus. Die Hardthöhe hat erreicht, was sie seit 1991 zielstrebig verfolgte.

Man muß sehen, daß es bei diesen Entwicklungen nicht um etwas geht, was beliebig revidiert werden könnte. Es wurden national und international neue Strukturen geschaffen, die ganz unverkennbar dem Denkmuster der militärisch instrumentierten Machtpolitik folgen. Die große – vielleicht einmalige – Chance, nach dem Ende des Ost-West-Konflikts auf der Basis der westeuropäischen Friedensstruktur eine gesamteuropäische zu bauen und vorwiegend nichtmilitärische Mittel der Konfliktbearbeitung zu entwickeln und zu praktizieren, muß schon jetzt als weitgehend vertan angesehen werden.

10. Ursachen des Rechtsextremismus in der Bundeswehr (Thesen)

Anfang der neunziger Jahre breitete sich im geeinten Deutschland eine Welle rechtsradikaler Gewalt aus, mit der so niemand gerechnet hatte. Denn für diese Welle von Gewalt gab es weder in der Geschichte der DDR noch jener der Bundesrepublik Deutschland ein Beispiel. Spätestens seit 1992 gibt es auch in der Bundeswehr wachsende rechtsextremistische Tendenzen. Im Jahre 1997 stieg die Zahl der sogenannten „Besonderen Vorkommnisse mit rechtsradikalem Hintergrund" auf 184 Fälle an. Dies geht aus einem Bericht hervor, den das Verteidigungsministerium dem - auf Antrag der Oppositionsparteien eingesetzten - Untersuchungsausschuß des Deutschen Bundestages zur Aufklärung über den Rechtsextremismus in der Bundeswehr im Januar 1998 vorlegte. Die politische Führung der Bundeswehr bearbeitete die Problematik des Rechtsextremismus mit einer Verharmlosungsstrategie: Es handle sich, so wurde immer wieder betont, um bedauerliche Einzelfälle. Unabhängig von der Frage, ob sich die Einzelfall-Theorie später einmal als falsch oder als richtig erweisen wird, läßt sich schon jetzt feststellen, daß sie längst fatale politische Wirkungen hervorgerufen hat. Sie begünstigte Wucherungen und behinderte die dringend nötige Ursachenanalyse. Sie könnte sich von den folgenden Thesen anregen lassen:

1. Fließende Grenzen: Rechtsradikalismus gibt es bei einer Minderheit in der Bundeswehr seit jeher. Soldaten mit rechtsradikalen Einstellungen bewegen sich hier in einem breiten konservativen bis rechtsnationalen Umfeld mit fließenden Grenzen. Nach meiner Beobachtung werden in der Bundeswehr die Trennlinien zwischen konservativ-demokratisch und rechtsradikal nicht mit derselben Schärfe wahrgenommen und beachtet wie in der Zivilgesellschaft. Augenzwinkernde Duldung rechtsextremer Ansichten stellt im militärischen Milieu der Bundeswehr keine Seltenheit dar. Die im Zusammenhang mit den aktuellen rechtsradikalen Vorkommnissen in der Bundeswehr aufgestellte Einzelfall-These berücksichtigt diese Zusammenhänge nur unzureichend.

2. „Out of area": Die Militärpolitik der weltweiten Kampfeinsätze, die der Öffentlichkeit seit 1992 als Ausdruck einer „neuen Normalität" des wiedervereinigten deutschen Nationalstaats vorgestellt wird, hat die Akzeptanz dieser rechtsradikalen Minderheit anscheinend erhöht und mancherorts Machtphantasien freigesetzt, die früher tabuiert waren. Die sogenannten rechtsradikalen Gewaltvideos, die von Bundeswehrsoldaten hergestellt wurden, sind zu lesen als gedankliche Verbindungslinien zwischen künftigen „out of area"-Einsätzen und der Erfahrung kriegerischer Gewalt in der Geschichte (Wehrmacht) wie in der Gegenwart (jugoslawischer Bürgerkrieg). In den sogenannten Krisenreaktionsstreitkräften, die für Out-of-area-Einsätze vorgesehen sind, scheint sich in zunehmendem Maße eine Rambo-Mentalität herausgebildet zu haben.

3. Tradition: Mit den neuen Aufgaben der Bundeswehr wird zugleich das – seit jener problematische – Problemfeld Wehrmacht, Bundeswehr und Tradition neu vermessen. Dabei geht es um die Fragen, wie viel Kontinuität wir uns leisten können beziehungsweise,

wie scharf der Schnitt zwischen Bundeswehr und Wehrmacht gezogen werden muß. Politischer Wille und Truppenpraxis klaffen auf dem emotionsbeladenen Gebiet der Traditionspflege seit den Anfängen der Bundeswehr auseinander. Das heißt: Während Erlasse und Politikerreden den Traditionszusammenhang zwischen Bundeswehr und Wehrmacht ausdrücklich ablehnen, ist derselbe im Truppenalltag durchaus gegenwärtig.

Seine politische Bedeutung gewinnt dieser Tatbestand dadurch, daß Rechtsradikalismus in Deutschland naturgemäß – und dies stärker als in anderen Ländern – in einem *historischen* Bezugssystem definiert wird. Der Nationalsozialismus stellte die wirkungsmächtigste deutsche Form des Rechtsradikalismus dar; und die Wehrmacht war der „stählerne Garant" des NS-Systems und nicht etwa – wie es manche in der aktuellen Wehrmacht-Kontroverse[48] noch immer sehen möchten – eine Militärorganisation, die gleichsam losgelöst vom nationalsozialistischen Unrechtssystem agierte.

4. Personalpolitische Entwicklungen verschärfen die genannten Tendenzen: Die Bundeswehr kann heute kaum noch als ein „Spiegelbild" der Gesellschaft angesehen werden. Sie bildet vielmehr in zunehmendem Maße ein spezifisches Milieu aus. Das gilt sowohl für die Berufs- und Zeitsoldaten als auch für die Wehrpflichtigen. Die jungen Männer im wehrpflichtigen Alter haben heute in Deutschland praktisch die Möglichkeit der Wahl zwischen Militär- und Zivildienst. In dieser Situation hat sich die Tendenz herausgebildet, daß der eher politisch rechts eingestellte Teil der Jugend zur Bundeswehr geht, während die eher links eingestellten Jugendlichen lieber den Zivildienst ableisten. In einer Zeit mit hoher Arbeitslosigkeit wird die Bundeswehr besonders für sogenannte Modernisierungsverlierer mit autoritären, fremdenfeindlichen, rassistischen und gewaltbejahenden Grundeinstellungen zunehmend attraktiv[49]. Eine – leider nicht näher bekannte – Anzahl von Offizieren, vielleicht ein kritisches Potential, hat die Bundeswehr verlassen, als diese ihren Auftrag von Verteidigung auf weltweite Militäreinsätze hin veränderte. Jüngste Überlegungen des Ministers, wie man auch wieder Linke in die Bundeswehr ho-

len könne, stellen das Eingeständnis dar, daß es derzeit mit dem politischen Pluralismus in den Streitkräften nicht weit her ist, wohl am wenigsten in der oberen Führungsschicht.

5. Geschichtsrevisionismus: Diese bundeswehrspezifischen Ursachen von Rechtsradikalismus werden überlagert von gesamtgesellschaftlichen Entwicklungen. Hier wirken sich die seit dem Historikerstreit Mitte der 80er Jahre zu beobachtenden Tendenzen einer Relativierung und Beschönigung der Verbrechen des NS-Unrechtsstaats aus.[50] Die Neue Rechte verstärkt diese Tendenzen mit nationalistischen Parolen wie „Rückruf in die Geschichte" und „selbstbewußte Nation". So lauten Titel von Büchern neo-rechter Intellektueller aus den vergangenen Jahren.

6. Fremdenfeindlichkeit: Zu den gesamtgesellschaftlichen Entwicklungen gehört die – seit den frühen 90er Jahren sich verstärkt artikulierende – zum Teil gewalttätige Fremdenfeindlichkeit. Sie wird häufig mit nationalistischen und rassistischen Einstellungen erklärt, aber auch mit dem Ausmaß der Arbeitslosigkeit. In Ostdeutschland gibt es Regionen mit einer Jugendarbeitslosigkeit von bis zu 50 Prozent. Gefühle der Hoffnungslosigkeit und des Zurückgesetztseins suchen sich in gewalttätiger Fremdenfeindlichkeit ein Ventil („Vergeltungsaggression"). Im übrigen äußern sie sich in zunehmender Distanz zur Demokratie. Jugendliche mit ausländerfeindlichen und rechtsextremen Orientierungen scheinen in den vergangenen Jahren verstärkt in die Bundeswehr geströmt zu sein[51].

In der Summe betrachtet, haben wir es bei den sich häufenden rechtsradikalen Vorfällen in der Bundeswehr mit durchaus besorgniserregenden Erscheinungen zu tun. Aktuell stellen sie zwar noch keine Gefahr für die Demokratie in Deutschland dar. Aber sie müssen endlich politisch ernst genommen, genau untersucht und entschieden bekämpft werden.

Anmerkungen

1 Erstveröffentlichungsnachweise: Der Vorspann dieses Beitrages stellt die leicht gekürzte Fassung einer Analyse dar, die der Autor unter dem Titel „Brisante Tradition. Die Bundeswehr kämpft mit der Wehrmacht" in: DIE ZEIT Nr. 52, 19. Dezember 1997, S. 11, veröffentlichte. Die Kapitel 1 bis 8 wurden zuerst unter dem Titel „Bilder der Wehrmacht in der Bundeswehr", in: Blätter für deutsche und internationale Politik 2'98, S. 186-196, veröffentlicht und für diesen Sammelband mit Anmerkungen versehen. Das Kapitel 9 wurde zuerst veröffentlicht unter dem Titel „Deutschland übt 'out of area'. Eine Kritik der neuen Normalität mit militärischer Prägung" in: Österreichisches Jahrbuch für internationale Sicherheit 1997. Graz, Wien, Köln 1997, S. 201-209. Kapitel 10 geht auf einen Vortrag zum Thema „Aktuelle Erscheinungen und Hintergründe des Rechtsradikalismus in der Bundeswehr" zurück, den der Verfasser am 4. Februar 1998 auf Einladung des Israel Office der Friedrich-Ebert-Stiftung und des Richard-Köbner-Zentrums der Hebräischen Universität in Jerusalem gehalten hat. Eine gekürzte Fassung wurde publiziert in: blick nach rechts. Informationsdienst über Rechtsaussen. 15. Jg., Nr. 4, 25. Februar 1998, S. 2-4.

2 Rassismus. Höchststrafe für Reserve-Leutnant, in: Frankfurter Rundschau vom 1. September 1997, S. 4.

3 Titelgeschichte „Rechtsradikale bei der Bundeswehr. Die Nazi-Affäre", in: stern, Heft Nr. 51 vom 11. Dezember 1997, S. 20-30.

4 Siehe Der Spiegel vom 1. Dezember 1997.

5 Vgl. Detlef Bald, Militär und Gesellschaft 1945-1990. Die Bundeswehr der Bonner Republik. Baden-Baden 1994 und die dort angegebene, weiterführende Literatur.

6 Vgl. die Überblicksdarstellung von Donald Abenheim, Bundeswehr und Tradition. Die Suche nach dem gültigen Erbe des deutschen Soldaten. München 1989 (=Beiträge zur Militärgeschichte, hrsg. vom MGFA, Bd. XI).

7 Vgl. Johann Adolf Graf Kielmansegg, Der Krieg ist der Ernstfall, in: Truppenpraxis Nr.3/1991, S. 304-307. Darin beklagte der Generalmajor angesichts des zweiten Golfkrieges 1991, daß unsere Gesellschaft ein generell gestörtes Verhältnis zum Krieg habe. Er belehrte seine Leser: „Und der Ernstfall ist eben nicht nur der Frieden, so einsichtig dies auf den ersten blick auch scheinen mag und so gut sich damit werben läßt. Der Ernstfall ist vor allem der Krieg. Auch das Grundgesetz ist da ganz eindeutig. Der Verfassungsauftrag der Bundeswehr heißt Verteidigung, ohne wenn und aber, nicht Frieden." Kielmansegg unterfütterte diese Sicht der Dinge mit einer allgemeinen, sich auf die Geschichte berufenden Kriegsapologetik. Es gibt Krieg, schrieb er, „weil diese Welt ein für allemal ist, wie sie ist, gut und böse, friedfertig und gewalttätig, gerecht und ungerecht." Das bleibe für alle Zeiten so: „Denn Krieg, Gewalt, Tod und Ungerechtigkeit können eben nicht in einer großen moralischen und politischen Anstrengung für immer aus der Welt geschafft werden."

8 Terminus von Norbert Wiggershaus, Zur Debatte um die Tradition künftiger Streitkräfte 1950-1955/56, in: Hans-Joachim Harder u. ders., Tradition und

Reform in den Aufbaujahren der Bundeswehr. Herford und Bonn 1985 (= Entwicklung deutscher militärischer Tradition, hrsg. vom MGFA, Bd. 2), S. 7.
9 Detlef Bald zufolge wurde der Begriff von Gerd Schmückle geprägt. Siehe dessen Beitrag: Graf Baudissin und die Reform des deutschen Militärs, in: Innere Führung. Zum Gedenken an Wolf Graf von Baudissin. Baden-Baden 1995, S. 19-53, hier: S. 44, mit einer differenzierenden Beschreibung des Spektrums innerhalb der Fraktion der Traditionalisten.
10 Jakob Knab, Falsche Glorie. Das Traditionsverständnis der Bundeswehr. Berlin 1995, S. 54 f.
11 Liste der Namen von Bundeswehrkasernen, die aus Hitlers Traditionsoffensive stammen: ebd., S. 57-59.
12 Kurzbiographien dieser und anderer Kasernenpatrone siehe ebd., S. 72-93.
13 Formulierung von Brigadegeneral Winfried Vogel, „Nun sag, wie hältst du's mit der Tradition...?" In: Jakob Knab, Falsche Glorie, a.a.O., S. 119-130. Dokumentation des Streits um die Generaloberst-Dietl-Kaserne in Füssen, in: ebd. S. 131-144. Diesen „Krieg" hat Jakob Knab schließlich gewonnen. 1995 wurden die nach Dietl und Kübler benannten Kasernen endlich umbenannt.
14 Georg Meyer, Zur Situation der deutschen militärischen Führungsschicht im Vorfeld des westdeutschen Verteidigungsbeitrages 1945-1950/51. In: Anfänge westdeutscher Sicherheitspolitik 1945-1956. Bd 1: Von der Kapitulation bis zum Pleven-Plan. Von Roland G. Foerster, Christian Greiner, Georg Meyer, Hans-Jürgen Rautenberg und Norbert Wiggershaus. München, Wien 1982, S. 673.
15 Vgl. Jakob Knab, Falsche Glorie, a.a.O., S. 101-106.
16 Beim Sammeln internationaler Stimmen, welche die militärische Effizienz der deutschen Wehrmacht bewunderten, tat sich besonders der Bundeswehr-General Heinz Karst hervor. Vgl. seine hier zitierten Schriften in Anm. 37 ff.
17 Hans-Joachim Harder, Traditionspflege in der Bundeswehr 1956-1972, in: ders. u. Norbert Wiggershaus, Tradition und Reform, a.a.O., S. 97-160, hier: S. 119.
18 Erlaß des Bundesministers der Verteidigung vom 1.Juli 1965 über „Bundeswehr und Tradition". Im Wortlaut abgedruckt in: Harder/Wiggershaus, Tradition und Reform, a.a.O., S. 155-160.
19 Ziffer 6 des Erlasses.
20 Ziffer 14 des Erlasses: „Zuletzt nur noch dem Gewissen verantwortlich, haben sich Soldaten im Widerstand gegen Unrecht und Verbrechen der nationalsozialistischen Gewaltherrschaft bis zur letzten Konsequenz bewährt."
21 Detlef Bald, Graf Baudissin, a.a.O., S. 43.
22 Ebd., S. 45.
23 Das Deutsche Reich und der Zweite Weltkrieg. Bde. 1-6, Stuttgart 1979 ff.; „Unternehmen Barbarossa". Der deutsche Überfall auf die Sowjetunion 1941. Hrsg. v. Gerd R. Ueberschär und Wolfram Wette, Paderborn 1984; Taschenbuchausgabe: Der deutsche Überfall auf die Sowjetunion. „Unternemen Barbarossa" 1941. Hrsg. von Gerd R. Ueberschär und Wolfram Wette, Frankfurt/M. 1991; Der Zweite Weltkrieg. Analysen, Grundzüge, Forschungsbilanz. Hrsg.

von Wolfgang Michalka, 2. Auflage München, Zürich 1990; Zwei Wege nach Moskau. Vom Hiler-Stalin-Pakt zum „Unternehmen Barabrossa". Hrsg. von Bernd Wegner, München, Zürich 1991; Stalingrad. Mythos und Wirklichkeit einer Schlacht,. Hrsg. von Wolfram Wette und Gerd R. Ueberschär, Frankfurt/ M. 1992, 3. Auflage 1997; Stalingrad. Ereignis, Wirkung, Symbol. Hrsg. v. Jürgen Förster, München, Zürich 1992; Der Krieg des kleinen Mannes. Eine Militärgeschichte von unten. Hrsg. von Wolfram Wette, München, Zürich 1992, 2. Auflage 1995.

24 Aufsehen erregte sein Vortrag in der Evangelischen Akademie Hofgeismar im Mai 1979, der seinerzeit von der Süddeutschen Zeitung veröffentlicht wurde und ein ungewöhnlich großes Leserecho hervorrief. Siehe dazu ders., Das Verhältnis von Wehrmacht und NS-Staat und die Frage der Traditionsbildung, in: Aus Politik und Zeitgeschichte B 17/1981, S. 11-23; ders., Das Verhältnis von Wehrmacht und NS-Staat und die Frage der Traditionsbildung, in: Tradition als Last? Legitimationsprobleme der Bundeswehr. Hrsg. von Klaus-M. Kodalle, Köln 1981, S. 57-77; ders., Der Kampf der Wehrmacht im Osten als Traditionsproblem, in: Unternehmen Barbarossa. Der deutsche Überfall auf die Sowjetunion 1941. Berichte, Analysen, Dokumente. Hrsg. von Gerd R. Ueberschär und Wolfram Wette, Paderborn 1984, Taschenbuchausgabe Frankfurt/M. 1991, S. 225-237; ders., Wehrmacht, Ostfeldzug und Tradition, in: Der Zweite Weltkrieg. Hrsg. v. Wolfgang Michalka, München, Zürich 1990, S. 314-328.

25 Manfred Messerschmidt, Das Verhältnis von Wehrmacht und NS-Staat und die Frage der Traditionsbildung, in: ders., Militärgeschichtliche Aspekte des deutschen Nationalstaates. Hrsg. vom Militärgeschichtlichen Forschungsamt. Düsseldorf 1988, S. 233-255, hier: S. 243.

26 Ebd., S. 245.

27 Ebd., S. 248.

28 Richtlinien zum Traditionsverständnis und zur Traditionspflege der Bundeswehr vom 20. September 1982. Herausgegeben vom Bundesminister der Verteidigung, Fü S I 3 – Az. 35-08-07. In der Bundeswehr bekannt gemacht in der „Information für Kommandeure Nr. 1/82".

29 Ziffer 6 der „Richtlinien 1982".

30 Vgl. zusammenfassend: Karl Seidl, Ein Kampf um die Geschichte der deutschen Wehrmacht. Historiker des Militärgeschichtlichen Forschungsamtes in Freiburg unter Beschuß von rechts, in: Badische Zeitung vom 16./17. Februar 1985.

31 So z.B. das Vorstandsmitglied des Verbandes deutscher Soldaten (VdS), Oberst a.D. Dr. Rolf Elble, in der Verbandszeitschrift: Soldat im Volk, September 1984, S. 4 f.

32 Beginnend mit dem Abdruck eines Vortrages unter dem Titel: „Kein gültiges Erbe", in: Süddeutsche Zeitung vom 21./22. Februar 1981.

33 Soldat im Volk, September 1984, S. 4.

34 Rolf Elble, Uns reicht's jetzt, in: Soldat im Volk, Februar 1985, S. 3.

35 Anonymer Artikel: Deutsche Geschichte „amtlich" gefälscht, in: Deutsche Wochen-Zeitung vom 18. Januar 1985, S.3.

36 Leserbrief Körber „Eine generelle Verleumdung", in: Badische Zeitung vom 8. März 1997.
37 Heinz Karst, Das Bild des Soldaten. Versuch eines Umrisses. Boppard a. Rh. 1964.
38 Brigadegeneral a.D. Heinz Karst, Kampagne gegen die Wehrmacht. Eine zweite Welle der „Entmilitarisierung", in: Criticon 87, Januar/Februar 1985, S. 19 f.
39 Gemeint ist der SPD-Politiker Hans-Jürgen Wischnewski.
40 Heinz Karst, Kampagne gegen die Wehrmacht, a.a.O., S. 20. Eine erweiterte Fassung seines Criticon-Artikels veröffentlichte Karst unter dem Titel „Wider die Selbstzerstörung. Lanze für eine gerechte Geschichtsbewertung der Wehrmacht", in: Alte Kameraden. Unabhängige Zeitschrift deutscher Soldaten. Organ der Traditionsverbände und Kameradenwerke. 33. Jg. (1985), Nr. 3, S. 3-5.
41 Deutschland magazin, 20. Jg. 1988, Nr. 5. Titelgeschichte: Die Bundeswehr und ihr Trojanisches Pferd.
42 Bundesministerium der Verteidigung, Fü S I 3 – Az. 50-00-00 vom 25. April 1995, betr.: Wehrmacht im Dritten Reich.
43 Ebd., Ziffer 14.
44 Ebd., Ziffer 16.
45 Vgl. Meyers Großes Universallexikon, Bd. 18: Deutsches Wörterbuch O-Z, hier: 'Verstrickung'. Mannheim/Wien/Zürich 1986, S. 2781.
46 Volker Rühe zit. n. Winfried Vogel, Die Wehrmacht ist kein Vorbild. Volker Rühes klares Wort zum Selbstverständnis der Bundeswehr, in: DIE ZEIT vom 1. Dezember 1996, S. 16.
48 Vgl. Befreiung von der Wehrmacht? Dokumentation der Auseinandersetzung über die Ausstellung „Vernichtungskrieg-Verbrechen der Wehrmacht 1941 bis 1944" in Bremen 1996/97. Hrsg. v. Helmut Donat und Arn Strohmeyer. Bremen 1997; Die Wehrmachtsausstellung. Dokumentation einer Kontroverse. Hrsg. v. Hans-Günther Thiele. Bremen 1997; Wehrmachtsverbrechen. Eine deutsche Kontroverse. Hrsg. v. Heribert Prantl. Hamburg 1997.
49 Vgl. die Untersuchung des Mitarbeiters des Sozialwissenschaftlichen Instituts der Bundeswehr (SOWI), Heinz-Ulrich Kohr, Rechts zur Bundeswehr, links zum Zivildienst? Orientierungsmuster von Heranwachsenden in den alten und neuen Bundesländern. Ende 1992 (=SOWI-Arbeitspapier Nr. 77).
50 Vgl. dazu meinen Beitrag: Das geglättete Bild der deutschen Nationalgeschichte. Die neue Rechte, ihre Themenschwerpunkte und ihre Suche nach wissenschaftlicher Anerkennung, in: Frankfurter Rundschau vom 18. Dezember 1997, S. 18.
51 Vgl. Hajo Funke, Der aufhaltsame Marsch der neuen Rechten durch die Institutionen, in: Blätter für deutsche und internationale Politik Heft 2/98, S. 175-185, hier: S. 177-180, mit Hinweisen auf einschlägige empirische Studien.

Gerd Wiegel
Vorwärts in die Vergangenheit
Die Rückkehr zur deutschen Machtpolitik

„Volkspädagogik" im besten Sinne ist es, was die Ausstellung „Vernichtungskrieg. Verbrechen der Wehrmacht 1941-1944" zu bieten hat. Die negative Konnotation des Begriffs, wie sie vor allem von einer geschichtspolitisch engagierten Neuen Rechten propagiert wird, stellt den Versuch dar, moralische Maßstäbe aus der Geschichtsbetrachtung auszuschließen, der Geschichte mit dem nur noch nüchternen Blick des unbeteiligten Wissenschaftlers zu begegnen, um so zu einer Historisierung des Gegenstands zu kommen, die die Frage nach Schuld und Verantwortung gar nicht mehr aufkommen läßt[1]. Angewandt auf die Zeitgeschichte, d.h. auf den Faschismus, verbindet sich hiermit eine gewollte Entlastung des nationalen Geschichtsbildes, welches vom als Makel empfundenen Stigma des Vernichtungskriegs, der Shoah und der anderen Verbrechen des deutschen Faschismus befreit werden und aus der herausgehobenen Position einer verbrecherischen Vergangenheit auf ein Normalmaß negativer Anteile der Nationalgeschichte zurechtgestutzt werden soll[2].

Ganz in diesem volkspädagogischen – oder vielleicht besser aufklärerischen – Sinne, steht die von Klaus Naumann erhobene Forderung, sich auf das Geschehen des Vernichtungskrieges, wie er in der Ausstellung präsentiert wird, einzulassen, ohne sich einer „immunisierenden Wahrnehmungsweise" hinzugeben, die zuerst nach den eigentlichen Motiven der Ausstellungsmacher oder nach den Mängeln und Auslassungen der Ausstellung fragt[3]. Im Mittelpunkt der Rezeption sollte seiner Meinung nach die Tatsache des Vernichtungskrieges stehen und nicht dessen „historische 'Ableitung'". Die unvermittelte Darstellung des Geschehens ohne Einordnung in den historischen Prozeß wird von Naumann nicht als Mangel, sondern als bewußt gewählte Stärke der Ausstellung gesehen: „Denn jedes Narrativ, das ein Geschehen in ein

Vorher und Nachher einbettet, steht vor dem Dilemma, durch die bloße Kontinuität des Erzählens, Herleitens oder Begründens, und sei diese auch noch so vorsichtig formuliert, einen affirmativen und suggestiven Sog zu erzeugen: Das was geschehen ist, sei geschehen, weil es so oder so geschehen *mußte*."[4] Was aber bedeutet dies für das Verstehen des Vernichtungskriegs? Steht dieser nicht in der Kontinuität der deutschen Geschichte, wie immer man ihn genau aus ihr ableiten will? Gibt es keine Vorbedingungen des abgebildeten Geschehens, seien es ein spezifischer Antisemitismus und Rassismus, in deren Tradition der Vernichtungskrieg steht? Und was ist mit der Kontinuität der deutschen imperialistischen Interessen, der spezifischen Ausprägung eines preußisch-deutschen Militarismus, zunehmend durchsetzt mit der faschistischen Ideologie? Nicht ein fatalistisches „so mußte es kommen", sondern das Bedingungsgeflecht für das tatsächliche Geschehen könnte mit diesen (und anderen) Fragen erhellt werden. Es ist kein Vorwurf an die Ausstellung, diese Fragen nicht behandelt und sich ganz auf die Tatsachen des Vernichtungskriegs beschränkt zu haben. Dies jedoch, wie Naumann, gerade zum Vorzug der Ausstellung und nicht zu ihren unausweichlichen Auslassungen zu erklären, scheint mir problematisch. Es stellt im übrigen nicht die einhellige Meinung der Ausstellungsmacher dar, die in Einführungen für die die Ausstellung begleitenden Guides gerade auf diese Mängel hingewiesen haben. Schlimmer jedoch als die Einordnung der Ausstellung in die Vergangenheit erscheint bei Naumann ihre politische Nutzbarmachung für die Gegenwart, wie er sie politisch rechts und links gleichermaßen am Werke sieht. Neben den Abwehrkämpfen konservativer Geschichtspolitiker, sei die Ausstellung auch für den Antifaschismus ein willkommenes Ereignis, ließen sich doch hier noch einmal alte Frontverläufe rekonstruieren. Rechte und Linke verdrängten somit gleichermaßen den Inhalt der Ausstellung – den Vernichtungskrieg – und nutzten dieselbe für ihre Anliegen, das funktionale Motiv der Auseinandersetzung dominiere hier wie da. Trotz des totalitarismustheoretischen Ansatzes, der am Hamburger Institut für Sozialforschung geübt wird[5], sollte Klaus Naumann doch genauer unterscheiden können zwischen historischen und aktuellen Kontinuitätsfragen deutscher Politik, die gerade angesichts des Wissens um Vernichtungskrieg und Shoah einen kritischen Blick (nicht immer frei von Übertreibungen) auf mögliche Kontinuitäten werfen, und den geschichtspolitischen Anliegen einer konservativen Rechten, die eben gerade die Verbrechen relativiert oder negiert und die Kontinuitäten, wenn von ihnen überhaupt gesprochen wird, positiv bewertet. Den Tatsachen nicht ins Auge blicken zu wollen, trifft für einen großen Teil der Linken nicht zu, ist doch das Wissen über die Vernichtungspolitik des Faschismus nicht erst durch die Hamburger Ausstellung verbreitet worden.

Die Frage die hinter Naumanns Aufsatz steht, ist die nach den Lehren aus der Geschichte und damit natürlich auch die nach den Folgen für die Gegenwart. Denn worauf, wenn nicht auf Gegenwart und Zukunft, sollte Wissenschaft und damit auch Geschichtswissenschaft ausgerichtet sein? Ob dabei aus der Geschichte zu lernen ist, ist eine offene Frage[6]. Die einzige Möglichkeit jedoch, es zu tun – beantwortet man die Frage positiv –, liegt in der Klärung des historischen Kausalprozesses, in der Entschlüsselung eben jenes Bedingungsgeflechts, welches zum untersuchten Tatbestand geführt hat. Der Sinn dieses Unterfangens liegt neben der Klärung des historischen Geschehens natürlich auch in der Frage, wie weit dieses Bedingungsgeflecht heute noch vorhanden ist, welche Kontinuitäten erhalten geblieben sind und welche Gefahr einer möglichen Wiederholung damit heute besteht. In diesem Sinne scheint mir die Nutzbarmachung der Ausstellung für gegenwärtige politische Fragen kein Mißbrauch zu sein, sondern eine notwendige Ergänzung.

Seit der Vereinigung von 1990 stellt sich die deutsche Politik wieder stärker in historische Kontinuitäten, die mit der Kriegsniederlage 1945 an Bedeutung verloren hatten. Auffälligstes Kennzeichen dieser Entwicklung, die schon vor 1990 einsetzte, ist die Renationalisierung deutscher Politik. Nationale Interessen und die Frage ihrer Umsetzung stehen nun wieder verstärkt im Mittelpunkt, zumal die Beschränkungen, die nach 1945 der BRD auferlegt wurden, weggefallen sind. Einhergehend mit dieser Renationalisierung verstärkten sich die Bemühungen konservativer Intellektueller, das Geschichtsbild der Deutschen von den Lasten der faschistischen Vergangenheit zu befreien[7]. Historikerstreit und die Entlastungsversuche einer geschichtspolitisch engagierten Neuen Rechten dienten der ideologischen Absicherung einer Politik, deren Ziel heute unverblümt die Vorherrschaft in Europa ist. Primäres

Mittel zur Erreichung dieses Ziels ist die ökonomische Durchdringung des Kontinents, doch läßt sich seit 1990 auch eine Rückkehr zu traditionellen machtpolitischen Methoden erkennen, und zwar in Gestalt einer zunehmenden Militarisierung der Außenpolitik. Die Entwicklung auf diesem Gebiet hat in den letzten Jahren eine solche Rasanz bekommen, daß es sinnvoll erscheint, den Faktor Militär stärker ins Auge zu fassen. Vor dem Hintergrund der jüngsten Bundeswehrdiskussion stellt sich ganz automatisch die Frage nach den Kontinuitäten zwischen Wehrmacht und Bundeswehr. Die „Junge Freiheit" vermutet gar eine gezielte Kampagne, bei der nach der Wehrmacht nun die Bundeswehr an der Reihe sei[8]. Worum es im folgenden also gehen soll, ist die Frage, ob die deutsche Politik zu Traditionen zurückkehrt, die eine Entwicklung möglich gemacht haben, die letztlich zum Vernichtungskrieg führte. Daß es dabei nicht um die schlichte Frage einer Wiederholung der Geschichte geht, ist selbstverständlich. Gefragt werden soll vielmehr nach Kontinuitätslinien zwischen Wehrmacht und Bundeswehr, vor denen der aktuelle Rechtsextremismus in der Truppe besser verstanden werden kann; nach den im Zuge der Vereinigung entstandenen Konzepten einer deutschen Hegemonialpolitik in Europa; und schließlich nach den Schritten und Zielen einer Remilitarisierung der deutschen Außenpolitik.

Von der Wehrmacht zur Bundeswehr

Die Bundeswehr steht seit ihrer Gründung in enger Verbindung zur Wehrmacht und sie hat diese Tradition bis heute nicht überwunden. Die aktuelle Frage nach rechtsextremistischen Tendenzen innerhalb der Truppe ist verkürzt gestellt, konzentriert sie sich nur auf momentane Erscheinungen. Rechtsextremes Gedankengut wird eben nicht nur von außen in die Truppe hineingetragen, wie es der Verteidigungsminister Rühe behauptet, es wächst und gedeiht auch innerhalb der Truppe, nicht zuletzt auch bei ihrem Führungspersonal. Der Samen, der von außen kommt, fällt, um im Bild zu bleiben, auf einen bereits bereiteten Boden.

Bereitet wurde dieser Boden zu Beginn der fünfziger Jahre, am Ausgangspunkt der Debatte um eine bundesdeutsche Wiederbewaffnung. Daß dies nur wenige Jahre nach Ende des Zweiten Weltkrieges möglich war, lag vor allem an der internationalen Konstellation, der durch den Koreakrieg zusätzlich angeheizten Blockkonfrontation. Die Bundesrepublik sollte und wollte einen militärischen Beitrag zum westlichen Bündnis leisten und ließ sich diesen mit einer Absolution für die Wehrmacht erkaufen. Denn natürlich bestand die militärische Gründergeneration der neuen Truppe aus Offizieren der ehemaligen Wehrmacht, ihre Wertmaßstäbe waren von dieser geprägt und die Bereitschaft, dem neuen Staat zu dienen, wurde an die Rehabilitierung der in den Kriegsverbrecherprozessen verurteilten Kameraden geknüpft. So wurde in der berühmten Himmeroder Denkschrift von 1950 die Wiederherstellung der „soldatischen Ehre" gefordert, die man selbstredend durch die Behandlung seitens der Siegermächte, nicht etwa durch die Art der eigenen Kriegsführung verletzt sah. Als Bedingung für einen militärischen Beitrag wurde von den ehemaligen Wehrmachtsoffizieren die „Rehabilitierung des deutschen Soldaten durch eine Erklärung von Regierungsvertretern der Westmächte" gefordert, verbunden mit einer Freilassung der als Kriegsverbrecher verurteilten Deutschen, soweit sie nicht nach altem deutschen Recht schuldig seien[9]. Die Gründungsbedingungen der Bundeswehr enthalten also schon die Rehabilitierung der Wehrmacht, die Weigerung, sich mit ihren Verbrechen auseinanderzusetzen, und damit den positiven Traditionsbezug eben auf die Wehrmacht. Geht man von der von Manfred Messerschmidt konstatierten „Teilidentität"[10] der Ziele zwischen Wehrmacht und faschistischem Regime aus, dann läßt sich erwarten, daß diese Ziele mit der Niederlage 1945 nicht einfach abgelegt wurden. Die Gründergeneration der Bundeswehr war also in den Vorstellungen einer deutschen Hegemonie in Europa und eines militanten Antikommunismus verfangen und natürlich mußte der Verlust der deutschen Ostgebiete für diese Generation ein ewiger Stachel bleiben. Wertvorstellungen, die schon teilweise vor dem Faschismus im Militär vorhanden waren, von diesem jedoch weiter verstärkt und angereichert wurden, dürften das geistige Klima der Bundeswehr in ihrer Anfangszeit geprägt haben. Der hierarchische Charakter des Militärs, die Vorbild- und Erzieherfunktion des Vorgesetzten für den Untergebenen erleichtert die Tradierung solcher Bilder und Vorstellungen ungemein[11].

Im folgenden möchte ich einige Beispiele für die Geschichtsbilder geben, die auch innerhalb der Bundeswehr von Bedeutung sind. Daß sie zumeist von ehemaligen Offizieren stammen, zeigt einerseits, daß die hier geübte Deutlichkeit nicht *den* Konsens der Truppe zeigt, sondern eine – traditionalistische – Richtung. Wie weit diese Äußerungen Ehemaliger, die zumeist der Auseinandersetzung mit der Wehrmachtsausstellung entstammen, repräsentativ für die aktuelle Truppe sind, läßt sich schwer beantworten. Ein sich anschließender Blick auf historische Darstellungen bundeswehreigener Forschungseinrichtungen läßt jedoch Schlimmes befürchten.

Wie sieht nun also das Geschichtsbild der Traditionalisten aus und wie sehen sie das Verhältnis Bundeswehr – Wehrmacht? General a.D. Heinz Trettner, zwischen 1964 und 1966 Generalinspekteur und damit höchster Soldat der Bundeswehr, hebt gerade die Leistung ehemaliger Wehrmachtssoldaten für den Aufbau der Bundeswehr hervor und betont hierbei insbesondere die „geistige Leistung der Inneren Führung"[12]. Diese „geistige Leistung" der frühen Jahre bestand natürlich zunächst in einer heroisierenden und apologetischen Sichtweise der Wehrmacht. Auch Generalmajor a.D. Dr. Jürgen Schreiber hebt die prägende Rolle ehemaliger Wehrmachtsangehöriger für die jüngere Generation hervor. So seien jüngere „im positiven Sinne durch die älteren ehemaligen Soldaten geprägt worden."[13] Daß hierzu auch Angehörige der Waffen-SS gehörten, stellt für Schreiber kein Problem dar. Demgegenüber bezweifelt er den Sinn und Zweck der ganzen „Vergangenheitsbewältigung": diese habe in einer „Umerziehung" des deutsche Volkes durch die Siegermächte bestanden, wodurch die deutsche Geschichte zu einem einzigen Verbrecheralbum geworden sei. Bedauert wird von ihm, daß es heute verpönt sei, „irgendwelche guten Seiten an der Entwicklung nach 1933 zu erkennen oder Abwägungen zwischen Vor- und Nachteilen vorzunehmen."[14] Am eindrücklichsten ist jedoch das vom Brigadegeneral a.D. Reinhard Uhle-Wettler präsentierte Geschichtsbild, der sich angesichts der Provokation durch die Wehrmachtsausstellung zu einem „Kampf an der Heimatfront" aufgerufen sah und dabei entsprechend schwere Geschütze auffuhr. Ein längeres Zitat verdeutlicht den hier vorherrschenden Blick auf die Geschichte: „Der '30 jährige Krieg' von 1914-1945 gegen Deutschland und das deutsche Volk vollendete den Aufstieg Rußlands und der Vereinigten Staaten von Amerika zu Supermächte. Die Zerstörung des Deutschen Reichs als Zentrum Europas bewirkte dessen Abstieg in die Drittklassigkeit und den Zerfall des britischen Weltreiches. Im übrigen taten die Sieger, was schon in der Antike üblich war. Sie zerstörten die Heiligtümer der Besiegten, schändeten deren Frauen, raubten was ihnen brauchbar erschien, deportierten die Bevölkerung, erschlugen, wen sie wollten, versklavten die Gefangenen, verschickten sie in die Bergwerke oder zwangen sie zum Kriegsdienst (...). Es war die Rückkehr in die Barbarei."[15] Die Deutschen erscheinen hier als die eigentlichen Opfer, sie wurden versklavt und deportiert, die Barbaren macht Uhle-Wettler demzufolge in den Siegermächten aus. Die Greuel des Faschismus haben in einer solchen Sichtweise keinen Platz. Die Wehrmacht gilt als ehrenhafte Armee und nur folgerichtig sind historische Fälschungen, die auch den Krieg nicht in faschistischer Verantwortung, sondern als von außen aufgezwungen sehen. So schreibt der schon erwähnte Trettner: „Es dürfte heute erwiesen sein, daß der Krieg gegen die Sowjetunion – anders als die Umerziehungspropaganda behauptet – in erster Linie ein nur schweren Herzens begonnener, aufgezwungener Präventivkrieg war und daß unmenschliche Formen vom ersten Tag an von den aufgeheizten sowjetischen Soldaten durch die Ermordung deutscher Kriegsgefangener am 22.6.41 in die Auseinandersetzung hineingetragen wurden."[16]

Die Frage, wie weit die hier skizzierten Äußerungen auch heute noch in der Bundeswehr eine Rolle spielen, läßt sich nur schwer beantworten. Die Tatsache jedoch, daß lang gediente hohe Offiziere ein solches Geschichtsbild vertreten, läßt vermuten, daß im Offizierskorps der Bundeswehr ein Klima vorherrscht, in dem diese Äußerungen auf fruchtbaren Boden fallen. Interessant wäre ein Blick auf die internen Schulungsmaterialien der Truppe. Einen Anhaltspunkt hierzu können die von Bundeswehrinstitutionen erstellten Geschichtswerke geben, deren Ergebnisse sicherlich auch im Rahmen der Bundeswehr Verwendung finden. Zu erwähnen wäre hier die vom Militärgeschichtlichen Forschungsamt (MGFA) erarbeitete Reihe „Das Deutsche Reich und der Zweite Weltkrieg", die neben sehr fundierten und kritischen Darstellungen auch Beiträge beinhaltet, die die oben dargestellten Sichtweisen unterstützt. So legt Joachim Hoffmann, ehemaliger Direktor am MGFA, in seiner Darstellung des deutschen Angriffs auf die Sowjetunion, eine Sichtweise nahe, die ebenfalls die schon von den Nazis verwendete Präventivkriegsthese aufs neue ins Spiel bringt[17]. In seinem neuesten Buch von 1995, „Stalins Vernichtungskrieg", versucht Hoffmann nachzuweisen, daß der Vernichtungscharakter des Krieges im Osten von der Roten Armee ausging, die Wehrmacht also nur darauf reagiert habe und das eigentliche Opfer gewesen sei. Daß die weiter oben von Trettner skizzierte Sichtweise durch solche Arbeiten aus Forschungseinrichtungen der Bundeswehr gespeist wird, dürfte auf der Hand liegen.

Interessant ist in diesem Zusammenhang, daß das zustimmende Geleitwort zu Hoffmanns letztgenanntem Buch vom Archivdirektor des Bundesarchivs-Militärarchivs Freiburg, Dr. Manfred Kehrig, und damit einer Bundeswehreinrichtung stammt, wodurch das Buch einen bundeswehroffiziellen Anstrich erhält. Diese Tatsache führte sogar zu einer Anfrage der Grünen an den Verteidigungsminister, die jedoch ergebnislos verlief. Ein weiteres Indiz für Umorientierungsbemühungen in der Militärgeschichtsschreibung – weg von der eher kritischen Sicht, wie sie in der Reihe „Das Deutsche Reich und der Zweite Weltkrieg" überwiegend geübt wird – ist die auf drei Bände konzipierte Darstellung Manfred Rauhs „Geschichte des Zweiten Weltkriegs".* Rauhs Arbeit zeichnet sich durch eine absolut verharmlosende Bewertung der Rolle der Wehrmacht aus, die bei ihm im wesentlichen als Hort des Widerstands erscheint. In einer altbekannten strikten Trennung von Wehrmacht und faschistischem Regime wird letzterem alles Verbrecherische zugeordnet, das Militär dagegen von jeder aktiven Beteiligung freigesprochen. Verblüffend ist der rein militärtechnische Blickwinkel Rauhs, befreit von jeder soziostrukturellen Einbindung des Faktors Militär, womit Rauh die Militärgeschichte wieder auf das Niveau der fünfziger Jahre zurückführt. Im 1991 geschriebenen Vorwort zum ersten Band reflektiert Rauh die neue politische Lage angesichts der weltpolitischen Zäsur von 1990. Erleichtert stellt er fest, daß die Zukunft der Nation jetzt gewährleistet sei und auch der geschichtliche

---

* Manfred Rauh ist allerdings nicht mehr im MGFA Potsdam beschäftigt und gibt die Bde. 2 und 3 (letzterer noch nicht erschienen) in eigener Verantwortung heraus.

Ballast ihr nicht mehr grundsätzlich im Wege stehe: „Die deutsche Geschichte geht weiter, sie hat über ein Jahrtausend lang Europa mitgeprägt, sie hat die gerade zwölf Jahre des Nationalsozialismus und das knappe halbe Jahrhundert der Nachkriegszeit überstanden und sie wird auch in Zukunft einen gewichtigen Beitrag zu den Geschicken Europas und der Welt leisten."[18] Die Nachkriegsepoche wird von ihm als „Talsohle" der deutschen Geschichte verstanden, womit neben Teilung auch Demokratisierung und Westbindung dem Negativkonto zugeschlagen werden. Die Gipfelpunkte deutscher Geschichte lagen demnach vor 1945, waren also auch noch nach 1933 zu finden. Wichtig für diesen Zusammenhang ist, daß der erste Teil von Rauhs Werk vom MGFA herausgegeben wurde und mit einem Vorwort seines damaligen Amtschefs, Brigadegeneral Dr. Günter Roth, versehen ist. Dieser preist Rauhs Buch als Synthese der bereits erwähnten großen Reihe über den Zweiten Weltkrieg an und empfiehlt es ausdrücklich den Soldaten der Bundeswehr zur Lektüre. Daß die weiteren Bände nicht mehr vom MGFA herausgegeben werden, könnte auf inhaltliche Differenzen hinweisen, zumal inzwischen der Leiter des Forschungsamtes gewechselt hat. Dennoch könnten die hier aufgeführten Indizien auf einen Klimawandel innerhalb der bundeswehreigenen Forschungseinrichtungen hindeuten, die Militärgeschichte nicht mehr in kritischer Distanz, sondern als militärtechnisch orientierte Legitimationswissenschaft begreifen. Nur ein weiterer Baustein in dieser Kette ist das als Reaktion auf die Wehrmachtsausstellung entstandene Buch „Verbrechen an der Wehrmacht" von Franz W. Seidler, immerhin Professor für Neuere Geschichte an der Bundeswehrhochschule in München. Daß Seidlers Buch in drei Fortsetzungen in der Jungen Freiheit präsentiert wurde und als Beleg gegen die Hamburger Ausstellung gilt, paßt gut in dieses Bild. Ähnlich wie Hoffmann will Seidler nachweisen, daß die verbrecherische Kriegsführung von der Roten Armee und nicht der Wehrmacht ausging. Alle dokumentierten Fälle stützen sich auf die Akten der Wehrmacht-Untersuchungsstelle, eine zumindest problematische Quelle, da die Nazis diese Akten für eigene Propagandazwecke nutzten, wie die von Seidler unkommentiert wiedergegebenen Einleitungen der jeweiligen Aktenbände belegen.[19]

Die Frage nach Rechtsextremismus in der Bundeswehr stellt sich also auch jenseits der aktuellen Debatte und betrifft vor allem geschichtsrevisionistische Positionen. Der Blick zurück ist hier immer auch ein funktionaler, soll doch einmal das für das Militär besonders wichtige Traditionsproblem positiv gelöst werden. Wichtiger jedoch ist die mit der Relativierung der Vergangenheit einhergehende Legitimierung der neuen Rolle Deutschlands als Hegemonialmacht in Europa, die nun auch die militärischen Beschränkungen der Nachkriegszeit überwinden will.

Konzepte deutscher Hegemonialpolitik

Vorstellen will ich im folgenden einige Konzepte zur Neuorientierung der deutschen Außenpolitik, wie sie im Gefolge der Vereinigung von konservativen Intellektuellen vorgelegt wurden. Sie bilden den Hintergrund für die im Anschluß daran zu erörternde Militarisierung der deutschen Politik, die einen wichtigen Teil dieser angestrebten Hegemonialrolle darstellt.

Drei Punkte kennzeichnen viele dieser Konzepte: Vergangenheitspolitik, Geopolitik und eine Rückkehr zur, auch militärisch abgestützten, Machtpolitik.

Die faschistische Vergangenheit als Hindernis für eine eigenständige deutsche Hegemonialpolitik aus dem Weg zu räumen, war eine der Kernpunkte konservativer Vergangenheitspolitik. Ganz in diesem Sinne forderte Arnulf Baring auf einer Veranstaltung der Hans-Martin-Schleyer-Stiftung mit dem bezeichnenden Titel „Eine neue deutsche Interessenlage?": „Wir sollten also mit mehr Selbstvertrauen an die neue Situation herangehen und nicht glauben, daß uns diese zwölf Jahre auf die Dauer wirklich lähmen dürfen."[20] Angesagt ist somit ein Rückbezug auf die Traditionen deutscher Machtpolitik, möglichst jenseits des Faschismus. So entdecken Hans-Peter Schwarz und Gregor Schöllgen vor allem die Vorzüge der Politik des Deutschen Reiches ab 1871, dessen positive Traditionen in Abgrenzung zur Fixierung auf den Faschismus stärker betont werden sollten. Schwarz geht es dabei besonders darum, die These vom deutschen „Sonderweg" zu entkräften, um so einen positiven Bezug auch auf den deutschen Machtstaat nach 1871 zu ermöglichen. Seiner Ansicht nach führe die Sonderwegsthese zur moralischen Legitimierung der deutschen Teilung und zur Forderung der europäischen Integration als Staatsräson[21]. Demgegenüber biete die Erfahrung von 1989 die Möglichkeit eines Perspektivwechsels auf die deutsche Geschichte: die Reichsgründung 1871 erscheine so als notwendig auf dem Weg zur europäischen Modernität. Gegenüber bisherigen Sichtweisen gelte es jetzt, stärker die Kontinuitäten deutscher Geschichte und nicht ihre Brüche zu betonen[22]. Hoffnungsvoll blickt Schwarz in eine von den Belastungen der Geschichte befreite deutsche Zukunft, in der sich das Ausland daran gewöhnen müsse, daß die Wählermehrheit hierzulande immer weniger geneigt sei, sich „die Untaten von Großvätern und Urgroßvätern"[23] vorhalten zu lassen. Auch Gregor Schöllgen sieht Parallelen der heutigen Situation mit der Entwicklung von 1871, wobei ihm vor allem der Wunsch nach „Gleichberechtigung" für beide Situationen als kennzeichnend erscheint. Doch wie schon Preußen-Deutschland als „jüngste Großmacht" diskriminiert wurde, sieht Schöllgen diese Tatsache auch auf das Deutschland seit 1990 zukommen. Im Sinne dieser Gleichberechtigung sei der Verzicht auf Atomwaffen 1949 „höchst problematisch" gewesen[24].

Vergangenheitspolitik heißt also hier Relativierung des Faschismus für den Zusammenhang deutscher Geschichte und anknüpfen an machtstaatliche Traditionen des deutschen Kaiserreichs.

Die neu zu bestimmende Lage und Perspektive deutscher Politik wird vor allem mittels geopolitischer Koordinaten gedeutet. So sieht Schwarz Deutschland nach der Vereinigung als Nationalstaat, europäische Großmacht und Zentralmacht Europas."Die Stellung als Zentralmacht im Unterschied zum allgemeineren Begriff einer Großmacht begründe sich aus der geographischen Mittellage Deutschlands"[25]. Damit stützt sich Schwarz auf ein Paradigma des Verständnisses internationaler Beziehungen, welches lange Zeit als überholt galt. Die Geopolitik hat seit Beginn der 90er Jahre eine Renaissance erfahren und fehlt seither in keiner konservativen Analyse internationaler Politik. Nicht nur die Diskreditierung dieses Ansatzes im Faschismus sondern auch das schematische, an geographischen Lagen orientierte Verständnis politischer Entscheidungen lassen diesen Ansatz als nicht tauglich erscheinen. Im Falle Deutschlands dient er dazu, die alte Vorstellung von der Mittlerrolle des Landes zwischen Ost und West zu reaktivieren und so das ökonomisch und politisch orientierte Hegemonialinteresse Richtung

Osteuropa zu verklären. Auch Baring vertritt diesen Ansatz, verbunden mit dem Stichwort der Mittellage, welche für die nun höhere politische Verantwortung Deutschlands maßgebend sei. Als wollte er die deterministische Auffassung der Geopolitik dokumentieren, sieht Baring gleichsam automatisch alte politische Dilemmata wieder aktuell werden, so als habe sich in den Beziehungen der Länder seit Beginn des Jahrhunderts nichts wesentliches geändert, bzw.als sei dies durch eine 'veränderte' Geographie hinfällig: „Ob wir wollen oder nicht, sitzen wir plötzlich wieder in der alten Zwangslage zwischen Frankreich und Großbritannien einerseits, Polen und Rußland andererseits."[26]

Welche Folgerungen für die deutsche Politik ergeben sich nun aus den vorgenommenen Lageanalysen? Für Schwarz ist zunächst einmal eine Definition und Verfolgung nationaler Interessen erforderlich. Nicht vereinbar hiermit sei die europäische Perspektive, die von Schwarz lediglich als eine Flucht vor dem Nationalstaat gesehen wird. Ähnlich wie Schwarz fordert auch Schöllgen eine realistische Einschätzung der neuen Lage seit 1990 und einen „emotionslosen" Umgang mit dem Machtbegriff. Was sich dahinter verbirgt wird deutlich, wenn die militärische Zurückhaltung des Landes – zuletzt deutlich im zweiten Golfkrieg – auf den Verlust jeglichen Machtgedankens als Folge der beiden Weltkriegs zurückgeführt wird[27]. Diese Zeiten seien laut Schöllgen nun jedoch vorbei, die militärische Zurückhaltung wird als „Sonderweg" bezeichnet, den es zu verlassen gelte[28]. In seiner Bedeutung umgedreht wird hier von Schöllgen der Begriff des deutschen Sonderwegs, der ja gerade die Spezifik der deutschen Entwicklung im 19. Jahrhundert und die sich daraus ergebenden Folgen zu Beginn des 20. Jahrhunderts kennzeichnen soll. Schöllgens Anwendung des Begriffs auf die politische Entwicklung der BRD zwischen 1949 und 1989 knüpft an Konzepte an, wie sie im Umkreis einer intellektuellen Neuen Rechten entwickelt werden an, und dient hier dazu, die mit dem Begriff „Westbindung" verbundenen politischen Veränderungen seit dem Zweiten Weltkrieg in der BRD als Ausdruck einer aufgezwungenen und damit zu überwindenden Ausrichtung der Politik zu denunzieren[29]. Daß damit neben der von Schöllgen angesprochenen Machtpolitik auch die Rückkehr zu autoritären Formen der Staatsführung verbunden werden kann, zeigt, welche Richtung diese Politikkonzepte beinhalten.

Für Baring, der in Deutschland wieder die Hegemonialmacht Europas sieht, liegen die Aufgaben des Landes vor allem im Osten des Kontinents. Denn, so weiß Baring, die osteuropäischen Staaten erwarteten von Deutschland „die Regelung ihrer Angelegenheiten"[30], weshalb Deutschland „für die Tschechoslowakei, für Ungarn, zum Teil auch für Polen die Führungsmacht"[31] sein werde. Offensichtlich berauscht von seinen eigenen Tabubrüchen und Hegemonialphantasien, sagt Baring auch, welches Ziel mit dieser Durchdringung des gesamten Ostens verbunden ist, denn sicher ist er sich, daß die Schlüsselindustrien des Ostens Teil der westdeutschen Industrie werden[32]. Im Prinzip wiederholt Baring damit ein Programm, welches die deutschen Faschisten schon einmal 1939 in Angriff nahmen, wenngleich Baring weiß, daß die Mittel einer Durchdringung des Ostens heute weitaus „zivilisierter" sind und allein auf der ökonomischen Überlegenheit Deutschlands und der politischen Abhängigkeit Osteuropas beruhen. Aber Baring wäre nicht der Pragmatiker, als der er sich vorstellt, würde er nicht erwägen, daß die angestrebte Hegemonialrolle auch Spannungen mit sich bringen kann, gegen die das Land sich wappnen muß. Enttäuscht zeigt er sich darüber, daß im Rahmen der Souveränitätsdebatte 1990 nicht über „angemessene Machtattribute für Deutschland"[33] diskutiert worden sei, wobei er an Atomwaffen und einen Sitz im Weltsicherheitsrat denkt. Wegen der großen Verletzlichkeit des Landes, so ist sich der Autor sicher, brauche Deutschland auf Dauer Atomwaffen, und besorgt stellt er sich die Frage: „Haben wir (...) überhaupt noch die Kriegsführungsfähigkeit?"[34]

Die Richtung der hier skizzierten Konzepte für eine deutsche Hegemonialpolitik läßt an Deutlichkeit nichts zu wünschen übrig. Im Mittelpunkt dieser Konzepte stehen die Interessen des deutschen Nationalstaats, der mit der Vereinigung wieder der primäre Bezugspunkt aller Politik ist[35]. Ziel dieser Politik ist es, das vorhandene ökonomische Gewicht Deutschlands jetzt in ein auch politisches zu verwandeln, um so den Anspruch der europäischen Führungsmacht umsetzen zu können. Bestätigt wird dies durch den höchsten Repräsentanten des Landes, Bundespräsident Herzog, der anläßlich einer Rede vor der Gesellschaft für Auswärtige Politik ebenfalls die Frage nach den nationalen Interessen stellte: „Deutsche Interessen, das sind zunächst unsere unmittelbaren nationalen Interessen wie Sicherheit und Bewahrung von

Wohlstand. Es hat keinen Sinn, das verschweigen zu wollen. Unsere Partner würden uns ohnehin nicht glauben, daß wir nur internationalen Altruismus im Schilde führen. Ganz besonders verlangt es die Wahrhaftigkeit, zuzugeben, daß wir auch deshalb für weltweite Freiheit des Handels eintreten, weil das in unserem eigenen Interesse ist."[36] Bei diesen Fragen nationaler Bedeutung dürfe es kein „parteipolitisches Klein-Klein" geben, womit Herzog andeutet, daß er im Ernstfall auch 'nur noch Deutsche' kennt.

Einiges von dem, was Baring, Schwarz und Schöllgen fordern, ist mittlerweile umgesetzt oder in Arbeit. So ist die BRD, trotz weiter bestehender europäischer Perspektive, die dominierende Macht der EU und diktiert mittels ihrer Geldpolitik die Bedingungen der europäischen Integration. Die geforderte Machtpolitik wurde von Deutschland anläßlich des Jugoslawienkriegs eindrucksvoll demonstriert, indem die deutsche Anerkennungspolitik gegenüber den separatistischen Republiken entgegen dem Willen der europäischen Partner durchgedrückt wurde. Gearbeitet wird auch an einer größeren Teilhabe an einer weltpolitischen Machtpolitik: der ständige Sitz im Sicherheitsrat der UNO ist fest im Visier deutscher Außenpolitik. Vor dem Hintergrund dieser Entwicklung ist die parallel hierzu verlaufende Remilitarisierung der deutschen Politik nur folgerichtig. Verwunderlich ist nur, wie eine völlige Umorientierung der Politik ohne jeden Widerstand, ja teilweise unter Mitwirkung derer, die noch in den achtziger Jahren der Friedensbewegung zuzurechnen waren, erfolgen konnte.

Remilitarisierung der Außenpolitik

„Es läuft wieder genau so ab wie nach der Reichsgründung 1871. Das wiedervereinigte Deutschland wird das europäische Gleichgewicht zerstören. (...) Das Programm dieser Machtpolitik ist einfach und fast auf stupide Weise gleich. Es ist ein ewiger Dreisprung: zuerst Europa, dann die Welt, dann Krieg. Dieses Programm basiert auf der unausrottbaren deutschen Vorstellung von der gefährdeten Mittellage und der daraus abgeleiteten Notwendigkeit, europäische Vormacht werden zu müssen."[37]

Man muß nicht so weit gehen wie Wolfgang Michal, der die deutsche Entwicklung nach der Vereinigung mit der Entwicklung ab der Reichsgründung 1871 parallelisiert und einen dritten deutschen Griff nach der Weltmacht prophezeit. Jedoch sind die von ihm aufgezeigten Überschneidungen beider Vorgänge verblüffend und verdeutlichen, daß die imperialistischen Interessen Deutschlands nach wie vor vorhanden sind und welche Gefahren damit einhergehen. Deutlich wird dies vor allem anhand der planmäßigen Remilitarisierung der deutschen Außenpolitik, deren Ausgangspunkt 1991, also nur ein Jahr nach der Vereinigung liegt. Es zeigt sich hier, daß es den deutschen Eliten sofort klar war, daß mit dem Einschnitt von 1990 die Chance bestand, die militärischen Beschränkungen Deutschlands – eine Folge des Krieges – zu überwinden und wieder zu einer auch militärisch abgestützten Machtpolitik zu gelangen. Als einer der Hauptprotagonisten dieser Politik ist der damalige Generalinspekteur der Bundeswehr, Naumann, anzusehen. Mit ihm verbindet sich eine völlige Umorientierung der deutschen Militärpolitik, eine Neudefinition des Sicherheitsbegriffs und eine Ausweitung des Einsatzrahmens deutschen Militärs. Niedergelegt sind diese Vorstellungen in einem von Naumann verfaßten Papier, welches zur Grundlage der weiteren militärpolitischen Entwicklung wurde. Aufgrund der neuen Lage nach 1990 und des damit verbundenen Wegfalls einer konkreten Bedrohung, plädiert Naumann für eine Neudefinition des Sicherheitsbegriffs. Ausgegangen wird nunmehr von einem „weiten Sicherheitsbegriff", in dessen Mittelpunkt nicht mehr die unmittelbare Gefährdung des Landes steht, sondern die „Vorbeugung, Eindämmung und Beendigung von Konflikten jeglicher Art, die die Unversehrtheit und Stabilität Deutschlands beeinträchtigen könnten."[38] Die weiter aufgeführten Sicherheitsinteressen verdeutlichen die Richtung dieser Ausführungen dann gut: So finden sich hier die „Aufrechterhaltung des freien Welthandels und der Zugang zu strategischen Rohstoffen" ebenso, wie die „Erhaltung des nuklearen Schutzes und Einflußnahme auf die Entscheidung der Nuklearmächte".[39] Was hier in wenigen Sätzen formuliert wird, ist die Forderung nach weltweitem Einsatz der Streitkräfte zur Absicherung der imperialistischen Interessen Deutschlands. Die Sicherung der „strategischen Rohstoffe" drückt das angemaßte Zugriffsrecht auf die zur Aufrechterhaltung der ökonomischen Vormachtrolle wichtigen Ressourcen in aller Welt aus. Ausdrücklich ist von einer „weltweiten Perspektive" und von Einsätzen „außerhalb der NATO" die Rede[40]. Naumanns Vorschläge finden sich, ergänzt um einige wichtige Aspekte, dann in den verteidigungspolitischen Richtlinien vom November 1992 wieder. Dieses auch politisch abzusegnende Papier enthält einige Placeboformulierungen, die die klare Sprache des Militärs entschärfen sollen. So ist jetzt von der „Aufrechterhaltung des freien Welthandels und des ungehinderten Zugangs zu Märkten und Rohstoffen in aller Welt im Rahmen einer gerechten Weltwirtschaftsordnung"[41] die Rede. Die Rohstoffe erscheinen nicht mehr als „strategisch", der Zugang zu „Märkten" erscheint einsichtig und unter einer „gerechten Weltwirtschaftsordnung" kann jeder verstehen, was er will. An anderer Stelle wird das Papier jedoch wesentlich deutlicher. So ist hier von *„legitimen nationalen Interessen"* die Rede und zur Erläuterung heißt es: „Trotz prinzipieller Übereinstimmung werden sich die deutschen Interessen nicht in jedem Einzelfall mit den Interessen der Verbündeten und anderer Partner decken. Die nationale Interessenlage ist deshalb auch *Ausgangspunkt* der Sicherheitspolitik eines souveränen Staates."[42] Nationale, auch militärische Alleingänge werden also nicht mehr ausgeschlossen. Die Einbindung Deutschlands, seit 1945 Ziel der westlichen Politik, wird von diesem jetzt konterkariert und zugunsten der Durchsetzung 'legitimer nationaler Interessen' überwunden. Der Militärhistoriker Wolfram Wette brachte in der *Zeit* die Essenz dieser Politik auf den Punkt: „Was wir hier vor uns haben, hätte man früher rundheraus als ein imperialistisches Programm bezeichnet."[43]

Die Folgen dieser Neuausrichtung deutscher Militärpolitik waren zunächst eine Neustrukturierung der Bundeswehr, um der geforderten weltweiten Einsetzbarkeit der Truppe nachkommen zu können. Die Aufteilung der Bundeswehr in Hauptverteidigungskräfte (HVK), Krisenreaktionskräfte (KRK) und Kommando Spezialkräfte (KSK) soll diesen neuen Anforderungen gerecht werden. Das Schwergewicht der zukünftigen Rüstungs- und Militärpolitik liegt dabei auf den beiden letztgenannten Gruppen, die für den weltweiten Einsatz vorgesehen sind[44]. Die KRK werden mit viel Geld zur modernen, weltweiten Interventionstruppe ausgebildet, das KSK soll als eine Art GSG 9 deutsche Staatsbürger aus aktuellen Krisenregionen herausholen. Der kurzfristige Einsatz in Albanien im Jahre 1997 diente neben der Einsatzprobung sicherlich auch zur Gewöhnung der Öffentlichkeit an weltweite Bundeswehreinsätze. Diese Einsätze werden nach der schrittweisen Ausweitung seit 1990 in Zukunft verstärkt zu erwarten sein.

Neben der organisatorischen Umstrukturierung der Bundeswehr zur weltweit einsetzbaren Interventionstruppe, läßt sich seit Beginn der neunziger Jahre verstärkt der Versuch beobachten, den schon von Schöllgen und Baring beklagten Verzicht auf Atomwaffen zu korrigieren. Die Lagerung waffenfähigen Urans und der Versuch einer deutschen Teilhabe an den französischen Atomwaffen im Rahmen der WEU stellen Versuche dar, dieses militärische Manko auf lange Sicht zu überwinden[45].

Wesentlich kurzfristiger und problemloser war es der Bundesrepublik möglich, alle bisher gültigen Rechtsauffassungen bezüglich des Auslandseinsatzes deutschen Militärs ad absurdum zu führen. Die bis 1990 gültige Auffassung, die Bundeswehr dürfe ausschließlich im Rahmen der NATO, des Bündnisgebiets und zur Landesverteidigung eingesetzt werden, wurde mittels vieler kleiner Schritte ausgehöhlt und überwunden. In geschickter Weise wurde eine Ausweitung der Einsätze von zunächst rein humanitären bis hin zu Kampfeinsätzen vorgenommen, ohne daß es in der Öffentlichkeit zu größeren Protesten gekommen wäre. Von den „Engeln von Phnom Penh" (Kambodscha, 1991) bis zum Kampfeinsatz in Bosnien (1996) dauerte es nur fünf Jahre. Entscheidend für diese raschen Erfolge der Remilitarisierung waren einerseits das geschickte Vorgehen der Bundesregierung und andererseits der Krieg im ehemaligen Jugoslawien, der den ausschlaggebenden Erfolg dieser Politik brachte. Im Nachhinein kann es so erscheinen, als ob die von seiten Deutschlands kräftig unterstützte und unvermeidlich zum Krieg führende Zerschlagung Jugoslawiens mit dem Ziel betrieben worden sei, die neue außenpolitische Bewegungsfreiheit zu unterstreichen und gleichzeitig die Remilitarisierung dieser Außenpolitik voran zu bringen. Die gegen den Willen der Verbündeten vorgenommene Anerkennungspolitik der Bundesrepublik brachte das völkische Prinzip deutscher Politik deutlich auf den Punkt. Das „Völkergefängnis" Jugoslawien mußte gesprengt werden, das ethnische Prinzip – jedem 'Volk' sein eigener Staat – sollte verwirklicht werden. Diese kleinteilige Zerlegung Osteuropas dient einerseits den imperialistischen Interessen der Bundesrepublik, die somit kleine, an ihr orientierte Vasallen erhält, die die ökonomische Durchdringung erleichtern. Daneben kehrt man zu einem völkischen Prinzip der Politik zurück, welches die spezifisch deutsche Auffassung des Verhältnisses Staat-Volk verdeutlicht. „Bei der Behandlung der Fremdvölkischen im Osten müssen wir darauf sehen, so viel wie möglich einzelne Völkerschaften anzuerkennen und zu pflegen (...). Ich will damit sagen, dass wir nicht nur das grösste Interesse daran haben, die Bevölkerung des Ostens nicht zu einen, sondern im Gegenteil in möglichst viele Teile und Splitter zu zergliedern."[46] Diese Rede Himmlers aus dem Jahre 1940 verdeutlicht ein Prinzip deutscher Politik, welches bis heute gültig ist, wenngleich sich die Methoden verändert haben. Die völkische Ausrichtung deutscher Politik, abgeleitet vom spezifisch deutschen Verständnis der Nation als Abstammungs- und damit Blutsgemeinschaft, kennzeichnet auch heute noch einen Strang des deutschen Sonderwegs.

Jugoslawien brachte nicht nur den Durchbruch zur Remilitarisierung, sondern sicherte dieser Option auch eine große Zustimmung innerhalb der Bevölkerung. Angesichts der Schrecken des Krieges, die durch die Art der Medienberichterstattung vor allem den Serben angelastet wurden, schien militärische Gewalt zur ultima Ratio der Politik zu werden. Gerade Teile der ehemaligen Friedensbewegung waren es, die vehement für einen deutschen Kriegseinsatz votierten. Der zentrale Punkt der Argumentation, den sich auch die Regierung zu eigen machte, bestand in einer Umkehrung der Lehren, die aus dem Faschismus gezogen wurden. Hieß es zunächst, die Bundeswehr könne nirgends eingesetzt werden, wo die Wehrmacht die Schrecken des Faschismus verbreitet hatte, wurde nun aus dem deutschen Faschismus gerade die moralische Pflicht zum Eingreifen abgeleitet. Berechtigte moralische Empörung über den ethnischen Krieg in Bosnien legitimierte die Politik der Bundesregierung, die den Ausbruch dieses Kriegs entscheidend begünstigt hatte.

Damit kehrt Deutschland zu einer militärpolitischen „Normalität" zurück, die es fast fünfzig Jahre lang missen mußte. Krieg als mögliches Mittel der Außenpolitik steht nun wieder auf der Tagesordnung. Die Überwindung der Nachkriegszeit könnte sehr wörtlich gemeint sein.

Fazit

Wie lassen sich nun also die eingangs gestellten Fragen nach den Kontinuitäten deutscher Politik und den Lehren aus der Geschichte beantworten? Der von Klaus Naumann geäußerte Verdacht, die Ausstellung über den Vernichtungskrieg werde für aktuelle politische Auseinandersetzungen mißbraucht, läßt sich bestätigen. Die eben skizzierte Legitimierung deutscher Kampfeinsätze in Bosnien mittels einer instrumentellen Berufung auf den Vernichtungskrieg und die daraus abgeleitete besondere moralische Verpflichtung der Deutschen, stellt in der Tat einen solchen Mißbrauch dar. Die Ausweitung des Instrumentariums imperialistischer Machtpolitik wird so zur verantwortungsbewußten moralischen Läuterung verklärt. Stellt es wirklich einen eben solchen Mißbrauch der Geschichte dar, wenn nach den Kontinuitäten und dem Bedingungsgeflecht gefragt wird, welche eine solche Politik möglich machen?

Festzustellen ist eine Rückkehr Deutschlands in die Kontinuität einer imperialistischen Machtpolitik, die jetzt auch wieder mit militärischen Mitteln verfochten werden soll. Die revisionistischen Geschichtsbilder, wie sie innerhalb und außerhalb der Bundeswehr vertreten werden, sollen die historischen Barrieren, die einer ungehemmten deutschen Machtpolitik bisher entgegenstanden, überwinden. Nicht ein Viertes Reich oder ein neuer Faschismus stehen bevor, sondern Deutschland kehrt in die von Schwarz und Schöllgen beschworene Tradition des deutschen Machtstaats ab 1871 zurück. Allerdings war gerade dieser Machtstaat eine Element des Bedingungsgeflechts, welches den deutschen Faschismus ermöglicht hat. Auch aus diesem Grund müssen neofaschistische Tendenzen, wie sie sich in der Bundeswehr gezeigt haben, beunruhigend wirken. Die Tatsache des Vernichtungskriegs ist nicht aktuell, da ein politisches System, das diesen hervorbringen könnte, derzeit nicht vorhanden ist. Daß es dennoch gedankliche und sprachliche Kontinuitäten auch im heutigen Militär gibt, verdeutlicht das Zitat von Oberstleutnant Reinhard Herden, veröffentlicht im Bundeswehrorgan Truppenpraxis/Wehrausbildung: „Sind Deutschland und die Bundeswehr wirklich mit allen Konsequenzen bereit, sich auf Gegner einzulassen, die nichts zu verlieren haben? Sie werden auf einen Gegner treffen, der Gefallen am Töten gefunden hat, (...) der zu unbeschreiblichen Greueltaten fähig ist und seine Landsleute opfert, um zu überleben. Verrat ist ihm zur zweiten Natur geworden. (...) Ist die Bundeswehr bereit und legitimiert, dieser Bedrohung notfalls auch mit brutaler Gewalt zu begegnen?"[47] Es scheint so, als würde augenblicklich alles getan, damit die Truppe diesen Anforderungen gerecht wird.

Anmerkungen

1 Zu dieser Tendenz vgl. das Vorwort in: Uwe Backes/Eckhard Jesse/Rainer Zitelmann: Die Schatten der Vergangenheit. Impulse zur Historisierung des Nationalsozialismus, Frankfurt a.M./Berlin 1992.
2 Beispiele für diese Art der Historisierung habe ich dargestellt in: Johannes Klotz/Ulrich Schneider (Hg.), Die selbstbewußte Nation und ihr Geschichtsbild. Geschichtslegenden der Neuen Rechten, Köln 1997.
3 Klaus Naumann: Was bleibt von der Wehrgemeinschaft? Ein doppelter Blick auf die „Wehrmacht-Ausstellung", in: Blätter für deutsche und internationale Politik, 12/97.
4 Ebd., S. 1495.
5 Vgl. hierzu Karl Heinz Roth: „Sich aufs Eis wagen" – Zur Wiederbelebung der Totalitarismustheorie durch das Hamburger Institut für Sozialforschung, in: Deppe/Fülberth/Rilling (Hg.), Antifaschismus, Heilbronn 1996.
6 Vgl. Jan Philipp Reemtsma: Was heißt: aus der Geschichte lernen?, in: Universitas 12/97.
7 Vgl. hierzu Klotz/Schneider (wie Amerk.2)
8 Junge Freiheit 2. Januar 1998.
9 Vgl. Norbert Frei: Vergangenheitspolitik. Die Anfänge der Bundesrepublik und die NS-Vergangenheit, München 1996 (hier auch Zitat S. 196); vgl. ebenfalls Donald Abenheim: Bundeswehr und Tradition, München 1989.
10 Manfred Messerschmidt: Die Wehrmacht im NS-Staat. Zeit der Indoktrination, Hamburg 1969.
11 Vgl. Wolfram Wette: Bilder der Wehrmacht in der Bundeswehr, in: Blätter für deutsche und internationale Politik, 2/98.
12 Vgl. Soldat im Volk – April 1997.
13 Vgl. Soldat im Volk – Dezember 1997.
14 Soldat im Volk – Mai 1997.
15 Soldat im Volk – Juni 1997.
16 Soldat im Volk – April 1997.
17 Vgl. Joachim Hoffmann: Die Sowjetunion bis zum Vorabend des deutschen

Angriffs, in: Das Deutsche Reich und der Zweite Weltkrieg, Bd.4: Der Angriff auf die Sowjetunion, Hrsg. Vom Militärgeschichtlichen Forschungsamt, Stuttgart 1983.

18 Manfred Rauh: Geschichte des Zweiten Weltkriegs. Erster Teil: Die Voraussetzungen, Berlin 1991, S. 9.

19 Vgl. Franz W. Seidler (Hrg.): Verbrechen an der Wehrmacht. Kriegsgreuel der Roten Armee 1941/42, Selent 1997. Laut Frankfurter Rundschau vom 4.3.98 soll Seidler in Dresden einen Vortrag vor Burschenschaftern und Neonazis gehalten haben. Ferner: Heinz-Ludger Borgert: Relativierung von Kriegsverbrechen, in: blick nach rechts Nr. 8, 22.4.98, der die Wehrmachtsuntersuchungsstelle zumindest unter einem gewissen „Ideologieverdacht" sieht.

20 Arnulf Baring/Rupert Scholz (Hg.): Eine neue deutsche Interessenlage? Koordinaten deutscher Politik jenseits von Nationalismus und Moralismus, Köln 1994, S. 15.

21 Vgl. Hans-Peter Schwarz: Die Zentralmacht Europas. Deutschlands Rückkehr auf die Weltbühne, Berlin 1994, S.30 f.

22 Vgl. ebd., S65 ff. Die Kontinuitäten deutscher Geschichte, allerdings anders als von Schwarz erwartet, betont auch Reinhard Kühnl in seiner Schrift: Deutschland seit der Französischen Revolution. Untersuchungen zum deutschen Sonderweg, Heilbronn 1996. Hier finden sich ausreichend Belege für die These vom deutschen Sonderweg, auch über das ansonsten vielfach als Zäsur genannte Jahr 1945 hinaus. Konservative wie Schwarz und Baring und erst recht die Vertreter der Neuen Rechten, belegen mit ihren Entwürfen eindrucksvoll die Kontinuität dieses Sonderwegs.

23 Schwarz, Zentralmacht Europas, S.239.

24 Vgl. Gregor Schöllgen: Angst vor der Macht. Die Deutschen und ihre Außenpolitik, Berlin/Frankfurt a.M. 1993, S. 76 ff.

25 Vgl. Schwarz, Zentralmacht Europas, S.8 ff.

26 Arnulf Baring: Deutschland, was nun? Ein Gespräch mit Dirk Rumberg und Wolf Jobst Siedler, Berlin 1991 (Taschenbuchausgabe), S. 19.

27 Ganz in diesem Sinne schrieb Schwarz schon 1985: Die gezähmten Deutschen. Von der Machtbesessenheit zur Machtvergessenheit, Stuttgart 1985.

28 Vgl. Schöllgen, Angst vor der Macht, S. 123 ff.

29 Vgl. Rainer Zitelmann/Karlheinz Weißmann/Michael Großheim (Hrsg.): Westbindung. Chancen und Risiken für Deutschland, Frankfurt a. M./Berlin 1993.

30 Baring, Deutschland, was nun? S. 14.

31 Ebd., S. 83.

32 Vgl. ebd., S.108.

33 Ebd., S.160.

34 Ebd., S.210.

35 Vgl. hierzu auch Christian Hacke: Die neue Bedeutung des nationalen Interesses für die Außenpolitik der Bundesrepublik Deutschland, in: APuZ B 1-2/97.

36 Roman Herzog: Die Globalisierung der deutschen Außenpolitik ist unvermeidlich, in: Bulletin Nr. 20, 15.3.95, S. 164.

37 Wolfgang Michal: Deutschland und der nächste Krieg, Berlin 1995, S. 14.
38 Militärpolitische und militärstrategische Grundlagen und konzeptionelle Grundrichtung der Neugestaltung der Bundeswehr. Vorlage des Bundesministeriums der Verteidigung an den Verteidigungsausschuß des Bundestages vom 20. Januar 1992, in: Blätter für deutsche und internationale Politik, 4/92, S. 507.
39 Ebd.
40 Ebd., S. 508.
41 Verteidigungspolitische Richtlinien, abgedruckt in: Blätter für deutsche und internationale Politik, 9/93, S. 1139.
42 Ebd., S. 1138.
43 Zitiert nach Michal, S. 125.
44 Zur Umstrukturierung der Bundeswehr vgl. Jürgen Grässlin: Lizenz zum Töten? Wie die Bundeswehr zur internationalen Eingreiftruppe gemacht wird, München 1997.
45 Vgl. hierzu Matthias Küntzel: Die Bundesrepublik und das System der nuklearen Nichtverbreitung; Winfried Wolf: Auf Umwegen zur Militärmacht. Deutsche Verwicklungen im ABC-Waffenprogramm, in: Blätter für deutsche und internationale Politik 3/95 bzw. 4/95.
46 Niederschrift Heinrich Himmlers: Einige Gedanken über die Behandlung der Fremdvölkischen im Osten, in: Reinhard Opitz (Hg.), Europastrategien des deutschen Kapitals, Köln 1977, S. 653.
47 Zitiert nach Anne Jung/Michael Klundt: „Deutsche Katharsis". Über die eigentümliche Koalition von Befürwortern der Ausstellung „Vernichtungskrieg. Verbrechen der Wehrmacht 1941-1944", in: Forum Wissenschaft 4/97, S. 23.

Herausgeber und Autoren

Christian Gerlach, geb. 1963, promoviert in Berlin über die deutsche Besatzungspolitik in Weißrußland. Veröffentlichungen u.a. zur Wannsee-Konferenz und zur deutschen Vernichtungspolitik im Zweiten Weltkrieg.

Johannes Klotz, geb. 1952, Dr. phil., Dozent für Politikwissenschaft, Staats- und Verfassungsrechtan der Hochschule für öffentliche Verwaltung Bremen. Buch- und Zeitschriftenveröffentlichungen zu zeitgeschichtlichen Themen, u.a zu Geschichtsrevisionismus und Geschichtspolitik, zuletzt (Hg.): Die selbstbewußte Nation und ihr Geschichtsbild. Geschichtslegenden der Neuen Rechten, Köln.

Reinhard Kühnl, geb. 1936, Dr. phil., Professor für Politikwissenschaft an der Universität Marburg. Zahlreiche Buch- und Zeitschriftenveröffentlichungen zur deutschen Geschichte im 19. und 20. Jahrhundert, zur Weimarer Republik, zum Dritten Reich und zu Faschismustheorien.

Martin Seckendorf, geb. 1938, Dr. phil, Historiker, bis Dezember 1990 wissenschaftlicher Mitarbeiter im Dokumentationszentrum der Staatlichen Archivverwaltung der DDR. Mitglied der Berliner Gesellschaft für Faschismus- und Weltkriegsforschung. Buch- und Zeitschriftenveröffentlichungen zur deutschen Besatzungspolitik im Zweiten Weltkrieg auf dem Balkan und in Italien, Mitherausgeber der Dokumentenedition "Europa unterm Hakenkreuz".

Wolfram Wette, geb. 1940, Dr. phil. habil., Privatdozent für Neueste Geschichte am Historischen Seminar der Universität Freiburg. 1971 bis 1995 Historiker im Militärgeschichtlichen Forschungsamt in Freiburg, Mitbegründer und derzeitiger Sprecher des Arbeitskreises Historische Friedensforschung. Zahlreiche Buch- und Zeitschriftenveröffentlichungen, u.a. zum Militarismus in Deutschland und zum Zweiten Weltkrieg.

Gerd Wiegel, geb. 1966, Doktorand und wissenschaftlicher Mitarbeiter am Institut für Politikwissenschaft der Universität Marburg. Veröffentlichungen zu Rassismus und Nationalismus, zur Neuen Rechten und zum Geschichtsrevisionismus.

Bitte beachten Sie die folgenden Seiten

Kurt Pätzold / Manfred Weißbecker
Geschichte der NSDAP

Broschur, 584 Seiten;
DM 68,-; SFR 62,-;
ÖS 203,-
ISBN 3-89438-134-5

Das umfassende Standardwerk über die politische, organisatorische und ideologische Entwicklung der NSDAP von der Gründung bis zur deutschen Kapitulation 1945. Es behandelt die Massenbasis ebenso wie die Rolle der politischen, wirtschaftlichen und militärischen Eliten.

Martin Klaus
Mädchen im 3. Reich
Der Bund Deutscher Mädel

Broschur, 236 Seiten;
DM 29,80; SFR 27,50;
ÖS 221,-
ISBN 3-89438-152-3

Das Buch zeigt, durch welche Leitbilder, Einflüsse und Maßnahmen Mädchen und junge Frauen massenhaft in den Nationalsozialismus eingebunden wurden. Ein wichtiger Beitrag zur Diskussion um Mitwirkung und Verantwortung der Einzelnen.

PapyRossa PapyRossa Verlag / Petersbergstr. 4 / 50939 Köln
Tel. : 0221/44 85 45 - Fax: 44 43 05 - www.koeln-online.de/papyrossa

---

Wehrmachtsverbrechen
Dokumente aus sowjetischen Archiven
Vorwort Lew Besymenski
Einleitung Gert Meyer

Broschur, 320 Seiten
DM 36,-; SFR 33,-;
ÖS 267,-
ISBN 3-89438-138-8

153 Dokumente belegen die Verbrechen an der Zivilbevölkerung und an Kriegsgefangenen, die Massenverschleppung zur Zwangsarbeit, die Plünderung und Zerstörung der besetzten Gebiete, den Raub von Kulturgütern.

J. Klotz/ U. Schneider (Hg.)
Die selbstbewußte Nation und ihr Geschichtsbild
Geschichtslegenden der Neuen Rechten

Broschur, 221 Seiten
DM 28,-; SFR 26,-;
ÖS 213,-
ISBN 3-89438-137-X

Gegen die Geschichtsmythen von der sauberen Wehrmacht, positiven Leistungen des Nationalsozialismus und den Deutschen als Opfer schreiben u.a.: Reinhard Kühnl, Karl Heinz Roth, Gerd R. Ueberschär und Wolfgang Wippermann.

Rühe redet tornado...

Die **SoZ – Sozialistische Zeitung** bringt alle 14 Tage auf mindestens 16 Seiten Berichte und Analysen zum alltäglichen kapitalistischen Irrsinn. Die SoZ steht für eine demokratische sozialistische Alternative – weltweit. Die SoZ sucht die solidarische Diskussion und Zusammenarbeit der Linken. **Kostenlose Probeausgabe bestellen!** SoZ-Verlag, Dasselstr.75–77, D-50674 Köln, Fon: (02 21) 9 23 11 96, Fax: (02 21) 9 23 11 97, E-Mail soz@link-lev.dinoco.de

...und Kohl sich frey

Antifaschistische
Alle zwei Wochen
NACHRICHTEN

- Nachrichten, Berichte und Dokumente über antifaschistische Aktionen
- Meldungen und Hintergrundinformationen über faschistische Organisationen
- regelmäßige Beobachtung der faschistischen Presse
- Informationen zur Asyl- und Ausländerpolitik, zu Revanchismus und Militarismus

Halbjahres-Abo 39 DM, Jahres-Abo 78 DM
Schülerabo 54,- DM
Bestelladresse:
GNN-Verlag, Zülpicher Str. 7, 50674 Köln
Tel.: (0221) 211658, Fax: (0221) 215373
e-mail: GNN-KOELN@Link-S.cl.sub.de
Internet: http://www.infolinks.de/an

Herausgabekreis der Antifaschistischen Nachrichten:
Anarchistische Gruppe / Rätekommunisten (AGR) • Anti-Imperialistisches Forum Deutschland • Hans Peter Bordien (Journalist) • Annelie Buntenbach (MdB Bündnis 90/Die Grünen) • Rolf Burgard (VVN-BdA) • Jörg Detjen (Forum kommuni-stischer Arbeitsgemeinschaften) • Martin Dietzsch; Regina Girod (Bund der Antifaschisten, Dachverband) • Dr. Christel Hartinger (Mitglied des PDS-Landesvorstandes Sachsen) • Hartmut-Meyer-Archiv bei der VVN - Bund der Antifaschisten NRW; Ulla Jelpke, (MdB PDS) • Jochen Koeniger Arbeitsgruppe gegen Militarismus und Repression) • Marion Bentin, Edith Bergmann, Hannes Nuijen (Mitglieder des Vorstandes der Arbeitsgemeinschaft gegen Reaktion, Faschismus und Krieg/Volksfront e.V.) • Kreisvereinigung Aachen VVN-BdA • AG Antifaschismus/Antirassismus in der PDS NRW • Angelo Lucifero (Stellvertretender Landesleiter HBV Thüringen) • Kai Metzner (Info Pool Network) • Prof. Dr. Ernst Springer (Vorsitzender des Bundes der Antifaschisten e.V. Sitz Leipzig) • Bernhard Strasdeit (VSP) • Volkmar Wölk.

Ossietzky

Zweiwochenschrift
für Politik / Kultur / Wirtschaft

Informativ, knapp und klar

Gegen nationalistischen und rassistischen Dünkel

Gegen alle Ideologien, die soziale Ungleichheit zu rechtfertigen versuchen

Für die universalen Menschenrechte

Es schreiben
Daniela Dahn Rolf Gössner Ingeborg Hecht
Dietrich Kittner Heinz Knobloch Arno Klönne Otto Köhler
Reinhard Kühnl Lothar Kusche Norman Paech
Horst Pöttker Eckart Spoo Günter Wallraff

zweiwöchentlich **NEU** DM 4,50

VERLAG OSSIETZKY

Bestelladresse:
Verlag Ossietzky, Eckart Spoo, Gretchenstraße 36, 30161 Hannover